고고학자 강인욱이 들려주는 미지의 역사

테라 인코그니타

테라 인코그니타
고고학자 강인욱이 들려주는 미지의 역사

초판 1쇄 발행 / 2021년 1월 15일
초판 2쇄 발행 / 2021년 3월 5일

지은이 / 강인욱
펴낸이 / 강일우
책임편집 / 박주용 홍지연
조판 / 황숙화 박아경
펴낸곳 / (주)창비
등록 / 1986년 8월 5일 제85호
주소 / 10881 경기도 파주시 회동길 184
전화 / 031-955-3333
팩시밀리 / 영업 031-955-3399 편집 031-955-3400
홈페이지 / www.changbi.com
전자우편 / human@changbi.com

ⓒ 강인욱 2021
ISBN 978-89-364-7851-3 03910

고고학자 강인욱이 들려주는 미지의 역사

테라 인코그니타

강인욱

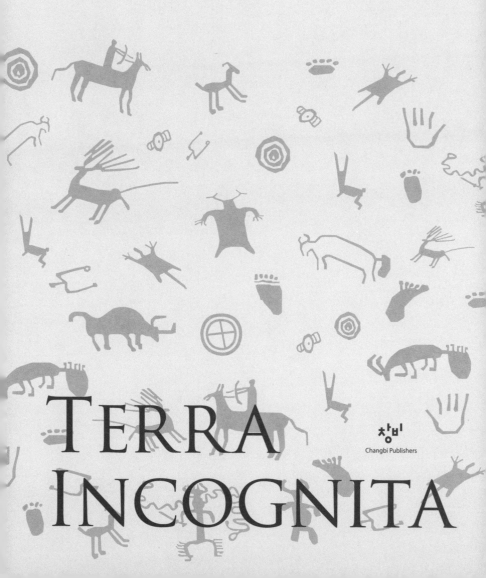

TERRA INCOGNITA

창비
Changbi Publishers

새로운 문명의 전환점 앞에서

우리는 고대문명이라는 말을 들으면 이집트의 피라미드나 중국의 만리장성 같은 거대한 유적들을 먼저 떠올립니다. 그런데 아이러니하게도 이런 유명한 유적과 유물의 상당수는 19세기 제국주의의 발흥 덕에 알려지게 되었습니다. 서구 열강들은 다른 나라를 식민지화하면서 그 지역의 보물과 역사를 빼앗아 자국의 박물관에 가져다놓았고, 약탈한 문화재의 수를 자신들의 제국주의적 능력을 보여주는 척도로 삼았습니다. 세계 4대 문명도 그렇게 태어났습니다. 공통적으로 서양의 침략이 가장 일찍 시작된 곳에서 4대 문명이 비롯된 것은 결코 우연이 아닙니다.

서구 열강이 만들어놓은 고대문명의 세계사 속에서 한국은 참 왜소해 보입니다. 우리는 19세기 말 이후 혹독한 근대화의 과정에서 식민지배와 전쟁을 겪으면서 스스로를 작고 보잘것없는 변경이라고 여겼습니다. 이런 인식은 한반도의 작은 역사를 인정하고 강대국의 문명을 부러워하는 패배주의나, 반대로 우리도 과거에 거대한 영토를 가졌다는 식의 사이비 역사학에 근거한 폐쇄적 민족주의로 나타났습니다. 그리고 이 두 방향은 한국 고대사 인식에 고스란히 투영되었습니다.

이렇게 지나치게 극단적인 역사인식을 극복해보고자 저는 지난 책 『유라시아 역사 기행』(민음사 2015)에서 우리나라가 고립된 역사가 아니라 유라시아 각 지역과 서로 밀접하게 연결되어 있음을 밝히고자 했습니다. 작으면 작은 대로 크면 큰 대로, 중심이건 변두리건 인간이 만들어낸 역사에 가벼운 것이란 있을 수 없습니다. 이번 책에서는 한걸음 더 나아가 고고학을 통해 강대국 문명 중심의 역사관을 해체하는 기회를 마련하고자 했습니다. 주류와 변두리의 선을 긋지 않고 균형 잡힌 시선으로 한국사와 세계사를 보기 위한 첫걸음으로 그간 우리가 지나쳤던 역사의 진정한 주역들을 차례차례 만나보겠습니다.

그런 점에서 고고학이라는 학문은 참 매력적입니다. 기존의 편견을 벗어나 과거의 모습을 객관적으로 볼 수 있는 계기를 제공하기 때문입니다. 흔히 역사는 기록하는 자의 것이라고 합니다. 아무리 실제 역사에서 승자였다고 해도 기록이 없으면 우리는 알 수 없습니다. 하지만 기록에도 한계가 있습니다. 기록은 사람이 하는 만큼 의도하든 의도하지 않든 기록한 쪽의 입장을 반영하기 때문입니다. 기록자 주변의 사람들은 편견과 오해를 피할 길이 없습니다. 문자가 없어 기록을 남기지 못했던 초원의 유목국가들을 막연하게 야만과 미개 또는 무지한 민족이라고 경시했던 것이 대표적인 예입니다.

기록이 있다고 해서 그런 편견에서 완전히 자유로운 것도 아닙니다. 가깝게는 우리 역사의 주변에서도 찾아볼 수 있습니다. 동아시아의 역사라고 하면 세계의 많은 사람들은 보통 중국을 생각합니다. 지난 수천년의 역사를 담은 가장 풍부한 사료가 중국에 있기 때문입니다. 한국이나 몽골같이 상대적으로 역사 기록이 빈약한 나라들이 아무리 노력한다 해도 문헌의 부족을 메울 수는 없습니다. 그렇다고 방법이 없는 것은 아닙니다. 역사 기록이 표현하지 못한 부분, 기록이 없는 지역과 시대의 공백을 고고학으로 메울수 있기 때문입니다. 그래서 고고학이 전하는 이야기가 언제나 새롭고 재미있는지도 모르겠습니다.

이 책은 크게 4부로 구성되어 있습니다. 1부는 유라시아와 신대륙에서 '미개'라는 이름으로 매도되어왔던 여러 민족들의 역사를 재조명하고 그들을 새롭게 바라보았습니다. 문명과 미개라는 이분법적 시각은 현재를 사는 우리가 가진 편견으로 과거를 바라보는 것임을 밝히고자 했습니다. 2부에서는 한반도를 중심으로 우리 역사에 대한 단편적인 지식을 넘어 과거를 객관적으로 상상해볼 수있는 이야기들을 다루었습니다. 누구나 아는 문무대왕릉비와 적석목곽분에서 조금은 생소한 모피와 온돌까지, 교과서에서 접할 수 없지만 새로운 고고학 자료가 증명하는 이야기들을 담았습니다. 3부는 약간 시각을 달리해서 고대를 바라보는 현대인의 동상이몽을 다루었습니다. 인디애나 존스부터 티베트, 냉전시대 등 현대사의 순간순간에 등장하는 고대문명을 대하는 우리의 이야기를 담았습니다. 4부에서는 현재까지 뜨거운 불씨를 안고 있는 역사분쟁과 관련한 고대사 이야기를 다루었습니다. 중국의 동북공정이나 일본의 임나일본부와 같은 당대의 역사분쟁을 보면 고대사가 결코 옛이야기만이 아님을 알 수 있습니다. 우리나라의 역사분쟁뿐 아니라 다른 나라의 사례까지 고루 다루었는데, 이런 예들이 우리가 가진 편견과 지나친 민족주의에 대한 타산지석이 된다면 더 바랄 것이 없겠습니다.

저는 이 책을 쓰는 중에 연구년을 맞아 미국 필라델피아에 있었습니다. 코로나19 바이러스 확산이라는 인류 역사의 커다란 시련기를 겪으며 저는 고고학적인 관점에서 이 현상을 지켜보았습니다. 그동안 세계 최고의 선진국인 줄 알았던 미국과 유럽에서 수많은 환자들을 제대로 관리하지 못해 고전하고 있고, 예상 밖으로 한국을 비롯한 동남아의 여러 나라들은 슬기롭게 대처하며 위기를 극복하고 있습니다. 고고학자인 저에게는 이러한 변화가 그동안 유적과 유물로만 보아왔던 거대한 문명의 쇠퇴와 새로운 문명의 등장을 실시간으로 보는 듯했습니다. 우리는 이제 좋든 싫든 완전히 새로운 문명의 세계로 나아가야 합니다. 예측 불가능한 미래로 나아가는 우리에게 그간 알지 못했던 땅들의 이야기가 조금은 도움이 되지 않을까 기대를 가져봅니다.

새로운 시대를 맞이하는 2021년 1월에
강인욱

차례

3부 상상의 나라를 찾아서

4부 분쟁과 약탈의 고대사

미지의 땅을 향하여

우리가 흔히 알고 있는 역사는 극히 일부 지역만을 대상으로 하고 있다. 우리에게 친숙한 한국사를 보아도 그러하다. 사람들은 백제, 신라의 수도였던 공주, 부여, 경주 등은 알아도 강원도나 충청북도, 경상북도 북부 등 많은 지역을 잘 모른다. 북한도 마찬가지여서 고구려 유적이 많은 평양 일대를 제외하면 우리가 아는 것이 거의 없다. 사실 따지고 보면 우리의 발이 닿는 곳곳에 다양한 역사가 숨어 있다. 돌아보면 한국뿐이겠는가, 전세계 곳곳 역시 마찬가지다.

땅속에 숨어 있는 역사는 고고학이라는 두레박으로 끌어올려진다. 고고학은 역사 기록을 보충하기 위한 학문이라고 오해하는 사람도 있지만 실상은 그렇지 않다. 글자가 발명된 시점은 기껏해야 5000년 정도밖에 안 된다. 반면에 호모에렉투스가 아프리카를 떠나 세계로 퍼지면서 본격적인 인류의 역사가 시작된 시점은 150만년 전이다. 그러니 대략 계산을 해보아도 인류의 역사 중 기록된 것은 0.3퍼센트 정도에 불과하다. 게다가 고대역사가 제대로 기록된 지역은 중국, 메소포타미아, 이집트, 그리스 등으로 거대한 지구의 크기를 감안하면 너무나 작다. 그럼에도 자세히 기록되지 않은 99.7퍼센트의 시간과 역사, 지역은 막연하게 변방 또는 오랑캐의 역사로 치부되어왔다.

한편 『고려사』나 『조선왕조실록』 같은 기록이 자세하게 남은 역사시대라고 해도 당시의 생활까지 속속들이 알기는 어렵다. 대부분의 역사는 왕조를 중심으로 기록되어 있기 때문이다. 그런 의미에서 진정으로 이 세상을 움직여온 사람들의 이야기는 아직 대부분 감추어져 있다고 해도 과언이 아니다.

왜곡된 '땅의 역사'

구글 지도가 세상에 닿지 않는 곳이 없을 정도가 된 지금도 고고학이나 고고학자 하면 떠오르는 이미지는 여전히 아무도 가보지 못한 지역을 탐험하는 장면이다. 수천년 전부터 최근까지 미지의 땅을 때로는 동경하고 때로는 두려워했던 인류를 생각하면 이런 이미지가 가시지 않는 것도 전혀 무리는 아니다. '미지의 땅' '미개척 영역'이라는 의미로 쓰이는 '테라 인코그니타'(Terra Incognita)라는 단어는 고대 그리스의 천문학자이자 지리학자인 프톨레마이오스가 자신의 저서 『지리학교정』(*Geographike Hyphegesis*)에서 처음 사용했다. 아직 세계 지리에 대한 지식이 턱없이 부족했기에 주변의 모르는 지역을 막연하게 '미지의 땅'이라고 표시한 것이다.

'미지의 땅'이라는 개념이 본격적으로 등장한 것은 중세 이후 유럽이었다. 항해술과 지도 제작술의 발달로 주변 지리에 대한 지식이 축적되면서 사람들은 다양한 세계지도를 만들기 시작했다. 세계 각지를 탐사할수록 그 사이사이에 모르는 땅들 역시 많아졌다. 지도를 제작하는 사람들은 제대로 모르는 땅을 공백으로 두기보다는 무서운 용이나 괴물을 그려넣었다. 자신들이 잘 모르는 부분을 화려한 그림으로 분식(粉飾)한 셈이다. 여기에 중세 서양에서 널리 유행한 『맨더빌 여행기』(*The Travels of Sir John Mandeville*)에 서술된 수많은 괴물 이미지가 결합하면서 미지의 땅에는 무서운 괴물 인간들이 사는 것처럼 생각하게 되었다.

중국의 상황도 마찬가지였다. 중국의 가장 오래된 지리서인 『산해경(山海經)』에는 사방의 사람들이 기이한 형상으로 묘사되어 있다. 우리가 즐겨 읽는 『서유기(西遊記)』의 주인공 삼장법사와 손오공 역시 서역의 관문을 넘자마자 곳곳에서 기이한 풍습의 사람과 요괴들을 만난다. 이런 기록들로 인해 오늘날 실크로드 일대의 여러 오아시스 국가들은 각종 요괴가 출몰하는 괴물의 땅이라는 인상을 갖게 되었다. 우리나라의 사정도 중국과 별반 다르지 않아,

조선시대까지 소중화(小中華)를 자처한 한국 문화에서도 『산해경』은 이민족들에게 야만과 미개의 이미지를 덧씌우는 데 큰 역할을 했다.

미지의 땅에 대한 신비 또는 편견을 단순히 당시 사람들의 지리적 인식의 부족으로 치부할 수만은 없다. 미지의 땅에 대한 사람들의 편견은 오늘날에도 크게 다르지 않기 때문이다. 우리나라 근처에는 유독 미지의 땅이 많았다. 실크로드와 유라시아 철도로 이제는 꽤 익숙해진 중앙아시아와 시베리아 일대는 냉전시대에 소련에 포함되는 바람에 철의 장막 뒤에 가려진 대표적인 미지의 땅이었다. 우리와 가장 가까운 북한 역시 40~50년 전까지만 해도 이상한 사람들이 사는 곳이라는 편견에 사로잡혀 있었다. 50대 이상의 대한민국 국민이라면 북한 사람들을 뿔 달린 괴물처럼 묘사하던 반공포스터나 만화영화에 대한 기억이 생생할 것이다. 그들의 실제 역사나 문화와 상관없이 우리의 머릿속에는 나쁜 이미지만 가득했으니, 『서유기』의 시대와 크게 다를 바가 없었다.

고대로부터 중국은 사방의 이민족들을 '이만융적(夷蠻戎狄)'으로 이름 짓고 오랑캐로 간주했다. 주변 지역의 사람들을 괴물 또는 오랑캐로 몰아가는 이런 행태는 지속적으로 이어져 근대 이후에는 국가 정책으로 활용되었다. 중국은 동북공정으로 대표되는 중화사관을 바탕으로 중국 주변의 모든 문명이 중국에서 기원했으며, 오로지 중국만이 선진문명이라고 주장한다. 또한 동북공정에 이어 2013년부터는 일대일로(一帶一路) 정책을 펴면서 중화사관을 더욱 강력히 하고 있다.

중국은 자신들의 기록을 중심으로 주변 지역을 판단하기 때문에 중국 자료를 똑같이 활용하는 것으로는 동북공정을 반박하기에 한계가 있다. 아예 전혀 다른 시각으로 그 주변 지역을 이해하는 새로운 안목이 필요하다. 그들이 무지한 땅으로 취급했던 '테라 인코그니타'들에 대한 심화 연구가 바로 그 대안이 될 수 있을 것이다.

21세기에 걸맞은 새로운 역사관

빠른 교통수단과 인터넷, 관광산업의 발달 등 21세기의 기술 발달로 지역적인 장벽이 허물어지고 국가 간 터울은 사라진 것 같지만, 글로벌화가 진행될수록 주변에 대한 편견은 오히려 더 강해지고 있다. 유럽에서는 신나치주의가 부활했고 일본의 군국주의 발흥도 더이상 낯설지 않다. 각국의 민족주의적 성향이 강화되면서 고대사에 대한 편향적인 이해 역시 더욱 심해지는 상황이다.

2019년 연말에 갑자기 출현한 코로나19 바이러스의 충격은 우리의 세계관에도 근본적인 변화를 가져다주었다. 나는 공교롭게 1990년대 소련이 망한 직후에 러시아에서 유학을 했고, 2020년 세계 강대국의 지위가 흔들리는 미국에서 연구년을 지냈다. 지난 수십년간 세계 최강국으로 군림했던 미국과 소련이 갑자기 무너지고, 중국이나 한국 같은 나라들이 급부상하는 것을 보며 문명사적 전환의 시기에 살고 있음을 절감한다. 최근 지구온난화, 팬데믹(pandemic, 대유행병)과 같은 예측할 수 없는 상황들이 이어지면서 이제까지 변방으로 치부되었던 곳이 강자로 등장하고, 지난 세기의 강대국은 빠르게 그 힘을 잃고 있다.

그러나 급변하는 시대에도 고대역사에 대한 관점은 여전히 20세기의 패러다임을 벗어나지 못하고 있는 것 같다. 특히 한국의 경우 근대화 과정에서 생겨난 변경 또는 오지라는 사고가 강하다. 선진국의 반열에 들어섰음에도 한결같이 외국의 평가에 목마른 것은 애초에 균형 잡힌 자신만의 시각으로 스스로를 바라볼 기회를 갖지 못한 우리의 사정과도 연관이 있다.

이 책이 이런 급변하는 현실에 대처할 구체적인 대안을 제시하는 것은 아니다. 하지만 20세기의 세계관을 버리고 새로운 다자간 네트워크로 재편되는 21세기 사회에 걸맞은 새로운 역사적 안목을 키워줄 수 있을 것이라 기대한다. 과거를 새롭게 연구하려 할 때 가장 큰 걸림돌은 문헌 자료의 부족이다. 고대에 대한 역사 기록은 지극히 적고 남아 있는 것 또한 제한적이다. 그렇기에 과거를 바라보는 편견을 깨는 돌파구는 유물에 있다. 기존의 고고학 자료들을 재해석함으로써 유라시아와 한국 고대사에서 제대로 인정받지 못하고 잊힌 여러 민족들에 대한 올바른 역사적 평가를 내릴 차례이다.

1

오랑캐로
치부된 사람들

자신과 다른 사람들을 미개인이나 야만인으로 치부하는 것은 인류의 오랜 습관이다. 인간은 상대방을 비하하고 다른 사람의 불행을 보며 상대적인 우월함을 느낀다. 중세시대까지 사람들은 주로 자기 주변 이웃들을 비하하거나 괴물로 묘사했다. 중국에서는 한나라 때 편집된 『산해경』이 대표적이고, 서양에서는 존 맨더빌(John Mandeville)이 『맨더빌 여행기』에서 가보지 못한 지역의 사람들을 반인반수의 괴물로 그럴듯하게 묘사했다.

이렇게 타인을 괴물이나 오랑캐로 여기고 무시하는 것은 단순히 옛사람들이 무지해서만은 아니었다. 대탐험의 시대에 서구인들은 각 지역의 원주민이 사는 땅을 식민지로 만들고 현지인을 인간 이하의 취급을 하며 놀림감으로 만들었다. 이런 경향은 현대사회에도 이어졌으니 20세기 초반 유럽에는 각지의 사람들을 모아서 살게 한 '인간 동물원'(Human Zoo)이 있었다. 그리고 모두가 알다시피 인종주의는 이후 독일 나치의 등장으로 절정에 달했다. 우리가 좋아하는 영화 「인디애나 존스」의 이야기도 당시를 배경으로 하고 있다.

오랑캐로 치부된 편견을 바로잡는 것은 과거의 역사를 밝히는 것을 넘어 우리 주변에 만연해 있는 차별과 인종주의의 근원을 살펴본다는 점에 더 큰 의의가 있다. 세계사의 주요 장면에서 사람들의 편견에 가려진 진정한 과거의 모습을 다시 찾아보자.

구석기시대, 문명이 싹트다

구석기시대라고 하면 대개 미개한 원시인이 돌을 깨며 사는 무지몽매한 삶을 떠올린다. 하지만 고고학이 밝힌 구석기시대 사람들은 우리와 전혀 다르지 않은, 인간의 지혜를 발휘해 적자생존의 자연환경에서 살아남은 사람들이다. 흔히 문명이 등장한 이후 과학기술에 기반해 눈부신 발전을 하고 있는 현재까지를 인류의 가장 급진적인 변화의 시기로 착각할 수 있지만, 정작 지난 3만년간의 변화는 600만년의 인류 역사에서 유일하게 뇌의 변화가 거의 없이 일어났다는 점은 기억할 만하다.

한편 문명이라고 하면 토기를 사용하며 마을을 일군 신석기시대를 거쳐 거대한 신전과 도시를 세우고, 글자를 사용한 5000년 전의 4대 문명을 떠올린다. 하지만 우리의 문명은 갑작스러운 발명

품이 아니다. 문명의 맹아는 후기구석기시대 현생인류가 등장하고
그들이 천천히 걸어온 과정에서 싹튼 것이다. 마치 겨울에 뿌린 씨
앗이 봄에 꽃을 피우듯 후기구석기시대부터 일구어낸 사회적인 진
화가 발현된 것이 바로 우리가 알고 있는 4대 문명이다. 4대 문명
론은 20세기 초반 제국주의가 전세계를 활보할 때에 만들어졌다.
문명이 극히 일부 지역에서만 발달했고 나머지 지역은 미개하게
살았다는 생각은 몇몇 선진국들의 식민지배를 정당화하는 논리와
크게 다르지 않다.

　최근 우리의 선입견을 깨부수는 후기구석기시대의 유적이 여럿
발견되고 있다. 터키 남부에서 발견된, 1만 5000년 전에 만들어진
대형 신전 괴베클리 테페(Göbekli Tepe) 유적과 동아시아에서 발견
된 2만년 전의 토기가 대표적이다.

놀라운 문명의 흔적

　구석기시대 문명의 흔적이라고는 선뜻 믿기 어려운 괴베클리 테
페 유적은 1994년부터 시작해 지금까지 약 25년간 발굴 조사가 계
속되고 있다. 괴베클리 테페 유적은 수십 차례에 걸쳐 연대 측정
을 했고, 그 결과 대체로 기원전 1만 3000년에서 1만년 사이의 것
으로 밝혀졌다. 현재 발굴된 유적이 전체의 5퍼센트 정도니 아마
앞으로 연대는 더 올라갈 것이다. 괴베클리 테페는 높이 15미터 직

경 300미터 정도의 넓은 언덕을 인공적으로 쌓아 만들었다. 유적 발굴 과정에서 200여개의 돌기둥과 돌담을 원형으로 세워 만든 제단이 발견되었다. 각각의 돌기둥은 고도의 석조 기술을 사용하여 T자형으로 세심하게 조각해 세운 것인데, 돌기둥 하나당 보통 10톤 정도이며 큰 것은 50톤이 넘는 것도 있다. 괴베클리 테페의 돌 하나를 세우기 위해서는 최소한 500여명이 필요하다고 한다. 이는 근친혼의 위험 없이 공동체가 유지되려면 적어도 500여명의 사람이 한 집단을 이루어야 한다는 연구와도 일치한다. 돌기둥에는 황소, 여우, 새 등이 새겨져 있는데 굉장히 사실적이어서 유라시아 초원 일대에서 3000년 전에 유행한 동물장식들과 비교해도 손색이 없을 정도다.

처음 괴베클리 테페를 발견했을 때 구석기시대에 이렇게 고도의 기술로 신전을 만들 리 없다고 생각한 고고학자들은 회의적인 시각을 쉽게 거두지 못했다. 하지만 괴베클리 테페에 대한 국제적인 공동연구로 다양한 인물 조각상과 해골이 발견되었고 그 연대도 확정되었다. 2018년에는 명실상부한 인류 최초의 구석기시대 신전이라는 점을 인정받아 유네스코 세계문화유산에 등재되었다.

유라시아 서쪽에 괴베클리 테페가 있다면 동아시아에서는 세계 최초로 구석기시대의 토기가 출토되었다. 1960년대부터 일본열도에서 구석기시대의 석기와 함께 토기가 발견되었고 1990년대에는 러시아 극동 지역에서도 토기가 발견되었다. 또한 그 근처인 중국 쑹화강 중류에서도 구석기시대의 토기인 소위 '원시고토기'(1만

괴베클리 테페의 석상에 새겨진 동물. 구석기시대의 것이라고 믿기 어려울 정도로 굉장히 정교하고 사실적으로 묘사되어 있다.

년 전후 사용된 가장 원시적인 토기)가 발견되었다. 발견 당시 고고학자들의 충격은 상상을 초월했다. 이전까지 토기는 신석기시대가 되어야 등장한다는 것이 고고학계의 상식이었다. 심지어 발견된 곳이 세계 문명사에서도 변방으로 꼽히던 극동 지역이었기에 그 충격은 더 컸다.

러시아에서 구석기시대의 토기를 처음 보고한 비탈리 메드베데프(Vitaly Medvedev) 교수는 1980년대 하바롭스크 근처의 구석기시대 유적인 가샤(Gasya)를 발굴할 때 구석기 유물과 함께 자꾸 토기가 출토되어서 고민했다고 한다. 장고 끝에 그 결과를 발표하자 바이칼 일대에서 발굴을 한 다른 고고학자도 구석기시대 유적을 발굴하다 토기가 나왔는데, 본인이 실수한 줄 알고 발표를 하지 않았다고 털어놨다. 이후 1990년대 러시아가 개방되면서 그 연구가 알려졌고 2012년에는 중국의 셴런둥(仙人洞, 선인동) 유적에서 2만 년 전의 토기가 발견되었다는 연구가 『사이언스』(Science)에 실렸다. 어느덧 동아시아 지역의 후기구석기시대 토기는 '상식'이 되었다. 한국에서는 아직 구석기시대 지층에서 토기가 발견된 확실한 예는 없다. 다만 제주도 한경면 고산리에서 비슷한 토기가 출토된 바가 있기 때문에 언젠가는 발견될 것으로 기대한다.

구석기시대 사람들의 생존 비결

빙하기가 끝나지도 않은 구석기시대에 어떻게 문명의 여러 요소가 발달할 수 있었을까.

1만 5000년 전 지구는 빙하기가 끝나가며 기후가 급변하는 시점이었다. 이런 위기 상황에서 현생인류는 다양한 시도를 통해 사회적으로 진화해갔다. 그들은 서로 접촉하고 협력하며 공동체 의식을 강화하고 멀리 떨어진 사람들과 네트워크를 만들어 정보를 교환하는 등 변화하는 환경에 빠르게 대처했다. 이런 상황은 이보다 앞선 기원전 3만년경에 사라졌던 네안데르탈인과 좋은 비교가 된다. 현생인류와 달리 소통을 제대로 하지 못했던 네안데르탈인은 멸종의 길로 접어들 수밖에 없었다. 그렇다고 네안데르탈인이 특별히 미개한 것은 아니었다. 네안데르탈인의 뇌 용적은 현대인과 큰 차이가 없었고 신체 구조도 비슷해서 현대인의 옷을 입혀도 어색하지 않을 정도였다. 실제로 최근에는 5만년 전 네안데르탈인이 직조를 한 증거가 발견되었다는 보고도 있었다.

옥스퍼드대학의 로빈 던바(Robin Dunbar) 교수는 후기구석기시대에 현생인류가 생존할 수 있었던 비결로 노래와 춤, 신화(스토리텔링), 그리고 종교(샤머니즘)를 꼽았다. 앞서 소개한 괴베클리 테페는 각지에 흩어져 살던 수렵민들이 한데 모여서 조상을 기억하는 신전을 세우고 축제를 벌이며 공동체 의식을 강화하기 위해 만들어진 것이다. 메드베데프 교수가 원시고토기를 발견한 가샤 유적 근처에 있는 사카치-알리안(Sikachi-Alyan) 마을에서 발견된 암각화에는 다양한 샤먼의 모습이 새겨져 있었다. 후기구석기시대는 금속이나 바퀴 같은 운송 수단은커녕 제대로 된 마을도 없었고, 사람들은 사냥과 채집을 하며 떠돌아다녔다. 그런 그들이 자신들의 조상을 기리고 제사를 지내기 위해 정기적으로 모여서 거대한 신전을 만든 것이다.

이외에도 구석기시대 사람들의 지능과 문화 수준이 상당했음을 보여주는 증거는 적지 않다. 스페인의 알타미라와 프랑스의 라스코 동굴벽화는 이미 2~3만년 전에 만들어졌다. 또한 러시아 순기르(Sungir) 유적에서 발견된 아이의 무덤에서는 5000개의 장식이 나왔다. 구석기시대 사람들은 죽은 이를 기리기 위해 무덤을 만들었고, 동굴에서 다양한 축제를 하면서 예술 작품을 만들었다. 어디 그뿐인가. 대체로 후기구석기시대인 1만 5000년을 전후해 술이나 빵의 흔적도 나오는 등 일반적으로 한참 뒤에 나타난다고 알고 있던 문명의 요소가 속속 발견되고 있다.

동아시아 구석기시대의 토기도 사람들이 공동체를 이루고 단합했다는 증거다. 당시 사람들은 정착을 하지도 않았고 농사도 짓지 않았다. 그럼에도 토기를 사용했다는 것은 불을 써서 다양한 요리를 했다는 뜻이다. 다른 어떤 그릇보다 토기는 조리에 유리하다. 구석기시대 사람들은 함께 모여 음식을 나누고 서로의 조상에 대한 이야기를 하며 공동체 의식을 강화했다.

일생일대의 선택

1950년대 이래로 중국과 신대륙 마야 문명이 종교와 문화에서 많은 유사성이 보인다고 지적되어왔다. 이를 두고 후기구석기시대의 문화적 발달과 지역 간 교류를 제대로 이해하지 못해 우연의 일치로 치부하거나, 중국 상나라 사람들 혹은 진시황 때의 술사 서복이 태평양을 건너갔다는 식의 믿거나 말거나 설들이 횡행하는 상황이었다.

막연했던 두 대륙 간 문화의 관계를 구체화한 사람이 장쭈디(蔣
祖棣) 스탠퍼드대학 연구원이다. 그는 자신의 하버드대학 졸업논문
에 기초하여 1993년 출판한 『마야와 고대 중국: 고고학 문화의 비
교연구(瑪雅与古代中国: 考古学文化的比較研究)』에서 중국과 마야
문명의 유사성을 샤머니즘으로 대표되는 인간의 공통적인 진화
과정에서 발현된 보편적인 종교적 심성이 나타난 것이라고 보았다.

어떤 학자들은 시베리아 사람들이 아메리카 대륙으로 건너간
결과로 보기도 한다. 물론 후기구석기시대에 이미 상당한 수준의
종교, 문화, 기술이 발달되었음을 감안하면 그들이 1만 5000년 전
베링해를 건너서 아메리카 대륙으로 가 최초의 아메리카 원주민이
되었다고 추정할 수도 있다.

한국을 비롯한 아시아의 여러 나라에 남아 있는 북방기원설도
현생인류의 이동으로 설명이 가능하다. 한국의 일부 역사 애호가
들이 바이칼호와 시베리아에서 우리 민족의 기원을 찾곤 하는데,
사실 북방 일대에서 기원을 찾는 사람들은 우리나라 말고도 유
라시아에 제법 많다. 왜 하필 북방에서 내려왔다는 신화나 설화
가 한반도를 포함한 유라시아 사람들에게 남아 있을까를 살펴보
면, 이들에게는 빙하기라는 공통점이 있다. 약 1만 5000년 전부터
빙하기가 끝나면서 기후가 점차 따뜻해졌다. 구석기시대 사람들은
처음에는 자신들이 살던 환경과 비슷한 추운 기후 지역을 찾아 시
베리아 일대에 집중적으로 거주했지만 기후가 계속 따뜻해지고 빙

하기가 완전히 끝나면서 일생을 건 중요한 선택을 했다. 기존 빙하기 때의 생활방식을 버리고 바뀐 환경에 적응하기로 한 것이다. 많은 사람들이 온화한 기후를 찾아 유라시아 남쪽으로, 더 나아가 세계 곳곳으로 이동했다. 유라시아 각 지역에 확산된 사람들은 공통적으로 북쪽 추운 지역에서 살았던 기억이 있었을 것이다. 그러한 공통의 기억이 유라시아 전역에서 유사하게 존재하는 종교나 북방계 신화와 같은 형태로 남겨졌을 가능성이 있다.

빙하기가 끝나가는 시점인 1만 2000년 전쯤에 한반도에는 사람이 거의 살지 않았던 것으로 보인다. 흔히 구석기인들은 돌만 깨고 살았다고 생각하기 쉽다. 하지만 그들은 각 도구에 맞는 적절한 돌감을 찾아 다녔고 흑요석 같은 아주 귀한 돌은 수백 킬로미터 떨어진 곳까지 이동해 물물교환의 방식으로 주고받았다. 그 과정에서 어디에 적절한 사냥감이나 살기 좋은 곳이 있는지 정보도 교환했을 것이다. 최근까지의 연구를 보면 구석기시대 사람들은 자신에게 필요한 석기를 만들기 위한 석재나 귀한 자원을 얻기 위해 약 600킬로미터 범위 내에서 정보를 교환한 흔적이 있다고 한다.

그럼 이런 상황을 한반도로 옮겨 생각해보자. 특이하게도 한반도에는 구석기시대에서 신석기시대로 넘어가는 시기의 유적이 거의 발견되지 않았다. 물론 언젠가 관련 유적들이 발견될 가능성도 충분히 있지만, 일단 지금까지의 자료로만 보면 이 시기에 한반도에 머물던 사람들이 다른 곳으로 이주했을 가능성을 생각해볼 수 있다. 당시 한반도에서 이주할 곳은 일본이나 북방 지역뿐이다. 따라서 시베리아 전역에서 한반도로 이어지는 다양한 문화적 유사성은 막연하게 한민족의 일파가 시베리아에서 내려왔을 것이라는 신화가 아니라 후기구석기시대부터 이어진 고대인들의 광범위한 인적·물적 네트워크의 결과일 가능성이 크다.

후기구석기시대 바이칼호는 비단 한반도와만 관련이 있는 것은 아니다. 1950년대부터 소련 학계에서는 베링해를 건너간 아메리카 원주민의 기원이 바이칼호 근처라고 보았다. 20세기 초반 바이칼호 일대에서는 말타(Mal'ta), 부레티(Bureti) 유적과 같은 발달된 후기구석기시대 유적들이 다수 발견되었다. 이에 냉전 시기부터 최근까지 소련과 미국의 구석기시대 연구자들이 공동으로 연구한 곳이 바로 바이칼 지역이었다. 시베리아의 후기구석기시대 중심인 바이칼 지역에서 최초의 미국인을 찾기 위해서였다. 이런 연구를 바탕으로 '러시아 구석기 연구의 아버지'로 일컬어지는 러시아의 대표적인 고고학자 알렉세이 오클라드니코프(Aleksei Okladnikov)는 바이칼호에서 동북아시아의 원주민인 퉁구스-만주족이 기원했다는 설을 1950년대부터 제시했다.

최근(2020년 5월)에는 소련 시절부터 나온 주장들이 DNA 연구로 증명되고 있다. 노보시비르스크의 고고민족학연구소와 독일의 막스플랑크연구소 등은 1962년에 발굴되었던 바이칼 근처의 우스티-캬흐타3(Ust-Kyakhta3) 유적에서 출토된 치아를 분석했고, 그 결과 1만 4000년을 전후해서 바이칼호에서 베링해를 거쳐서 아메리카로 사람들이 이동했음을 재확인했다.

문명의 씨앗에서 열매로

괴베클리 테페를 만든 시대를 지나 빙하기가 완전히 끝나고 온화한 기후인 충적세가 시작되면서 기후가 안정되었다. 구석기시대에 뿌려진 문명의 씨앗은 신석기시대의 여러 마을들에서 발현되었다. 1만년 전을 기점으로 현재와 같은 따뜻한 날씨가 되면서 사람들은 마을을 만들고 농사를 짓기 시작했다. 초기 농사는 우리의 생각과 달리 위험한 모험이었다. 초기 신석기시대 사람들은 우리보다 체구도 훨씬 작았고, 영양 상태도 불량했다. 식량의 대부분을 일부 곡식에만 의존했고 흉년에 대처할 농사 기술도 없었다. 게다가 그전까지 각자 떠돌며 살던 사람들이 함께 모여 살게 되면서 갈등이 발생할 수밖에 없었다. 신석기시대 사람들은 그 어려움을 후기구석기시대의 그들처럼 소통과 공동체 의식으로 극복해나갔다. 터키 아나톨리아고원에 만들어진 도시 차탈회위크(Çatalhöyük)나 요르단의 예리코(Jericho) 유적은 이러한 구석기시대의 유산을 이어받은 신석기시대의 유적이다.

신석기시대 문명을 대표하는 차탈회위크 유적은 약 9500년 전에 발달한 마을이다. 언덕 위에 지은 흙벽돌 집은 서로 이어져 있고 마치 토굴같이 만들어서 지붕으로 출입했다. 주거지 안에는 구석기시대의 동굴벽화를 연상시키는 다양한 그림을 그렸고, 제사 공간과 조상을 묻을 무덤도 만들었다. 차탈회위크 사람들이 집 안에서 제사를 지내고 벽화를 그려 자신들의 신화를 보존했다는 것을 보여준다.

차탈회위크 사람들은 집 안에 무덤을 쓰던 풍습이 있었다. 그들은 방바닥을 파다가 예전에 묻은 무덤이 발견되면 다시 파묻었다. 아마도 그 뼈들을 자신들보다 훨씬 이전에 살았던 조상의 흔적이라고 생각했을 것이다. 이렇게 신석기시대 사람들은 자신의 조상을 기억하고 공동체로 나아가기 시작했다. DNA 분석을 통해 차탈회위크의 한 주거지 내에서 혈연관계는 없었고, 가족별로 각각 다른 집에서 살았다는 것도 밝혀졌다.

인류의 문명 발달에서 빼놓을 수 없는 동물인 말 역시 그 역사를 새로 쓰게 됐다. 여태껏 중앙아시아 일대에서 기원전 4000~3500년경 말의 가축화가 시작되었다고 보는 것이 정설이었다. 그런데 2010년 사우디아라비아에서 1만년 전에 말을 사육한 증거가 발견되었다. 2017년 국립중앙박물관 특별전 '아라비아의 길'에 전시된 유물 중에 2010년에 발견된 마가르(Al-Magar) 문명의 굴레를 씌운 말의 석상이 그것이다. 말의 입술이 마치 굴레가 물려 있는 것처럼 말려 올라갔다. 서양의 많은 고고학 개론서에 서술된 바, 1만 2000년 전 신석기시대에 여러 문화가 등장했다는 이론은 이제 자연스럽다.

후기구석기시대에서 빙하기를 거치는 과정에서 인류가 만들어 놓은 문명의 씨앗은 이후 화려한 문명이 발달하는 시초가 되었다. 우리는 몇몇 전통적인 중심지에서만 문명이 발생했다는 선입견을

/
차탈회위크 유적 발굴 현장. 차탈회위크 유적은 구석기시대의 유산을 이어받은 대표적인 신석기시대 문명이다.

버리고 새로운 자료를 열린 마음으로 받아들일 준비를 해야 한다. 구석기시대에 문명의 맹아가 나올 수 있었던 것은 환경에 적응하기 위해 사회적 상호작용이 필요했고, 공동체 생활을 영위하기 위해 다양한 춤과 노래 등을 만들었기 때문이다. 어떤 특출한 집단이 튀어나와서 문명을 만든 것이 아니다. 인류 문명에 대한 인식을 새롭게 쓸 자료들은 4대 문명의 중심지가 아닌 변방의 여러 곳에서 언제라도 나올 수 있다.

아메리카 원주민은 어디에서 왔을까

아메리카 신대륙 원주민(소위 '인디언')의 기원은 신대륙이 서구 사람들에게 처음 발견된 이래 400여년을 끌어온 논쟁이다. 초창기 신대륙의 풍물을 기록한 예수회 신부 호세 데 아코스타(José de Acosta)가 1590년 출간한 『신대륙자연문화사』(*Historia natural y moral de las Indias*)에서 이들이 아시아 어딘가에서 난파된 사람들이라고 말한 이후, 원주민이 아시아 대륙에서 건너왔다는 것이 정설이 되었다. 실제로 마야 문명에서 확인된 여러 유물의 특징은 동북아시아의 선사시대와 많은 유사점이 보인다. 고고학자들은 신대륙과 아시아 대륙을 연결하는 알래스카 일대를 집중적으로 조사했다. 그 결과 현재 아메리카 원주민의 조상들이 1만 5000년을 전후해 베링해를 건너 신대륙에 정착했음이 밝혀지고 있다.

한편 구석기시대가 한참 지난 후인 마야나 잉카 문명에서도 동북아시아와의 관련성이 꽤 보인다. 마야 문명에서 출토된 조각상의 스타일이나 무늬, 토기 등 전문가들도 인정하는 유사한 유물들이 많다. 이를 이유로 중국에서는 신대륙의 발견자가 중국인이라는 주장이 상당히 강하게 제기되었다. 반면 미국에 정착한 백인 이주민들은 당연히 이 문제에 대해서 완전히 다른 견해를 가지고 있다. 신대륙 원주민의 기원을 두고 엇갈린 이야기의 속사정을 살펴보자.

마운드 빌더 논쟁

1620년 메이플라워호의 기착을 기점으로 백인들의 신대륙 이주가 본격화되었다. 물론 메이플라워호가 처음은 아니었다. 1587년경 로어노크섬에 정착했으나 이후 흔적도 없이 사라져버린 최초의 영국 이주민부터 필라델피아 근처에 자리잡았던 스웨덴 이주민까지 다양한 사람들이 북미 대륙에 정착하고자 했다. 잘 알려져 있다시피 목숨을 건 이들의 이주가 성공한 데에는 현지 원주민들의 도움이 절대적이었다. 하지만 이주가 정착되면서 이주민들은 원주민들을 속이고 잔인하게 학살하는 인종청소를 자행했다. 그리고 미국의 새로운 주인이 된 이들은 자신들의 야만적인 행동을 합리화하기 위해 원주민들을 미개하고 열등한 사람들로 간주했다.

미국 동북부 지역에서 발견된 몽크스 고분(위)과 중서부 지역에서 발견된 뱀 모양의 고분(아래). 아메리카 원주민들이 발달된 문명을 가지고 있었음을 증명하는 유적이다.

그런데 초기 정착민들이 주로 거주했던 미국 동북부 지역 곳곳에서 백인들의 주장과는 정반대의 상황을 보여주는 유적들이 속속 발견되었다. 마치 뱀처럼 긴 모양을 한 무덤과 거대한 고분들이 바로 그것이다. 그중에는 황남대총의 1.5배 정도인 엄청난 규모의 고분도 있었다. 백인 이주민들로서는 미개하고 열등한 원주민들이 문명의 흔적인 거대한 고분을 만들었다는 것을 받아들일 수 없었기에 이 무덤을 만든 사람들은 현재의 아메리카 원주민이 아니라 지금은 사라져버린 백인들이라는 설을 주장했다. 그 유력한 후보는 바닷속으로 가라앉았다는 전설의 아틀란티스 대륙의 후예, 히브리인, 스키타이인, 바이킹 등이었다.

'마운드 빌더'(Mound Builder, 무덤을 만든 사람)라는 상상 속에 존재하는 종족까지 만들어낸 이 황당한 논쟁은 정작 미국에서 200여 년간이나 진지하게 이어졌다. 유력 후보 중 하나인 히브리인의 경우 백인들은 모르몬경을 근거로 기원전 6세기경에 이스라엘의 한 지파인 히브리인들이 아메리카 대륙으로 건너와서 1000년간 살며 미국의 문명을 개척했다고 주장했다. 심지어 미국 제3대 대통령을 역임한 토머스 제퍼슨마저 자기 농장에 있던 옛 고분을 직접 발굴해 마운드 빌더 주장을 뒷받침했다. 20세기 초반이 되어서야 북미에 남겨진 거대한 고분은 바로 그들이 경멸하던 원주민의 조상이 만들었다는 당연한 사실이 인정되었다. 미국같이 실용적이며 과학 문명이 발달한 나라에서 어떻게 이렇게까지 어처구니없는 미신에 집착했을까 어이가 없다.

이러한 유사과학 정도밖에 되지 않는 수준의 논의가 나온 데에는 원주민들을 학살하고 그 땅을 차지한 자신들의 행동을 합리화하려는 의도가 있었다. 즉 신대륙은 원래 백인 계통의 우수한 문명인들이 살던 땅이었는데, 그것을 미개한 아메리카 원주민들에게 빼앗겼다고 본 것이다. 그렇다면 신대륙 정복은 남의 땅을 탈취한 것이 아니라 원래 백인들의 땅을 되찾아온 것이라는 논리도 가능하다. 더 나아가 신대륙은 하느님께서 백인계 이주민들에게 약속하신 땅이라는 그럴듯한 이야기까지 만들 수 있다. 최근 멕시코 이민자들을 장벽을 쌓아서라도 막겠다는 미국 정부와 이 주장을 옹호하는 백인 지지층을 보면 이런 인식은 여전히 사라지지 않은 것 같다.

누가 신대륙을 발견했는가

신대륙 발견자를 자처하는 또다른 나라는 중국이다. 청나라 말기부터 신대륙에 대한 정보가 알려지면서 서복(徐福 또는 서불徐市)의 기착지가 신대륙이라는 설이 등장하기 시작했다. 서복은 진시황에게 불로장생약을 구하겠다고 약속한 뒤 진시황이 마련해준 배 60척에 동남동녀 3000명과 장인 5000명을 거느리고 동쪽으로 떠났지만 끝내 돌아오지 않고 사라졌다. 진시황은 죽을 때까지 오매불망 서복을 기다렸다고 한다. 객관적으로 본다면 영생을 꿈꾸는 인간의 얄팍한 심리를 이용한 중국판 '봉이 김선달'쯤 될 법한 사람이다. 이제까지 서복이 도망친 곳은 한반도 또는 일본이라는 생각이 지배적이었다. 2014년 7월 방한한 시진핑 중국 주석은 서울대 초청강연에서 중국과 한국의 우호를 다진 첫번째 인물로 '신선을 찾아 제주도로 온 서복'을 언급했다. 그러나 최근 중국이 일대일로 정책과 함께 해외로 세력을 키우면서 서복의 행선지도 제주도, 남해, 일본을 넘어 신대륙설까지 등장했다. 서복은 사실 불로장생약을 미끼로 장난을 친 사기꾼이 아니라 명나라 정화 원정대처럼 다른 대륙을 탐험하는 원정대였다는 식의 견강부회도 커지고 있다. 거기에 더해 『산해경』에 기록된 바다 건너 동쪽 끝 해 뜨는 나라인 부상(扶桑)이 신대륙이라는 주장까지 나왔다.

사실 서복이나 부상에 대한 이야기는 단편적인 기록 몇자에 근거한 수준이었다. 하지만 1920년대 이후 중국에서 상나라의 발굴을 시작하면서 실제 설득력을 지니게 되었다. 그 시작은 1928년 은허(殷墟)에서 발굴된 상나라의 청동기였다. 미국 고고학자들은 미국 북서부 원주민의 예술품과 상나라의 청동기가 너무나 유사하다는 점에 놀랐다. 저명한 인류학자 클로드 레비스트로스(Claude Lévi-Strauss)를 비롯한 대부분의 학자들은 이에 대해 구체적인 이동 경로가 없기 때문에 인류의 문화 발달 과정에서 보이는 공통적인 현상이라고 해석했다. 그럼에도 불구하고 신대륙에서 기원전 1200년경에 갑자기 등장했다 사라진 올멕(Olmec) 문명이나 암각화를 상나라와 연결시키는 등 '상나라 미국 이주설'로 꾸준히 확대되고 있다. 이 이론은 정화 원정대가 아프리카뿐 아니라 전세계를 탐험했다는 연구와 함께 거대 중국을 지향하는 중국인들로부터 많은 지지를 받고 있다.

한편 신대륙과 일본과의 관련성도 일찍이 1960년대에 제기된 바 있다. 1960년대에 스미스소니언 박물관의 베티 메거스(Betty Meggers)와 클리퍼드 에번스(Clifford Evans) 부부 고고학자는 에콰도르의 발디비아(Valdivia)문화가 일본 조몬토기에서 기원했다는 가설을 제기했다. 사실 이들이 말하는 조몬토기는 한국에서 주로 출토되는 빗살무늬토기와 번개무늬토기에 더 가깝다. 이 주장 역시 당시에는 미국 고고학계에서 거의 주목받지 못했지만 최근 환태평양의 문화교류에 대한 논의가 일어나며 시베리아의 신석기 연구자들 사이에서 다시 주목받고 있다. 냉전이 사라지고 지역 간 교류가 활발해진 덕분이다.

러시아의 경우 아메리카 원주민이 시베리아에서 건너갔다는 것이 현재 학계의 정설이다. 그 덕분에 혹독한 냉전시대에도 미국과 소련이 사이좋게 알래스카와 시베리아 공동조사를 할 수 있었다. 그 이면에는 크림전쟁의 여파로 알래스카를 미국에 팔아버린 러시아의 배 아픈 속내가 깔려 있기도 하다.

이렇게 신대륙을 둘러싼 수많은 가설이 오고가는 와중에 드물게 고고학적으로 증명이 된 경우도 있다. 북유럽에서 미 대륙으로 넘어온 바이킹의 후예로, 실제로 캐나다 뉴펀들랜드에 바이킹이 정착했던 증거가 나오고 있다. 이 유적은 그동안 기록으로만 전해지던 '빈랜드'일 것으로 추정된다. 하지만 바이킹의 경우 캐나다의 섬에 잠시 거주했다가 철수했기 때문에 그들이 신대륙의 고대문화에 끼친 영향은 미미했던 것으로 보인다.

수많은 나라들이 자신들이 아메리카 원주민과 관련 있음을 주장하는 배경에는 20세기 초중반 세계를 휩쓸던 극단적 전파론이 있다. 그 영향으로 전체 사회구조, 시간과 공간의 차이 등을 고려하지 않은 채 일부 유물의 양식이나 조각품의 유사성에만 주목한 다양한 가설들이 난무했다.

미국의 고고학과 인류학은 20세기 이래로 세계적인 수준을 자랑하며 세계 곳곳에 지대한 영향력을 미치고 있다. 한국이나 중국도 미국에서 공부한 고고학자들이 대다수를 차지한다. 그런데 아이러니하게도 정작 자신들이 살고 있는 신대륙의 원주민들에 대해서는 과학적인 논의라고는 보기 어려울 정도로 터무니없는 가설과 기원론이 제시되고 토론되었다. 왜 유독 아메리카 원주민의 기원에 관해서만은 단편적인 몇가지 근거만 가지고 유대인, 아틀란티스, 한국, 중국, 일본 같은 현대 국가의 기원지 논쟁이 끊이지 않을까. 그 이면에는 미국이라는 나라의 성립 과정 문제가 있다. 미국 사회의 주류를 이루는 앵글로색슨 계열의 백인들이 이곳에 정착한 지 400년 남짓하다. 그 짧은 기간 동안 미국 사회는 그 이전부터 이 지역에서 살아온 원주민 대신에 다양한 이민자들로 채워졌다. 다시 말해 신대륙의 고대는 현재 미국에 살고 있는 자신들의 역사와 완전히 분리된, 자신들과 무관한 역사가 되어버린다. 그렇기에 자신들이 멀리서 흘러들어온 사람이 아니라 이곳이 조상들이 자신들에게 약속한 땅이라는 신념만큼 확실한 역사적인 동기는 없을 것이다. 약속된 땅이라는 그릇된 선입견은 확증편향으로 이어질 수밖에 없다. 더불어 아메리카 원주민도 사실은 아메리카 대륙의 주인공이 아니라 백인들처럼 어디선가에서 흘러왔다는 논리를 교묘하게 감추어 백인들이 무자비하게 원주민들을 학살하고 멸절시킨 양심의 가책에서 자유롭고자 하는 바람도 숨어 있다.

고고학이 전하는 진실

고고학과 유전자 연구는 남부 시베리아의 구석기시대 사람들이 1만 5000년을 전후해서 베링해를 넘어 점진적으로 미 대륙으로 퍼져나갔다고 일관되게 증명한다. 시베리아 기원설이다. 게다가 신대륙으로 넘어간 1만 5000년 전후의 사람들은 이미 구석기시대에 제사, 토기, 예술 등 문명의 기본적인 요소들을 가지고 있었음이 밝혀지고 있다. 양 대륙에서 후기구석기시대의 문화적 배경에서 발원한 유사한 유물들이 나오는 이유다. 하버드대학에서 중국고고학을 전공한 타이완 출신의 장광즈(張光直) 교수는 두 대륙 간의 공통점을 모두 샤먼을 주축으로 하는 제사 중심의 사회라는 차원에서 접근했다. 세계 문명사적 관점에서 본다면 근동과 인더스의 문명이 전쟁, 행정, 교역을 중심으로 이루어진 반면 중국을 비롯한 아시아와 신대륙 일대는 제사와 그것을 주관하는 신관, 즉 샤먼이 문명의 주축이 되었다. 구석기시대 이래 종교적 전통이 잘 남아 있는 아시아와 신대륙에서 예술품과 종교에 유사점이 보이는 것은 이 때문이다. 이를 '아시아-아메리카 샤먼 문화권'이라고도 할 수 있다.

1990년대 이후 러시아와 미국의 교류가 자유로워지고 정보 교환이 활발해지면서 두 대륙 간의 관계를 증명하는 자료들이 속속 등장하고 있다. 실제 미 대륙의 암각화에는 함께 섞어놓으면 구분하

미국 유타주에 있는 뉴스페이퍼 록(Newspaper Rock) 암각화. 약 2000년 전에 만들어진 것으로 추정되며 현재 미국 국가 사적으로 지정되어 있다. 이 암각화의 수많은 이미지들은 몽골과 시베리아 일대의 암각화들과 비슷하다.

지 못할 정도로 시베리아의 암각화와 유사한 것들이 아주 많다. 또한 마야 문명의 옥기나 조각도 중국이나 바이칼 지역과 유사한 것들이 아주 많다. 최근 러시아의 학자들은 신석기시대 극동과 캄차카 지역의 조각상들이 마야와 북미의 조각상들과 유사하다는 연구를 내놓고 있다. 하지만 아직은 근거가 부족하다. 구석기시대 이후 시기와 유사한 유물들도 돌출적으로 나오기 때문이다. 대륙 간 해상교류는 여전히 초보적이고, 광활한 지역에서 출토된 유물을 단편적으로 비교하는 경우가 대부분이다. 또한 유사한 유물들이 있다고 해도 서로 시기가 너무 다르기 때문에 직접적인 비교가 불가능하다.

다행히 최근에 DNA 분석과 함께 두 대륙 간의 구체적인 문화교류 루트가 밝혀지면서 빙하기 이후에도 사람들이 지속적으로 교류했을 가능성이 제기되고 있다. 실제 최근까지도 환태평양의 원주민들은 사할린에서 캄차카반도를 거쳐 알류샨열도와 알래스카로 이어지는 해상 교역 네트워크를 형성해왔다. 연해주와 캄차카반도를 따라 신대륙으로 이어지는 환태평양 문화교류는 두 대륙 사이의 문화교류에 해답을 제공할 여지가 많다.

연구는 이제 시작이다

아시아와 신대륙의 문화교류 관계 연구는 이제 막 시작된 초보 단계다. 한동안 미국 고고학계에서는 원주민들의 기원을 연구하는 데 극도의 저항감을 보였다. 미국 주요 도시나 대학의 박물관들은 유럽과 근동의 유물들은 미술관에 전시한 반면, '인디언'으로 부르던 신대륙 원주민의 유물은 자연사박물관에서 전시했다. 신대륙의 선사시대 연구는 자기들이 몰아낸 원주민의 역사이기 때문에 백인의 역사와 분리하여 역사학이 아닌 인류학에 소속시킨 것이다. 게다가 신대륙 원주민의 고향인 시베리아와 중국은 냉전 시기 그들과 대립하던 공산주의권의 나라였기 때문에 제대로 된 연구가 어려웠다. 다행히도 21세기에 들어서 각 지역의 정보가 풍부해지고 지역 간 장벽이 사라지면서 원거리 교류에 대한 접근이 가능해지고 있다. DNA 분석으로 지역 간 교류의 흔적 또한 꽤 구체적으로 추적되고 있다.

대륙 간의 문화교류를 색안경을 끼고 볼 필요는 없다. 유라시아에서 만리장성 북쪽의 흉노 일파가 동유럽까지 가고 고구려의 기마술이 유라시아 각지로 확산된 것을 떠올려보자. 신대륙에서도 수많은 사람들이 오가며 문화를 교류했을 가능성은 얼마든지 열려 있다. 다만 교류의 구체적인 가능성을 증명하기 위해서는 많은 연구와 논증이 필요하다. 해상을 기반으로 한 대륙 간 문화교류의 연구는 이제 시작이다. 신대륙은 면적만 한반도의 200배에 달하기 때문에 신대륙의 고대문화 연구는 엄청난 인력과 시간이 필요한 국제적인 규모의 연구다. 그러나 신대륙 관련한 주장을 내세우는 연구자들 중 제대로 신대륙의 고고학을 전공하는 사람이 아직은 없는 실정이다. 게다가 의욕만 앞섰는지 무리하게 몇가지 언어적 유사성을 주장하는 등 그 신빙성에 의심이 가게 하는 경우도 많다. 전세계적인 고대문화의 네트워크를 밝힐 수 있는 단초를 어설프게 엮는 것은 연구에 장애가 된다. 궁극적으로 신대륙이라는 고대문화를 연구함에 있어 '미지의 땅'을 '무지의 땅'이 되지 않게 하려면 선입견 없는 신중한 연구가 필요하다.

전염병을 이겨낸 신석기시대 사람들

2019년 연말에 시작된 코로나19 바이러스로 인해 전세계가 큰 변화를 겪고 있다. 21세기의 발달된 기술과 문명으로도 도저히 막을 수 없는 이 전염병이 앞으로 인류의 역사를 크게 바꿀지도 모른다는 불안감을 떨칠 수 없게 되었다. 사실 태곳적부터 인류는 야생동물의 세균과 바이러스에 노출되어 있었고 다양한 환경 속에서 수많은 전염병과 싸워왔다. 수천년 전 바이러스와 세균의 존재도 모르고 제대로 된 의학도 없었던 고대의 사람들은 어떻게 전염병에 대처하여 멸종의 길을 피할 수 있었을까. 약 5000년 전 네이멍구자치구의 신석기시대 유적에 치명적인 페스트균 전염병에 지혜를 발휘한 흔적이 남아 있다.

중국 네이멍구자치구에서 발견된 무더기 인골

2010~12년에 중국 네이멍구자치구 퉁랴오(通遼)시의 하민망하(哈民忙哈, 몽골어로 '흙으로 쌓은 언덕'이라는 뜻) 유적에서 5000년 전 신석기시대의 사람들이 살았던 대규모 마을이 발굴되었다. 중국 북방에 위치한 네이멍구자치구는 마치 몽골을 감싸듯 활처럼 길게 만들어진 행정구역이다. 네이멍구 각 지역의 중심지를 기준으로 볼 때 동쪽의 중심지인 후룬베이얼(呼倫貝爾)시에서 서쪽인 아라산(阿拉善) 사막 지역까지는 직선거리 2400킬로미터로 비행기로 가도 3시간이 걸린다. 그중에서도 하민망하 유적이 위치한 퉁랴오시에서 츠펑(赤峰)시에 이르는 지역은 만주에서 몽골로 넘어가는 지점으로 예로부터 초원지대와 만주의 접경 지역이었다. 행정구역상으로는 몽골인들의 자치구인 '네이멍구'지만 전통적으로 만주 지역에 속한다. 고대역사로 보아도 만주 지역의 대표적인 유물인 비파형동검과 초원 유목민들의 문화가 함께 출토된다. 또한 이 지역은 만주-초원-중원의 교차지대로, 신석기시대에 제사를 지내던 거대한 돌무덤(적석총)과 화려한 옥기 등으로 유명한 홍산(紅山, 홍산)문화 유적도 이곳에 있다.

일반적으로 하민망하 유적도 홍산문화에서 사용한 것과 똑같은 옥 제품들이 많이 발견되었기 때문에 홍산문화의 일부로 본다. 다만 두 유적 간에 거리가 멀고 마을의 형태도 달라 학자에 따라서는 '하민망하 문화'라고 분리해 부르기도 한다. 고고학자들이 '문화'라고 부르는 것은 매우 전문적인 작업이고 학자들마다 견해가 조금씩 다르다. 설사 다른 문화라고 부른다고 해도 홍산문화로 대표되는 신석기시대 문화의 한 갈래가 퉁랴오 지역으로 퍼져나가 마을을 일구어 살았음은 분명하다.

하민망하 유적은 특이하게도 집들이 모두 전소되었고 집터에서 대량의 인골이 나왔다. 그중에서도 제40호 집터에서는 무려 97구의 인골이 발견되는 등 모두 170여명이 집 안에서 발견되었다. 게다가 집 안에는 토기나 고급 옥 제품들이 그대로 남아 있었다. 중국 지린대학의 고고학 연구자들은 다년간의 연구 끝에, 이는 집 안에 만든 무덤으로 페스트 계통의 전염병으로 희생당한 사람들의 흔적이라고 결론 내렸다.

그러한 결론을 낸 근거 중 하나는 급하게 사람들을 묻은 흔적이 있다는 점이다. 과거 사람들은 세균의 존재는 잘 몰랐지만 본능적으로 전염병을 피하는 법을 알고 있었다. 최근까지도 역병이 돌면 시신들을 집에 놔둔 채 살아 있는 사람들이 멀리 피하는 예를 흔히 볼 수 있다. 하민망하 마을 바깥쪽에 이 마을 사람들의 공동묘지가 있었는데도 일부러 집 안에 잔인한 영화의 한 장면처럼 사람들을 포개서 쌓아두었다. 전염병이 돌자 사람들이 근처의 공동묘지 대신에 몇개의 주거지를 정해서 시신을 모아놓았고, 그 수가 많아지자 결국 집을 버리고 급하게 피한 것으로 보인다. 집 안에 버려진 시신이 대부분 노약자였다는 점에서 혹시 전쟁의 결과로 학

／
하민망하 유적 중 집 안에 만든 무덤. 공동묘지 대신 주거지에 시신을 쌓아놓았다.

살되었을 가능성도 고려해보았지만 인골에는 폭력이나 살해의 흔적이 전혀 없었다. 아마 전염병에 취약한 노약자들이 주로 희생당하자 남은 성인들이 그 시신을 처리하고 떠난 것 같다.

그렇다면 하민망하 마을 사람들이 페스트 종류의 질병에 희생당했다는 것은 어떻게 알 수 있었을까. 그 단서는 하민망하 사람들이 살던 당시의 기후와 그들이 주로 사냥한 설치류라는 동물에서 찾을 수 있었다. 하민망하 사람들은 일부 농사를 짓기도 했지만 주로 수렵과 채집에 종사했다. 풍부한 생태자원 덕에 농사에 전념하지 않아도 마을의 규모는 계속 커졌고 인구가 1000명 이상으로 급증했다. 그러다 약 5000년 전 기후가 나빠지고 주변 환경이

안 좋아지면서 생활에 위기가 찾아왔다. 농사, 목축, 수렵 등 다양한 문명의 교차지대인 네이멍구 동남부의 랴오허강(遼河, 요하) 상류는 새로운 기술과 문물을 받아들이기에 유리한 조건이었다. 하지만 여러 기후가 교차하기 때문에 기후가 조금만 변해도 그들이 사냥할 수 있는 동물이나 농사짓는 환경이 크게 변할 수밖에 없었다.

이러한 단점에 맞서 하민망하 사람들은 즉각적으로 환경의 변화에 대응했다. 주민들은 기존의 사냥감이었던 사슴류 대신 당시 수가 급증한 설치류 야생동물을 사냥하기 시작했다. 실제로 유적에서 발굴된 동물 뼈를 분석한 결과 포유류가 3분의 2였는데, 가장 많은 뼈가 산토끼와 설치류인 만주두더지*로 밝혀졌다. 하민망하에 살던 주민들은 변하는 환경에 맞추어 빠르게 태세전환을 한 덕에 살아남을 수 있었다. 하지만 그 이면에는 치명적인 약점도 있었으니, 이런 환경에서는 야생의 포유류를 숙주로 하는 세균이나 바이러스가 돌연변이를 일으켜 사람을 공격했을 가능성이 크다. 하민망하뿐이 아니었다. 이 유적에서 동쪽으로 750킬로미터 떨어진 네이멍구 중부 우란차부(烏蘭察布)시의 먀오쯔거우(廟子溝, 묘자구) 유적에서도 페스트와 같은 전염병의 가능성이 발견되었다. 먀오쯔거우는 하민망하와 달리 농사를 짓던 사람들의 마을로 기후는 하민망하와 비슷했고, 초원과 농경지대가 교차하는 지역이었

---

* 분서(鼢鼠)라고도 불린다. 포유류 두더짓과에 속한 종으로 두더지보다 몸이 훨씬 크고 살쪘으며 목이 짧다. 만주, 몽골 등지에 분포한다.

다. 그들도 농사가 어려워지자 야생 포유류를 적극적으로 사냥하면서 전염병에 노출되었을 것이다.

인간이 만들어낸 질병, 페스트

서양의 중세를 초토화시킨 페스트(흑사병)도 사실 유라시아의 초원에서 유목을 하던 사람들이 설치류로부터 옮았고 그것이 유럽으로 전해진 것이다. 페스트는 초원과 온대의 접경 지역에서 수천 년간 인간을 괴롭혀왔던 고질적인 전염병으로 오늘날까지도 지속적으로 하민망가가 위치한 네이멍구와 만주 일대에서 심심치 않게 발병한다. 가장 최근의 대형 페스트 창궐은 1910~11년으로 역시 퉁랴오 지역에서 그리 멀지 않은 중국과 러시아 국경 일대에서 벌어졌다. 페스트는 당시 러시아가 만주를 가로질러 부설한 동청철도를 따라 점차 중국 쪽으로 번져 하얼빈 일대까지 퍼졌다. 다행히 빠른 국제적 공조로 팬데믹까지 가지는 않았다. 이때 페스트(정확히는 폐 페스트)의 창궐 원인은 사실상 인간의 욕심이었다. 모피를 거래하는 러시아의 상인들이 더 좋은 모피를 얻기 위해 경쟁적으로 만주로 들어와 마르모트 사냥에 나섰기 때문이다. 그러던 와중에 설치류에서만 유행하던 페스트가 돌연변이를 일으켜 인간에게로 옮겨간 것이다.

가깝게는 2019년 겨울에도 네이멍구에서 유목을 하던 몽골인

두 명이 페스트에 감염되었고, 2020년 여름에도 추가로 세 명이 확인되었다. 다행히 선제적인 방역 조치로 페스트가 퍼지지 않았다. 사실 설치류와 접촉이 잦은 네이멍구 초원 지역에서 페스트는 일종의 토착병과 같다. 동물과 함께 지내며 동물의 부산물(고기, 가죽 등)로 살아가는 한, 페스트와 같은 병의 위협은 계속될 것이다.

폐허에서 발견한 지혜

홍산문화는 양쯔강 유역의 량주(良渚, 양저)문화와 함께 약 5000~6000년 전 동아시아 신석기시대를 대표하는 문명으로 꼽힌다. 홍산문화 사람들은 세계적으로 손꼽힐 만한 거대한 제단과 고도로 정제된 옥기를 만들어냈다. 랴오닝(遼寧)성 링위안(凌源)시의 뉴허량(牛河梁, 우하량) 유적에는 여러 제단과 무덤이 모여 있는데 그중에는 5000제곱미터에 이를 정도로 거대한 신전도 있다. 그렇게 거대한 제단을 만들었던 홍산문화 사람들이 약 5000년 전에 갑자기 글자 그대로 흔적도 없이 사라진 사실은 고고학자들의 머리를 아프게 한다.

홍산문화의 대표 격인 뉴허량 유적은 랴오닝성과 네이멍구의 경계, 네이멍구에서 랴오닝성으로 가는 제법 큰 도로 한쪽의 허허벌판에 있다. 지금은 중국의 국가 사적으로 지정되어 야구장보다도 더 큰 돔으로 덮어서 보존되고 있지만, 10년 전만 해도 그냥 큰길가에 수많은 돌무더기와 무덤, 뼈와 토기들이 흩어져 있었다.

교통의 요지에 위치한 커다란 유적의 존재를 1980년대에 처음 발견되기 전까지 아무도 몰랐다는 건 사실 매우 놀라운 일이다. 보통 거대한 건축물이 하나 있으면 후대 사람들도 그 유적 근처에서 이어 살면서 자신들의 흔적을 남긴다. 때로는 주변 농가에서 건축물의 돌들을 빼서 자기 집 담벼락을 고치는 데에 쓰기도 하고, 때로는 적대적인 세력이 침략해서 고의로 훼손하기도 한다. 뉴허량 유적이 전혀 훼손되지 않은 채 최근까지 아무도 알지 못했다는 것은 역설적으로 홍산문화 사람들이 사라지고 난 뒤 이 지역에 적어도 수백년간 사람들이 오지 않았고, 그 제사터가 완전히 잊혔다는 것을 의미한다. 홍산문화가 번성했던 지역에 사람들이 다시 와 거대한 성터를 만들고 산 것은 그들이 사라진 뒤에도 거의 1000년이 지난 후인 샤자뎬(夏家店, 하가점)하층(下層)문화 시기부터이다.

뉴허량의 제사터를 만들었던 사람들은 홍산문화가 멸망했을 때 어떻게 되었을까. 홍산문화가 멸망한 5000년 전, 네이멍구 동남부와 같은 한대와 온대의 경계지대는 급격한 기후변화로 혼란한 시기였다. 거대한 제사터를 중심으로 모여 살던 사람들은 그야말로 각자도생을 꾀하면서 작은 집단들로 쪼개졌다. 고고학자들이 이 지역을 발굴할 때 홍산문화 시기의 유물이 발견되지 않아 일종의 공백 상태였다. 그러다가 발굴이 진척되면서 점차 자잘한 문화들로 세분화된 모습이 등장했다. 홍산문화가 사라지고 조밀한 도시 유적들이 등장하는 샤자뎬하층문화의 출현까지가 바로 그런 혼란기였다. 이런 이유로 홍산문화의 뒤를 잇는 문화를 허우홍산(後紅山, 홍산문화의 다음이라는 뜻)문화, 샤오허옌(小河沿, 소하연)문화, 다난거우(大南溝, 대남구)문화 등으로 불렀다.

이러한 혼란기가 어떻게 초래되었는지는 하민망하 유적의 발굴로 그 이유가 밝혀졌다. 더불어 고고학자들의 오래된 미스터리인 홍산문화의 멸망 원인을 규명할 실마리도 찾을 수 있었다. 당시 환경의 변화와 전염병의 창궐로 홍산문화가 큰 위기를 맞자 작은 씨족 단위로 흩어졌던 것이다.

홍산문화의 뒤를 이은 혼란기에 나타난 여러 소규모 집단 중에 샤오허옌문화는 홍산문화의 제사터와 가장 유사하다. 샤오허옌문화 사람들 역시 자신의 집 안에 제단을 만들고 홍산문화의 전통을 이어가며 살았다. 다만 기후가 상당히 추워져 식량자원이 부족했기 때문에 샤오허옌문화 사람들은 거대한 적석총을 만드는 대신 작은 마을 단위로 사방에 흩어져 거주했다. 즉 홍산문화 사람들은 전염병으로 전부 사라진 것이 아니라 자신들의 문명을 포기하고 새롭게 바뀐 환경에 적응해 위기를 극복한 것이다. 500년 가까이 이어진 샤오허옌문화 시기가 지나고 약 4000년 전에는 이 일대에 화려한 청동기문화가 번성하며 도시를 이룬 문명이 등장했다.

고고학 유적에서 발견되는 전염병 흔적이 곧 인간의 멸망을 의미하는 것은 아니다. 환경이 바뀌고 전염병이 창궐할 때 홍산문화 사람들은 과감히 자신이 가진 것을 버리고 적극적으로 대응해 살아남을 수 있었다. 인간의 강력한 생존 본능과 지혜를 문명의 폐허로 보여준 역설적인 사례라 할 수 있다.

고대인의 방역문화

고대의 사람들은 현대적인 의학지식이 없었지만, 그들만의 경험과 지식으로 전염병과 맞서 살아남았다. 세계 문명사를 이야기할 때 대표적인 유물로 꼽히는 청동기와 옥이 그 예이다. 특히 홍산문화를 비롯해 동아시아의 여러 지역은 공통으로 옥을 선호했다. 고대인들은 옥에서 나오는 음이온 살균효과를 알고 있었다. 홍산문화의 제사를 담당했던 신관들의 무덤에서 발견되는 수많은 옥은 단순히 아름다움을 즐기기 위한 관상용이 아니라 옥에 담긴 치유의 힘을 얻기 위한 것이었다. 지금도 옥의 산지로 유명한 바이칼 일대의 원주민들은 몸이 아프면 옥 광산으로 가서 자연 치유를 한다고 한다.

한편 신석기시대를 이은 청동기시대에도 아름다움 뒤에 살균작용이 있었다. 약 4500년 전 이집트 파피루스 문서에는 가슴 통증을 치료하고 음료수 정화하는 데 청동을 쓴다고 나와 있다. 물론 청동에 납이 섞이거나 녹이 슬면 몸에 해롭다는 단점은 있지만, 동서고금을 막론하고 다양한 청동 화합물이 약으로 사용되었다. 특히 중국에서는 상나라 이후 모든 나라가 화려한 청동으로 만든

하민망하에서 출토된 옥기(위)와 중국 서주시대의 청동그릇(아래). 고대인들은 옥과 청동의 살균효과를 알고 있었다.

제사그릇을 사용했고, 다양한 의술 도구 역시 청동으로 만들었다. 이렇듯 인류 역사의 한 축을 이루었던 옥과 청동기의 발달 배경에는 병균으로부터 자신들을 지켜내려는 지혜가 숨어 있었다.

그뿐 아니라 척박한 초원의 유목민들은 각종 약초를 이용해 병으로부터 자신들을 지켜냈다. 2500년 전 알타이산맥의 고산지대에서 살았던 기마인인 파지리크문화의 무덤에서는 종종 미라가 발견된다. 유라시아 초원은 1년에 반 이상이 추운 겨울이고 고원지대는 땅 밑이 얼음으로 차 있어 땅을 파서 무덤을 만들 수 있는 기간은 기껏해야 2~3개월이다. 그러니 장례 기간이 반년 이상 걸릴 수 있다. 시신을 장기간 보관하다 자칫 발생할지 모를 전염병을 막기 위해 그들은 미라 주변에 독특한 향으로 유명한 고수풀, 물싸리풀 같은 강력한 항균작용을 하는 초원의 풀을 같이 넣었다. 중세 페스트를 치료한 유럽의 의사들도 알코올로 소독을 해서 페스트의 확산을 막았다. 이렇듯 인간은 수많은 희생과 경험으로 얻어낸 지식을 문화로 발달시켜 자기 집단을 보호해왔다. 그러한 과정이 있었기에 지금까지 인류가 살아남을 수 있었던 것이다.

위기는 계속된다

인간은 언제나 보이지 않는 적들과 싸워왔다. 심지어 과거의 유물에도 공포를 느꼈다. 이집트 피라미드를 이야기할 때 종종 등장하는 '파라오의 저주'가 대표적이다. 1922년 이집트 투탕카멘의 피라미드 발굴에 관여했던 사람들이 저주를 받아 죽었다는 내용이다. 하지만 이는 가십거리를 추구하는 언론이 발굴과 관련된 사람들 중 이미 세상을 떠난 이들의 사례만을 짜깁기해 만든 일종의 가짜뉴스에 불과했다. 정작 발굴을 담당한 영국의 고고학자 하워드 카터(Howard Carter)가 천수를 누린 것만 봐도 미라의 저주라는 것이 얼마나 허황된 말인지 알 수 있다. 그럼에도 이 '파라오의 저주'는 잠시의 가십거리로 끝나지 않고 후에 「미이라」나 「인디애나 존스」와 같은 고고학을 기반으로 하는 모험영화의 모티브가 되면서 지금까지도 회자되고 있다.

진정한 공포의 대상은 수천년 전에 만들어진 미라가 아니라 현대 인간의 문명이다. 구석기시대에는 인구밀도가 낮다못해 거의 희박했기 때문에 전염병이 전체 인류에 끼치는 영향이 극히 제한적이었다. 빙하기가 끝나고 사람들이 마을을 이루어 살면서 사냥이 일상화하고 인간 사이 교류가 빈번해지며 전염병의 확산세도 함께 커졌다. 그 결과 동서 문명의 교류를 잇는 실크로드를 따라 유럽으로 전해져 세계사를 바꾸었던 흑사병과 같은 팬데믹이 등장했다. 거대한 규모의 전염병은 어쩌면 인간의 문명이 낳은 업보라고도 할 수 있다.

최근 세계를 강타한 코로나19 바이러스는 아직 다소간의 논쟁이 남아 있지만, 적어도 고도로 밀집화·도시화된 세계, 그리고 지역 간의 교류가 지나치게 활발해진 상황이 팬데믹을 촉발시켰음은 분명하다. 물론 그 기저에는 자기파괴적으로 세상을 바꿔온 인간의 활동과 그에 따른 기후변화가 있다. 코로나19 바이러스뿐만이 아니다. 많은 극지 연구자들은 지구온난화로 북극권의 빙하가 녹아 야생동물과 인간의 예상치 못한 접촉이 또다른 전염병으로 이어질 것이라고 경고한다.

북극권은 땅이 항상 얼어 있는 영구동결대로, 짧은 여름 동안 땅의 겉이 녹기는 하지만 한삽만 파도 얼음이 차 있기 때문에 그 이상 땅을 파기가 불가능하다. 그래서 무덤도 깊게 파지 못하고 나무들도 뿌리를 깊숙이 내리지 못해 마치 거미줄처럼 옆으로 뻗는다. 땅속은 사시사철 냉동고인 셈이니 사소한 털 한오라기까지 잘 남아 있는 타임캡슐의 역할을 한다. 추코트카자치구와 같은 러시아 극북 지역의 경우 무덤을 발굴할 때 삽 없이 솔질로만 한다. 이 지역은 무덤을 만들 때 땅을 얕게 파는 대신 늑대나 여우 같은 들짐승의 피해를 입지 않도록 돌을 쌓아올린다. 그러니 어떤 경우는 돌만 걷어내면 털끝 하나 손상되지 않은, 당장이라도 눈을 뜰 것만 같은 시신을 발견하기도 한다. 유물을 조사하기 전까지는 수천년 전 것인지 얼마 전 것인지 가늠하기 쉽지 않을 정도다.

17세기 이래로 러시아를 중심으로 유럽의 여러 나라들이 북극권을 탐험했다. 당시 선원들은 부실한 배를 타고 북극해를 다니다가 눈이 내리고 바다가 얼면 근처 땅에 배를 끌어올리고 월동을 한 후에 봄이 되면 다시 목적지로 전진했다. 그러는 와중에 전염병, 결핵, 괴혈병 등으로 많은 선원들이 목숨을 잃었고, 그들은 곧바로 그 자리에 묻혔다. 지금도 북극해 일대 군데군데에는 당시 사람들의 무덤이 많이 남아 있다. 문제는 이들의 몸에 여전히 병균이 존재한다는 사실이다. 지금은 사라져버린 천연두로 사망한 수많은 시신들이 북극권에 묻혀 있다. 결핵의 경우도 안심할 수 없다. 결핵균 자체가 워낙 빠르게 돌연변이를 일으키기 때문에 같은 결핵이라도 과거 사람들을 괴롭힌 결핵균은 현대의 것과 달라 우리는 이런 결핵균에 대한 저항력이 거의 없을 수 있다. 물론 요즘 같은 정보화 사회에서 누군가가 그 무덤을 일부러 발굴해서 악용하는 것을 그대로 두진 않을 것이다. 하지만 지구온난화로 영구동결대가 급격히 해체되고 있다는 점이 또다른 변수다. 자칫하면 얼음이 녹아내려 자연스럽게 무덤이 드러나고 철새나 북극권의 동물들이 시신의 세균을 옮기는 숙주가 될 수 있다. 가능성이 그리 크지 않지만 최근 급변하는 기후 상황을 보면 어떤 돌발 사태가 발생할지 모를 일이다. 고고학 자료가 현생인류의 목숨을 위협하는 일이 실제 벌어질 수도 있다.

인류도 세상만물과 마찬가지로 멸망과 생존을 거듭해왔다. 고고학 자료를 보면 오스트랄로피테쿠스의 등장 이후 최근까지 적어도 20여종의 인류가 등장했다 사라졌다. DNA 분석 결과 그들은 지금의 우리와 거의 관계가 없는 것으로 밝혀졌다. 가장 최근에는 약 3만년 전 네안데르탈인이 멸종했다. 지금 우리의 DNA에는 많게는 5퍼센트, 적게는 2퍼센트의 네안데르탈인과 데니소바인 유전자가 있다고 한다. 네안데르탈인은 멸종했지만 그들이 완전히 사라진 것이 아니고, 그 일부는 현생인류로 남아서 생존해왔다는 뜻이다.

현생인류는 미신을 맹신하지 않았고, 경험으로 습득한 지혜를 공유하고 다음 세대에 전달했기 때문에 살아남을 수 있었다. '미개한' 원시인이라는 편견과 달리 그들은 슬기롭게 질병을 이겨냈다. 반대로 중세의 페스트, 천연두와 같은 팬데믹은 오히려 문명의 산물이다. 고대의 인류가 만약 위기 상황에서 자신이 쌓아놓은 문명에 기대고, 지혜 대신 공포나 미신에 기댔다면 한두번은 운 좋게 생존할 수 있었을지 몰라도 결국은 멸망했을 것이다. 지난 수천년간 수많은 바이러스와 세균은 돌연변이를 무기 삼아 인간을 공격했고, 그때마다 인간은 집단의 지혜로 그에 맞서왔다. 우리는 모두 공포를 지혜로 극복한, 승리한 인류의 후손인 셈이다.

식인 풍습은 미개함의 상징인가

식인종이라고 하면 우리는 흔히 미개로 대표되는 아프리카나 아메리카 대륙의 원주민들이 그들을 교화하러 온 서양인을 삶아먹는 장면을 떠올리며 살았다. 이러한 이미지는 100여년이 지나도록 여전히 우리의 선입견으로 남아 있다. 인류의 역사에서 식인 풍습은 드물지만 꾸준히 존재해왔다. 지금도 고고학 발굴에서 사람을 먹은 흔적들이 발견된다. 식인이 이루어진 배경은 다양하다. 첫번째는 먼저 떠나간 가족이나 친구를 보내는 환송 의식의 하나로 그 사람의 신체 일부를 먹음으로써 죽은 사람이 우리 곁에 영원히 함께한다고 믿는 사랑의 발로다. 두번째는 극도의 적대감으로 상대를 죽이고 그들의 신체를 먹는 것이다. 세번째는 고대 중국의 기록에 등장하는 것처럼 극심한 기근의 상황에서 배고픔에 못 이겨서 서로 잡아먹는 경우다. 어떠한 것도 마음 편한 게 없다. 그만큼 식인은 인간이 할 수 있는 가장 비인간적인 행위가 아닐 수 없다.

고고학이 증명하는 식인 풍습

식인이라는 것 자체가 상상조차 금기시되다보니 과연 인간의 역사에서 식인이 정말로 존재했는가에 대한 많은 논쟁이 있어왔다. 특히 19세기까지 제국주의 및 인종주의의 발로로 식인 풍습을 아프리카나 아메리카 대륙 사람들의 미개한 행위로 규정지었고, 또 그것을 이유로 자신들의 침략을 합리화했다. 그들의 합리화는 '이들은 서로를 잡아먹는 악한들이니 절멸시켜 마땅하다'라는 헛된 논리를 심어주는 데 일조했다.

20세기 중반까지 고인류가 식인을 했다는 주장이 널리 퍼져 있었다. 동아시아를 대표하는 북경원인이 좋은 예이다. 1930년대 발굴 과정에서 나온 인골의 뼈들이 산산이 부서져 있었는데 일부 고고학자들이 이를 서로 잡아먹은 흔적이라고 주장했고, 이 내용이 『뉴욕타임스』(1936.11.25, 25면)에 대서특필되기도 했다. 1924년에 남아프리카에서 발견된 최초의 오스트랄로피테쿠스 인골인 일명 '타웅의 아이'(Taung Child)를 발견한 레이먼드 다트(Raymond Dart) 역시 '타웅의 아이' 사람들이 서로를 잡아먹으며 살았다고 보았다. 물론 이들의 연구는 후에 다 잘못된 것으로 결론이 났다. 초기 인류는 주로 동굴에서 발견되는데, 동굴의 천장에서 돌이 떨어지면서 뼈가 부서진 것을 식인 흔적으로 오해한 것이다. 20세기 중반까지 백인우월주의 풍조가 널리 퍼져 있던 상황에서 나온 성급한 결론들이다.

오늘날 발굴 자료의 분석 기법이 좋아지면서 식인의 구체적인 증거가 사방에서 발견되고 있다. 아마 식인 풍습은 드물긴 해도 지역을 가리지 않고 인간의 삶과 함께해왔던 것 같다. 2015년 영국의 고프(Gough)동굴에서 나온 후기구석기시대 유골에서 식인 흔적이 발견되었다. 2018년 서부 시베리아 바라바평원의 우스티-타르타스(Ust-Tartas)라는 8000년 전 신석기시대 유적에서도 식인의 흔적이 발견되었다. 내가 유학 시절 주로 발굴했던 시베리아의 대평원 지역은 너른 평지에 소택지와 숲이 많다. 모기가 많다는 단점도 있지만 대신에 민물농어 같은 물고기와 사냥감, 땔감이 풍부한 자작나무숲에 둘러싸여 있어 고대부터 살기에 아주 유리했다. 그런데 당시 집 자리 근처의 쓰레기 구덩이에서 여러 동물의 뼈, 생선뼈와 함께 불을 먹은 흔적이 뚜렷한 어른과 아이의 뼛조각이 나왔다. 발굴팀은 여러 검토 끝에 신중하지만 단호하게 이 뼈들은 조각내어 불에 태워서 제사에 쓴 것이라고 결론 내렸다. 식인의 가능성이 크다고 본 것이다.

이 유적이 만들어지던 당시 서부 시베리아는 기후가 온화하여 식량이 넘치도록 풍부했다. 굳이 사람을 잡아먹을 이유가 없었다. 답은 무덤에 있었다. 신석기시대 무덤은 하나의 무덤에 여러 명이

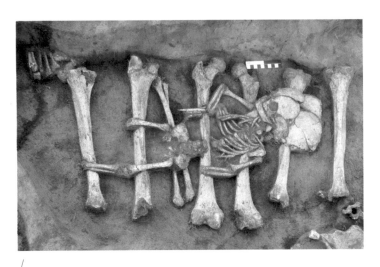

우스티-타르타스 유적의 인골. 어른의 뼈 위에 아이의 뼈를 올려놓은 무덤으로 인골을 가공해 다시 묻은 흔적이다.

묻히기도 하는데, 인골 전체가 아니라 일부만 묻힌 경우도 허다하다. 어른의 넓적다리뼈를 마치 평상처럼 깔고 그 위에 어린아이의 인골을 올린 것도 있었다. 시베리아는 1년의 3분의 1이 추운 겨울이다. 그러니 겨울에 죽은 사람은 바로 묻지 못하고 따로 안치해두었다가 날이 풀리면 뼈만 추려서 묻을 수밖에 없었을 것이다. 그래서 기나긴 겨울 먼저 세상을 떠난 사람과 함께하기 위해 그 살점을 떼어내어 제사를 지내고 불에 태워 간직한 것으로 보인다.

'너의 췌장을 먹고 싶어'

인간 역사에서 보이는 식인 풍습의 대부분은 적에 대한 증오심 표출이 아니라 산 사람이 먼저 간 사람의 육신 일부를 자기에게 체화하려는 노력으로 볼 수 있다. 예컨대 남아메리카의 원주민들 중에도 식인을 하는 대표적인 종족이 있다. 오리노코강에 사는 구이아카족이다. 이들은 가까운 가족이 죽으면 화장을 하고 뼛가루를 국에 타서 친척들이 조금씩 나누어 마신다. 이를 통해서 비록 죽은 사람의 육신은 사라졌지만 영혼은 남아 있는 가족들과 영원히 함께한다고 믿었다. 맥락은 좀 다르지만 현대에도 비슷한 풍습이 있다. 흔히 유골반지라고 하여 돌아가신 분이나 반려견을 화장하고 유골가루를 반지로 만들어 손가락에 끼는 것이다. 유골에 대한 거부감이 강한 우리나라에서는 좀 생소하지만 그 의미는 먼저 간 사람에 대한 사랑의 발로에서 나온 식인 풍습과 일맥상통한다.

얼마 전 일본에서 스미노 요루가 쓴 소설 『너의 췌장을 먹고 싶어』(양윤옥 옮김, 소미미디어 2017)가 크게 히트했다. 제목만 봐서는 식인을 연상시키지만 정작 내용은 췌장암에 걸린 소녀와 그녀를 사랑한 소년의 애틋한 사랑 이야기다. 아픈 부위를 먹으면 낫는다는, 예전부터 전해오던 속설을 모티브로 했다. 한편 어린아이를 집어넣어 만들었다는 에밀레종 전설이나 명검을 만들기 위해 자신을 희생한 오나라의 간장(干將)과 막야(莫邪)의 이야기처럼 인신공양은 인간이 표현할 수 있는 가장 큰 희생을 의미한다. 식인 풍습도 그런 희생의 일부로 발현되기도 했다. 중국 춘추시대 위나라의 왕인 의공(懿公)은 사람 대신 학을 애호하던 무능한 왕이었다. 결국 북쪽에서 내려온 유목민족에 의해 살해되었고 의공은 온몸이 찢겨 온전한 것이라고는 간뿐이었다. 이를 본 의공의 충신 홍연(弘演)은 자신의 배를 갈라 주군의 간을 넣고 자결했다. 주군을 위해 스스로 관이 되어서 제사를 잇겠다는 충성이었다. 종묘사직을 목숨보다 소중히 여기던 고대 중국에서 가능했던 생각이다.

제갈량의 만두

물론 적개심을 갖고 다른 사람을 죽여서 그들의 살점을 먹고자 하는 잔인함도 존재했다. 우리가 좋아하는 만두도 식인 풍습을 암시하는 '오랑캐의 머리'라는 뜻이다. 글자 그대로 적의 머리를 베어 제사나 의식상에 올려놓는 풍습과 관련이 있는 음식이다. 흔히 만두의 기원을 중국 서남부 지역의 오랑캐를 정복했던 제갈량에서 찾는다. 제갈량의 촉군이 남쪽 오랑캐를 정벌하고 돌아오는 길에 그들에게 목을 베인 오랑캐의 영혼이 노하여 강물이 험해졌다. 그러자 제갈량이 자기들이 죽인 오랑캐 군사들을 달래기 위해 겉은 밀가루 반죽으로 싸고 속은 고기로 채운 머리 형상을 만들어 빼앗은 머리를 돌려보내는 제사를 지냈다고 한다.

인신공양을 위해 제물을 매단 장면이 담긴 청동기 유물. 뎬국의 스자이산(石寨山) 유적에서 출토된 것이다.

이 이야기는 한참 뒤인 송나라와 원나라 때에 지어낸 것이지만 오랑캐의 머리를 잔인하게 자르고 제사를 지내던 풍습은 실제 고고학 자료로 증명되었다. 제갈량이 활동했던 촉나라는 지금의 쓰촨 지역이고 그들이 토벌한 지역은 남쪽인 윈난성과 태국 북부의 산악 지역이다. 약 2000년 전 윈난성 서부 일대에는 뎬국(滇國)이 있었다. 덴국 사람들은 엄청나게 호전적이어서 서로를 잔인하게 죽이고 다녔다. 적의 머리를 사냥하는 장면은 그들이 즐겨하던 옷 장식이나 귀중품에 새겨져 있다. 적을 죽여 매달아놓고 잔치를 벌이는 장면이 청동기에 생생하게 남아 있다. 만두라는 명칭은 전쟁이 격화되면서 생겨난 잔인한 카니발리즘에서 시작된 것이다.

사랑에서 대량학살로

다양한 시대와 문화적 배경에서 등장하는 식인을 한마디로 단언하거나 매도할 수는 없다. 문제는 식인 풍습을 단순하게 오해하는 것이 아닌 다른 사람을 혐오하는 수단으로 악용하는 데에 있다. 카니발리즘은 실제 식인을 하는 사람을 말하는 것이 아니라 자기에게 적대적인 사람들을 비하하며 붙여진 이름이었다. 기원전 5세기에 활동한 그리스의 역사가 헤로도토스는 그의 책『역사』(Herodotus Histories Apodexis)에서 드네프르강을 넘어 열흘을 더 가면 식인종(man-eaters)이 있으며 그 너머에는 더이상 사람이 살지 않는다고 했다. 당시 그리스인들이 알고 있는 세계의 끝에 사는 이방인들을 식인종으로 생각한 것이다.

한편 근대에 들어서면서 식인이라는 관념은 근대화되지 못한 자신들의 구태의연한 모습으로 대표되기도 했다. 루쉰(魯迅)은『광인일기』에서『자치통감』을 읽다가 중국의 역사 곳곳에 식인 풍습이 있음을 개탄하며 '인육의 잔치는 지금도 베풀어지고 있다'라고 썼다. 중국을 대표하는 문학가이자 사상가인 루쉰이기에 이 구절은 중국에서 식인이 일반적으로 유행했다고 오해하는 근거가 되었다. 루쉰은 인류학자가 아니라 사상가였기 때문에 특별히 논증을 했다기보다는 다양한 시대에 걸쳐 나타나는 식인 기록이 그만큼 극한의 상황을 보여준다는 의미로 쓴 것이다. 매일 살인 사건 기사를 접하지만 살인을 일상적인 행위라고 할 수 없듯이 말이다.

중국뿐 아니라 남미를 답사한 수많은 유럽의 탐험가들은 다른 것은 아무것도 먹지 않고 오로지 식인만을 하는 원주민들에 대한 기록을 남겼다. 하지만 미국의 인류학자 마빈 해리스(Marvin Harris)와 같은 극단적인 문화유물론자의 주장을 제외하면 근대 이후의 어떠한 자료를 보아도 사람 고기가 주요 식량원이었다는 증거는 없다. 근대 이후에 식인 풍습은 복수, 증오, 광기와 같은 인간의 감정을 대신 표현하는 도구로, 더 나아가 다른 국가나 민족 집단을 혐오하는 구실로 사용되었다. 그 대표적인 예가 일본으로, 최근까지도 일본은 중국인을 혐오하는 제노포비아(xenophobia)의 명분으로 식인문화를 거론했다.

한국에서 한동안 회자되었던 황원슝(黃文雄)이 지은 『중국의 식인문화』(장진한 옮김, 교문사 1992)라는 책이 있다. 이 책은 지난 5000년간 중국인에게 식인은 보편화된 문화였다는 등 선정적 내용으로 가득 차 있다. 일각에서는 지은이가 정식 사학자라고 알려졌지만, 사실은 중국계 일본인 고분유(黃文雄)로 사학자가 아니라 주로 혐중과 혐한을 주제로 글을 쓰는 극우 작가다. 그는 일본군이 저지른 난징대학살은 실제로 없었다거나 한국의 문명은 일본이 모두 만들어준 것이라는 등 허무맹랑한 주장을 늘어놓았다. 극우 작가가 중국의 식인문화를 쓰는 배경은 자명하다. 결국 일본의 침략을 은폐하고 식민지배를 찬양하기 위한 것이다.

한편 신대륙에서는 마야의 인신공양이 너무나 잘 알려져 있다. 그들의 잔혹한 풍습에 대한 연구가 활발한 것은 물론 「아포칼립토」(2006)와 같은 유명한 영화로 만들어지기도 했다. '식인'을 검색하면 나오는 게 대부분 마야인에 대한 것일 정도다. 하지만 우리가 식인종으로 폄하했던 아메리카 대륙의 원주민들은 서양인이 저지른 대량학살의 가장 큰 피해자였다. 학자들은 여러 통계에 근거해 1492년에 콜럼버스가 신대륙에 상륙할 당시에 신대륙 전체의 인구가 약 6000만명 정도였다고 추산한다. 이후 100년도 안 되는 기간 동안 인구의 90퍼센트가 감소했고 현재는 500만명 남짓한 사람들만 남게 되었다. 10명 중 9명이 죽어버린 이 일은 구대륙에서 옮겨온 각종 전염병과 잔혹한 학살의 결과였다. 이러한 행태가 진정한 식인이 아니고 무엇인가.

식인 풍습은 미개함과 관련이 없다. 식민지를 만들고 대량학살을 했던 근대를 거쳐 현대사회로 오면서 더욱 잔혹하고 교묘하게 식인 풍습이 이루어지고 있는 것을 보면 알 수 있다. 살을 베는 것보다 더 고통스럽게 서로의 마음을 베어내는 지금이 더욱 잔인한 식인의 시대일지도 모른다.

'악마의 자손'이라 불리던 사람들

　서양사에는 중세시대의 개막을 알리는 '게르만족의 대이동'이라는 용어가 있다. 이는 4~6세기에 강력한 기마문화를 가진 훈족이 유럽을 침략하면서 연쇄적으로 로마를 무너뜨린 게르만 민족의 활동에서 유래했다. 유라시아 고고학에서는 이 시기를 '민족의 대이동'이라고 부른다. 게르만족이 아니라 유라시아 동쪽 흉노에서 시작한, 유라시아 전체를 뒤흔든 변혁의 시기였기 때문이다. 이후 한반도의 동남쪽 신라에서는 북방계의 화려한 황금과 고분이 등장했으며, 유라시아 각 지역에서는 흉노의 후예를 자처한 다양한 나라가 생겨났다. 최근 고고학과 유전자 분석으로 흉노에서 훈족으로 이어지는 800여년의 비밀이 조금씩 벗겨지고 있다. 이들은 발달한 철제 무기와 기마술로 동쪽으로는 만주, 서쪽으로는 유럽에 이르는 거대한 지역의 역사를 바꾸었다. 세계사의 진정한 주역이었던 그들의 의미를 되새겨보자.

훈족은 흉노의 후예일까

"우리 부랴트 몽골인은 흉노에서 기원했소이다. 흉노와 훈족이 같은 민족이라고 하는데, 그렇다면 우리는 동유럽과도 관계가 있는 것 아닙니까?"

2014년 7월 러시아 부랴트자치공화국의 부랴트 집성촌이자 유명 휴양지인 툰카에서 열린 '트리 오브 컬처'(Tree of Cultures)라는 학회에서 내 발표가 끝나자마자 나이가 지긋한 한 부랴트 어르신이 나에게 던진 질문이다. 바이칼 지역의 토착 몽골인인 부랴트인들에게 자신들의 친척(?)이 동유럽에 분포하며 유럽의 한 지파를 이루었다는 이야기는 마치 한국 사람이 고구려인의 후손이 태국 어딘가에 살고 있다는 이야기를 들은 것처럼 무척 흥미로웠을 것이다.

4세기 유럽을 뒤흔든 공포의 대마왕 아틸라와 훈족은 과연 유라시아에서 건너온 흉노의 일파일까? 흉노와 훈족의 관계는 역사에 조금이라도 관심이 있는 사람이라면 한번쯤 들어봤을 법한 수수께끼다. 흉노와 훈족은 비단 몽골, 한국과 같은 동아시아뿐 아니라 저 멀리 헝가리, 불가리아, 터키 등 유라시아 전역에서 다들 관심이 많다. 이런 지대한 관심에도 이 문제가 쉽사리 결론이 나지 않는 원인은 과거 동서 문명의 교류사를 현대인의 편견으로 해석하려는 데 있다.

중국 한나라는 건국 초기부터 북방의 이웃인 흉노의 수세에 일방적으로 밀려 200년이 넘는 기간 동안 매년 엄청난 양의 조공품과 포로를 바쳐야 했다. 이후 중국은 태세를 전환하여 흉노를 압박했고, 흉노는 멸망의 기로에 섰다. 마지막까지 중국에 귀의하기를 거부한 질지선우(郅支單于)의 북흉노는 기원후 98년에 알타이 산맥에서 최후의 결전을 벌이고 중앙아시아로 도망쳤다. 이후 오늘날의 키르기스스탄 근처에서 번성하던 실크로드 국가 강거국(康居國, 강국康國이라고도 함)을 차지해서 잠시 거주했지만, 그 소문을 듣고 추격하던 중국 세력에 쫓겨 다시 머나먼 서쪽으로 도망갔다. 그렇게 그들은 158년을 기점으로 중국의 역사 기록에서 사라져버렸다.

그후 200년이 지난 350년경 동유럽에 몽골 계통의 다부진 체격을 가진 훈족이 등장했다. 이들은 게르만족의 거주지 동편 도나우강에 살고 있던 알란족(Alan)을 침략했고, 파죽지세로 밀고 들어왔다. 훈족의 강력한 화살과 날렵한 기마부대에 대항할 유럽의 나라는 없었다. 그 엄청난 기세에 눌려 훈족을 악마의 자손이라고 부르며 하느님이 저주를 내리기만을 기도할 뿐이었다. 453년 훈족의 왕 아틸라가 이탈리아 베니스를 정벌하던 중에 급사하면서 그 세력은 급격히 약화되었지만, 대신 훈족의 날랜 기마술과 강력한 무기에 자극받은 동유럽의 여러 민족들이 로마를 압도하는 군사력을 갖게 되었다. 결국 서양의 고대 세계를 종언시킨 큰 사건인 '게르만족의 대이동'을 촉발한 것이다.

아틸라가 이끌던 '훈'이라는 이름의 기원이 흉노다. 비록 흉노제국은 중국에 멸망했지만 그들이 이끌던 군사와 무기는 세계 최강이었기에 유라시아의 각국은 흉노의 후예를 자처했다. 그래서 훈이라는 이름이 역사 곳곳에 등장한다. 실크로드를 대표하며 발해와 신라를 넘나들었던 소그드국은 스스로를 '훈의 나라'(중국의 기록에는 온나사溫邪沙라고 되어 있음)라고 칭했으며, 심지어 유럽인 계통의 에프탈(Ephtalite, 오늘날 우즈베키스탄) 사람들은 스스로를 '백인 흉노'(White Huns)라고 불렀다. 그러니 아틸라의 훈족이 흉노의 후예를 자처한 것도 전혀 이상할 것이 없다.

유라시아 문화교류의 아이콘

실제로 흉노의 후예를 자처한 집단들은 유럽에서 한반도까지 널리 퍼져 있었으나 사실 직접적인 혈연관계는 없다. 당시 유목민들은 우리가 생각하듯 혈연 중심의 집단이 아니다. 토지를 기반으로 성립했던 농경사회와 달리 유목민들은 유목이 가능한 초원지대를 찾아서 이동했기 때문에 다양한 집단이 섞여 있었고, 그들이 이동할 때마다 주변의 사람들이 모여드는 일종의 계약사회였다.

흉노와 훈족이 발흥했던 800여년간 수천 킬로미터에 이르는 유라시아 초원지대는 유목문화가 주도했다. 훈족이 유럽 사회를 뒤흔든 것은 그들의 피부색 때문이 아니라 흉노에서 시작되어 발달한 유목사회 시스템과 철제 무기라는 신기술 때문이었다. 흉노의 후예를 자처한 집단들은 공통적으로 화려한 보석을 박아 넣은 황금과 강력한 마구, 철제 무기를 갖고 있었다. 그들이 남긴 동서 교류의 흔적은 화려한 황금 유물로 남았다. 신라의 황금보검이나 누금세공 같은 이국적인 황금 제작 기술은 동유럽, 나아가 서유럽까지 널리 퍼졌다. 이들 유물은 섞어놓으면 서로 구분하기 어려울 정도로 유사하다. 흉노와 훈족이 만들어놓은 거대한 유라시아 문화 네트워크가 있었기에 가능한 일이었다. 이들이 정복한 초원 지역은 새로운 문명으로 거듭났고, 그 일파인 아틸라의 서진을 따라 낙후했던 유럽에 새로운 문화의 씨앗을 뿌렸다.

훈족과 흉노가 같은 민족인가라는 질문은 애초에 성립 자체가 불가능하다. 유목사회는 다양한 집단의 융합으로 이루어졌기 때문이다. 우리가 집중해야 할 것은 그들이 '같은 민족'인가 하는 문제가 아니다. 흉노와 훈족 관계의 핵심은 '유라시아를 관통한 문화교류'에 있다.

그럼에도 여전히 흉노와 훈족의 관계를 같은 민족인가 아닌가로만 판단하려는 이유는 흉노에서 훈족으로 이어지는 그들의 잠재력을 있는 그대로 받아들이지 못하고 '몽골인=악마'라는 도식으로 황화론(黃禍論, 청일전쟁 말기인 1895년경 독일 황제 빌헬름 2세가 주장한 황색 인종 억압론. 황색 인종의 융성은 유럽의 백인 문명에 위협이 될 것이므

카자흐스탄 북부 카나타스(Kanatas) 고분에서 출토된 상감을 한 황금장식(위)과 신라 황남대총에서 발견된 훈족 계통의 황금 팔찌(아래). 흉노의 후예를 자처한 집단은 모두 비슷한 기술을 사용하여 화려한 황금 유물을 남겼다.

로 유럽 열강이 단결하여 그에 대처해야 한다는 주장)을 만들어 서양인들이 아시아를 침략할 때 그대로 적용했기 때문이다.

서양에서는 중세 이후 최근까지 아틸라에게 악마 이미지를 덧씌웠다. 소설 『반지의 제왕』의 모티브가 되었으며 바그너의 오페라로도 유명한 북유럽의 서사시 「니벨룽의 노래」(Das Nibelungenlied)에 아틸라는 '에첼'이라는 이름의 악인으로 등장한다. 또한 「스타워즈」

의 다스베이더가 나오기 전인 1970년대까지 아틸라는 대중매체에서 폭군 또는 독재자를 상징하는 단어로 사용되었다. 근대 이후에는 아틸라에 청나라 이후의 중국 이미지가 덧대어진다. 시기별로 바뀌는 아틸라 그림을 보아도 처음에는 서양 사람으로 묘사되던 아틸라가 나중에는 중국인으로 묘사되었음을 알 수 있다. 근대 이후 서양이 강조하던 '황화론'이라는 동아시아에 대한 편견이 아틸라에 투영된 것이다.

한편 소련의 경우 '훈족=흉노'를 정치적인 관점에서 적극 활용했다. 1917년 혁명 이후 소련은 흉노와 훈족의 활동무대였던 유라시아 초원 대부분을 자신들의 영역으로 통합했다. 이에 대한 역사적 합리화를 위해 1930년대에 소련의 연구자 콘스탄틴 이노스트란체프(Konstantin Inostrantsev)가 '훈족=흉노'라는 설을 본격적으로 주장하기 시작했다. 새롭게 등장한 소련을 과거 거대했던 흉노와 훈족의 세력에 대입한 셈이다. 당시 소련은 러시아를 중심으로 유라시아의 각 나라들이 사회주의권으로 재편되던 시점이었다. 유라시아 동서를 관통한 '훈족=흉노' 이야기는 이러한 사회주의권의 등장과 잘 부합하는 상당히 매력적인 주제였을 것이다.

유럽의 동양인

훈족이 몽골인 계통이라는 생각은 아틸라를 직접 만났던 로마 교황청의 사신이자 역사가 프리스쿠스(Priscus)의 기록에 근거한다.

그는 아틸라가 무척 왜소한 체격을 지닌 전형적인 몽골인의 모습이었다고 썼다. 당시 유목사회에는 다양한 집단이 섞여 있었으니 훈족 안에도 중국 북방에서 살던 몽골인의 흔적이 남아 있었을 것이다. 하지만 아틸라 한명에 대한 기록만으로 훈족 전체를 단정 짓기에는 무리가 있다. 유일한 해결책은 당시 인골의 유전자를 분석하는 것뿐이다. 아직 훈족에 대한 자료는 없지만, 아틸라가 죽고 100년 뒤에 다시 동양에서 이동해온 아바르족(Avar)에 관한 연구가 힌트를 준다.

아바르족은 5세기에 몽골을 중심으로 거대한 유목제국을 이루어 고구려와 연합했던 국가인 유연(柔然)의 일파다. 유연은 돌궐(튀르크)에 쫓겨 서쪽으로 흘러갔고, 등자(발걸이)와 같은 고구려의 무기와 마구를 서양에 전파한 주인공이기도 하다. 아바르족은 오늘날의 헝가리 지역에 정착해 빠르게 서양인에 동화했다. 동아시아에 관심이 없었던 서양 학자들은 동쪽과의 관련성에 냉소적이었다. 그런데 20세기 중반에 시베리아 알타이 일대에서 고구려인, 선비족과 유사한 마구를 사용하던 유목민족의 흔적이 발견되었다. 고고학자들은 이들이 아바르족의 기원일 것으로 추정했다. 막연하기만 했던 아바르족의 기원은 2020년 1월 『사이언티픽 리포트』(*Scientific Reports*)에 발표된 헝가리 학자들의 유전자 분석 결과로 실마리가 잡혔다. 헝가리 과학자들은 아바르족이 카르파티아 분지(오늘날의 헝가리 일대)에 정착 후 약 100년 뒤인 7세기 중반에 만들어진 무덤에서 나온 유전자를 분석했다. 그 결과 중국 북서부 및 신장

알란족을 침략한 훈족. 오스트리아 화가 페터 요한 네포무크 가이거(Peter Johann Nepomuk Geiger)가 1870년대에 그린 것으로 아틸라가 중국인으로 묘사되어 있다. 황화론의 본격적인 등장을 알리는 그림이다.

지역, 러시아 알타이 일대에서 발견된 유전자와 가장 유사했다. 이는 고고학자들이 유물로 분석한 결과와 일치한다.

이때는 아바르족이 유럽에 완전히 정착한 지 한참이 지난 후였기 때문에 아바르족 문화에서 동양의 흔적은 거의 찾아볼 수 없는 상태였다. 그럼에도 동아시아 유전자가 나온 이유는 유목민들의 특성 때문이다. 앞서 언급했듯 각 유목국가는 그들이 지나간 지역의 사람들이 섞여 있었다. 하지만 다양한 사람들이 뒤엉킨 용광로와 같은 유목사회에서도 소수의 최상위 계급은 철저한 부계사회를 지향하며 자신들의 권력을 계속 유지했다. 아마 훈족도 비슷했을 것이다. 유라시아를 가로지르는 동안 전체 유목민의 구성은 현지인들로 다양하게 바뀌었지만 가장 첨단의 군사와 문화를 선도하던 선우와 그들을 보좌하던 세력은 부계를 중심으로 계속 유지되었을 가능성이 크다. 물론 앞으로 DNA 분석이 되어야 최종 결론이 나오겠지만, 이런 상황은 대표적인 다인종 다문화 국가인 미국에 비유해 이해할 수도 있다. 다양한 사람들이 섞여 살아도 여전히 미국 사회의 최상층부는 소위 와스프(WASP, White Anglo-Saxon Protestant)라고 불리는 슈퍼 엘리트인 앵글로색슨 계통이 차지하고 있다. 다양한 집단들이 유라시아 전역을 휩쓸던 흉노와 훈족에게도 상층부는 일정한 유전자 특징을 가진 하플로 그룹(Haplogroup, 공통의 선조를 공유하는 유사한 하플로타입의 집단) 사람이었을 가능성이 크다.

서양 속의 동양인 역사는 지금도 이어지고 있다. 바로 소련의 일부였던 칼미크족(Kalmyk)이다. 몽골제국 시기에 볼가강 유역에 토르구트족(Torgut)과 칼미크족이 정착했다. 1755년 청나라는 신장 지역의 중가르 칸국을 멸망시키고 자신의 통제하에 두었지만 때마침 유행한 천연두 때문에 인구가 급감했다. 같은 시기 토르구트족은 볼가강의 초원으로 밀고 들어오는 러시아와 독일 때문에 점차 터전을 잃고 있었다. 1771년 1월, 다가오는 주변 국가들의 압박을 타개하고자 토르구트족의 족장 우바시칸은 죽음의 대장정을 결정한다. 우바시칸은 17만 명을 이끌고 동쪽으로 수천 킬로미터를 이동했다. 그 과정에서 러시아를 비롯한 중앙아시아 각 지역에 살던 호전적인 사람들의 습격을 받았고, 기근에 병까지 겹쳤다. 10만여 명이 중간에 희생되었고 나머지는 그해 8월 천신만고 끝에 일리강 유역에 도착했다.

토르구트족의 극적인 이야기는 팽창주의로 나아가는 중국으로 서는 자신들의 모습을 설명하기 좋은 소재였다. '살기 좋은' 유럽을 뿌리치고 중국(엄밀히 말하면 만주족이 지배한 청나라가 맞는다), 그것 도 독립의 불씨가 타오르고 있는 신장으로 왔다. 역시나 이 이야 기는 2008년 「동귀영웅전(東歸英雄傳)」이라는 드라마로 제작되어 CCTV에서 방영했고 큰 인기를 얻었다. 서양에 남아 있던 몽골인 들이 중국의 품에 안긴다는 내용이 중국인들의 자긍심을 크게 자극했기 때문이다.

한편 볼가강을 사이에 두고 서쪽에서 살았던 칼미크족은 유럽에 남았다. 그들이 정착한 지역은 겨울에도 날씨가 온화해 살기가 괜찮은 편이었기 때문이다. 칼미크족은 여전히 칼미크자치공화국에 살고 있으며 유럽에서 유일하게 불교가 주요 종교인 공화국이다.

지금까지 살펴본 데서도 알 수 있듯 최근 다시 심심치 않게 등장하고 있는 유럽인들의 동양인에 대한 차별과 편견은 의외로 그 역사가 꽤 깊다. 현대의 관념이 투영된 '훈족=흉노' 설과 동양을 악으로 규정하는 황화론은 지금도 동양에 대한 편견으로 그 명맥을 이어가고 있다. 제2차 세계대전 이후 잠잠하던 서양 우월주의는 최근 동아시아의 발흥과 유럽의 경기침체, 그로 인한 포퓰리즘에 기반을 둔 극우 세력으로 부활하고 있다. 때마침 세계를 뒤흔든 코로나19 바이러스의 확산으로 미국과 유럽에서 동양에 대한 해묵은 편견과 차별이 다시 심화되고 있다는 경고의 목소리들이 나온다. 지금은 인종 간의 갈등을 촉발하기보다 서로에 대한 근거 없는 편견을 버리고 공존을 모색해야 할 때다. 우리에게 동양에 대한 편견을 빚어낸 흉노와 훈족에 대한 재평가가 필요한 이유가 여기에 있다.

우리 역사 속의 서양인

"회회아비가 내 손을 쥐더이다." 고려가요 「쌍화점」은 만두가게를 하는 위구르인과 고려 여인의 이야기로 시작한다. 흉노의 후예를 자처했던 신라에서 통일신라를 거쳐 고려시대에 이르면서 국제화는 더욱 심화되었다. 고려는 적극적으로 서역인들의 귀화를 장려했고, 그들은 고려에 와 다양한 직업에 종사하며 우리의 삶에 함께했다. 하지만 조선 건국 이후 대외적으로는 소중화를, 내부적으로는 단일민족을 강조하면서 우리는 서양 계통의 사람들을 타자화하기 시작했다. 약간이라도 코가 높거나 이국적인 용모의 예술품이 나오면 낯설고 신기한 '서역인'으로 통칭할 뿐, 우리 역사 속에서 살아 숨 쉬던 서양인 계통은 상상하기 어려워졌다. 이제부터 숨어 있던 그들을 하나씩 찾아보자.

실크로드에 등장한 최초의 서양인

동아시아로 유입된 최초의 서양인(또는 유럽인)은 약 5000년 전 목초지를 찾아 동유럽에서 유라시아를 건너온 유목민들이다. 토하르(Tohar)라 불리는 그들은 인도-유럽어를 사용했으며, 몽골을 거쳐 중국 북방과 실크로드 일대로 진출했다. 특히 타클라마칸 사막의 로프노르 지역에 정착했던 일파의 무덤인 샤오허(小河, 소하) 유적에서는 생생한 유럽 인종들의 미라가 발견되었다. 건조한 사막 기후 덕분이다.

서양인들이 가지고 온 선물이 있었으니, 바로 맥주와 국수다. 5000년 전 실크로드를 따라 들어온 이들이 가져온 보리 덕분에 새로운 술인 맥주가 탄생했다. 황허강 상류의 산시(陝西)성 미자야(米家崖, 미가애)라는 신석기시대 유적에서는 보리와 구근류를 섞어 술을 빚었던 토기가 발견되었다. 중국 내에서 발견된 최초의 맥주를 만든 흔적이다. 또한 보리와 함께 밀이 들어오면서 동아시아에서도 본격적으로 국수를 만들어 먹기 시작했다. 샤오허 유적의 무덤에서 손으로 빚어 만든 국수가 발견되기도 했다. 서양인 일파는 유제품과 가죽을 제공하는 목축 외에도 새로운 곡물들을 동아시아로 전래한 주역이었다.

최초의 서양인 흔적인 샤오허의 유물은 우리나라의 국립중앙박물관 3층에도 있다. 100년 전 일본의 실크로드 탐험대가 현지에서 수집해온 것이다. 물론 일본 탐험가들은 그 유적을 직접 가보지도 못했고, 그 유물이 무엇인지도 몰랐다. 일제강점기에 풀로 만든 바구니를 거꾸로 세워 머리에 쓰는 모자라며 전시한 수준이었다. 다행히 샤오허의 유물은 국립중앙박물관 아시아부의 노력으로 2017년 다시 세상의 빛을 보게 되었고, 나도 사업에 참여하여 그 중요성을 알리고자 했다.

그렇다면 실크로드를 따라 동아시아에 온 서양인들이 실제 한반도 땅을 밟았을까. 사실 한반도는 유라시아 초원에서 유목을 하는 사람들이 살기에는 적합하지 않기 때문에 확정하기 어렵다. 대신에 다른 단서가 있으니, 유라시아 초원을 거쳐 동아시아에 들어온 유목민이 가져온 청동제련술이다. 약 4000년 전 아시아 전역에 확산된 세이마-투르비노(Seima-Turbino) 계통의 청동기가 2016년 강원도 정선의 아우라지 유적에서 발견되었다. 한국의 청동기시대에 서양인이 유입되었다는 주장도 제기되었다. 약 3000년 전의 유적인 정선 아우라지의 석관묘와 2500년 전의 유적인 충청북도 제천시 청풍면에 위치한 황석리 고인돌에서 발굴된 인골에 서양인 계통의 흔적이 있다는 주장도 있다. 아직은 믿을 만한 증거는 없다. 하지만 유럽인 계통의 일파가 한반도에 흘러들어왔을 가능성은 열려 있다.

진시황은 서양인이었을까

　중앙아시아의 강성한 유목민족들이 다시 동아시아로 밀려온 시기는 진시황이 만리장성을 쌓아서 오랑캐들을 막았던 약 2400년 전이다. 그런데 뜻밖에도 진시황의 일파 역시 서양인일 가능성이 제기되었다. 2012년 진시황릉 서북부 쪽에서 발견된 99개의 무덤이 그 발단이다. 여기에서 발굴한 인골이 대부분 젊은 여성이어서 후궁들의 무덤으로 추정되었다. 그중에서도 특히 신분이 높은 여성으로 추정되는 인골을 복원한 결과, 그 외모가 중앙아시아나 페르시아 사람들의 인상과 비슷했다. 발견은 여기에서 그치지 않았다. 진시황릉 동쪽에서 발견된 또다른 20대 남성 귀족 혹은 왕자들의 무덤에서도 서양인의 흔적이 나왔다.

　오늘날 중국의 간쑤성과 산시성 일대는 예로부터 융적(戎狄)이라 불리던 유목민이 살았는데, 그들은 외모 면에서 뚜렷한 서양인의 특징이 보인다. 그러니 진나라 사람 중에서 서양인 계통이 나오는 것은 일견 당연하다. 문제는 이 사람들이 발견된 곳이 진시황릉 근처의 커다란 무덤이라는 것이다. 이는 그들이 진나라의 왕족 또는 귀족일 가능성을 시사한다. 일부 언론에서는 이 인골이 진시황의 아들인 호해와 그의 공주였을 것으로 추정하는 기사를 쏟아냈다. 역사 기록에 따르면 호해도 이 인골의 나이와 비슷한 스무 살 무렵에 죽었고, 발견된 인골에 호해처럼 살해당해서 사지가 찢

긴 흔적이 있었기 때문이다. 물론 진시황의 일족이 서양인이라는 주장은 아직 호사가들의 추정에 불과하다. 다만 진나라 그리고 그 이전의 주나라가 건립된 지역의 사람들은 서양 계통의 유목민인 융적이 주류를 이루었음은 고고학으로 확실하게 증명되었다.

만리장성을 중심으로 기원전 4세기에 확산된 서양인 계통의 유목민들은 동쪽으로는 베이징 근처의 연나라까지 이어졌다. 연나라의 왕족들이 남긴 신좡터우(辛莊頭, 신장두) 무덤에서 고깔모자를 쓴 사람 모형의 황금장식이 나왔다. 더욱 흥미로운 점은 한반도 세형동검 문화에서 쓰인 격창도 같이 출토되었다는 것이다. 그래서 어떤 학자는 이 유물들이 함께 나온 무덤을 동호와 고조선을 침략했던 진개(秦開)의 것이라고 주장했다. 베이징 근처의 연나라를 매개로 서양인계 유목민과 고조선 사람들이 조우한 셈이다.

중국 북방에 등장한 새로운 유목민들의 확산 배경에는 흉노가 있다. 흉노의 왕 선우들의 무덤 유적인 몽골의 노용-올(Noyon-Uul, 노인울라)에서 인물상이 발견되었는데 전형적인 몽골인과 함께 마치 영국의 록그룹 퀸의 리드싱어 프레디 머큐리를 연상시키는 전형적인 중앙아시아 유럽인 계통의 외모를 지닌 인물도 있었다. 그런데 각 인물들이 표현하는 상황이 다르다. 몽골인 계통의 사람은 사슴을 사냥하는 무사의 모습인 반면 중앙아시아 유럽인 계통의 사람은 조로아스터교의 의식을 행하는 모습이었다. 실제로 발굴한 인골은 대부분 몽골 계통에 가까웠다. 이를 종합해보면, 아마도 흉노 집단에서 중앙아시아 유럽인 계통의 실제 비율은 그리 높지 않

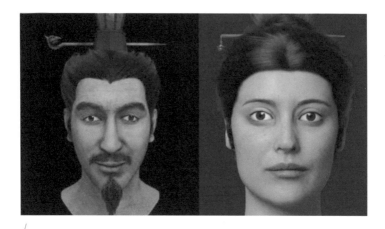

2012년 진시황릉 근처에서 발견된 남녀 귀족의 인골복원도. 중앙아시아나 페르시아 사람들의 인상과 비슷하다.

았으며, 그들은 주로 종교를 담당하던 사제나 사절단의 역할을 했던 것 같다. 더불어 흉노가 당시 만리장성 일대의 다양한 유목민들을 차별 없이 통합하여 거대한 유목제국을 이루었다는 것도 알 수 있다.

지금도 이어지는 서양인에 대한 오해

우리 안의 서양인들에 대한 오해도 팽배하다. 고대 인물상 중에 코가 크거나 조금만 이국적이면 '서역인' '아라비아인' '소그드인' '위구르인' 등의 이름을 무리하게 붙이는 경우가 적지 않다. 하지만

/
몽골 노용-올에서 출토된 비단에 새겨진 흉노의 얼굴. 록그룹 퀸의 리드싱어 프레디 머큐리를 연상시키는 모습이 인상적이다.

우리와 이웃했던 서양 계통 주민에 대한 제대로 된 이해 없이 이렇게 붙이는 것은 마치 금발의 외국인을 무조건 미국인이라고 단정하는 것과 같다. 2017년 경주 월성에서 6세기의 것으로 추정되는 터번을 두른 듯한 토우가 출토되었다. 사람들은 대부분 소그드인 인물상이라고 알고 있다. 하지만 실제로 소그드인은 터번을 쓰지 않았으며, 아랍에서 터번은 신라 멸망 이후 한참 뒤에나 유행했다.

국립중앙박물관 특별전 '대고려전'에 소개된 고려시대 승려 희랑대사 좌상. 얼굴의 외형이 서양인에 가까운 듯하다.

반대로 2018년 12월 국립중앙박물관 특별전 '대고려전'에서 고려시대 승려 희랑대사 좌상이 대표 작품으로 소개되었는데 희랑대사의 얼굴을 보면 코가 아주 크고 얼굴이 길쭉하여 서양인과 닮았다. 하지만 누구도 그를 서역인이라고 생각하지 않는다.

이렇듯 우리가 판단하는 서양인의 모습은 객관적이기보다 그것을 바라보는 우리의 선입견에 많이 좌우된다. 외형을 단순한 기준으로 판단하는 것은 위험하다. 1950년대 산업화 이전의 한국인과 요즘 젊은 사람들을 비교하면 신장과 체형은 물론 생김새도 다르다. 미국이나 러시아의 교포들을 보아도 이민을 간 지 3~4세대만 지나면 한눈에 보아도 알 수 있을 정도로 외모의 차이가 뚜렷하다. 사람의 외형은 유전적인 요소에 생활과 식습관이 결합되어 나타나기 때문이다. 그러니 외모에 서양인의 흔적이 남아 있는 경우 혈연적인 관련성과 함께 문화적인 맥락을 고려해야 한다.

다시 처음으로 돌아가, 우리가 생각해야 할 것은 왜 우리는 '서양인'의 모습을 낯설어하는가이다. 실크로드를 중심으로 지난 5000년간 중앙아시아의 서양인들은 우리의 이웃으로 살면서 꾸준히 새로운 문화를 공급하고 전달해왔음에도 우리는 어느 순간 그 역사는 망각한 채 서유럽으로 대표되는 제국주의 서양인들을 익숙하게 느끼게 되었다. 지금도 우리 주변에는 수많은 '서양인'들이 있다. 다행히 지금 한국 사회는 다양성을 인정하고 받아들이는 방법을 고민한다. 그 출발은 우리가 잊고 있었던 5000년 전의 우리 이웃들을 다시 인정하는 것이어야 하지 않을까. '미지의 땅'이라는 선입견이 아닌 '우리의 이웃'이라는 인식의 전환 말이다.

일본열도의 진정한 주인

일본의 역사인식은 자기모순적이다. 스스로를 '순수한' 단일민족으로 간주하면서도 자기 세력 내의 다른 민족을 끊임없이 부정하고 열등화했다. 일본열도에서 1만년 이상을 살아오던 조몬인이 야요이인들에 동화되어 사라진 것처럼 현대에는 아이누인들이 철저하게 탄압받으며 변방의 사람들로 소리 소문도 없이 사라져갔다. 일제강점기에 한국인을 열등하다고 간주하고 집요하게 일본인으로 만들려던 모습과 너무나 유사하다.

홋카이도를 대표하는 원주민인 아이누인은 7세기경 에미시(蝦夷, 에조라고도 함)라는 이름으로 일본 역사에 처음 등장했다. 아이누인은 1500년 가까이 일본인들과 큰 충돌 없이 살았다. 하지만 1869년 메이지유신과 함께 일본은 이 지역을 개발하고 현지 원주민을 말살했다. 이 지역은 '에미시의 땅'이라는 '에미치' 대신 '홋카이도'라는 새로운 이름으로 바뀌었고, 지금은 아름다운 관광지 이미지만 강하게 남아 있다. 하지만 홋카이도 일대에는 지난 세기 일본의 단일민족 정책에 희생되고 철저하게 탄압받았던, 일본열도의 진정한 주인공들의 슬픈 역사가 숨어 있다.

일본인의 기원에 대한 자기모순

일본인들은 전통적으로 자신들이 섬나라의 주민이 아니라고 생각했다. 2001년 아키히토 일왕은 생일 기자회견에서 조상의 생모가 백제 무령왕의 자손이라며 본인의 뿌리가 백제계임을 공식화했다. 이 일이 상징하듯 한반도에서 건너간 백제계 도래인은 고훈시대(3세기 중반에서 7세기 말까지로 대체로 한국의 삼국시대에 해당된다) 일본의 역사를 주도했던 중추였다. 삼국시대에 한반도를 거쳐 일본에 전해진 수많은 문화들은 일본 문화의 자양분이 되었고, 현대의 일본이라는 국가가 형성되는 데에 큰 역할을 한 것을 굳이 여기에서 재론할 필요는 없을 것이다.

그런데 고고학 자료를 보면 한반도계 문화는 도래인이 기록에 등장하는 고훈시대보다 약 1000년이나 앞선 시기에 이미 일본으로 진출했다는 것을 알 수 있다. 약 2700년 전 남한에서 쌀농사를 짓던 청동기시대 사람들이 바다를 건너 쌀농사에 유리한 규슈로 이동하면서 일본에 한반도계 청동기문화가 빠르게 전파되었다. 이 시기를 일본에서는 '야요이문화'라고 부른다. 한반도에서 유입된 새로운 문화는 일본열도를 따라 동쪽으로 확산되어 멀리 동북쪽에 있는 아오모리현까지 전래되었고, 일본 전역은 금세 한반도발 쌀농사 문화로 뒤덮였다. 일본 사람들이 자신들의 계통을 한반도와 대륙에서 찾는 것도 일정 정도 이해가 된다.

하지만 그렇기 때문에 일본인의 기원 문제가 더욱 복잡해진다. 메이지유신 이후 일본인들은 천황(일왕)의 만세일계를 외치며 순혈의 단일민족임을 내세웠다. 그렇다면 야요이 이전에 거의 1만년 가까이 있었던 조몬시대의 사람들은 일본인이 아니란 말인가? 이러한 자기부정의 역사는 일본 동북쪽에서 살던 아이누인과 남쪽에 살던 오키나와인에 대한 강력한 탄압으로 이어졌다.

일본 본토의 터줏대감

메이지유신 이후 서양의 인류학과 고고학을 받아들인 일본은 처음에는 아이누인들을 통해서 선사시대 일본인의 기원을 밝히고자 했다. 일본은 미국의 고고학자 에드워드 모스(Edward Morse)를 초청했다. 모스는 1877년 연락선을 타고 미국을 출발해 요코하마에 도착한 뒤, 다시 당시 갓 건설된 기차를 타고 도쿄로 들어가던 중 창 너머로 철도공사로 파괴된 패총(조개무지)을 발견했다. 모스

는 조몬시대에 해당하는 오모리(大森) 패총을 조사하고는 당시 사람들이 식인종으로 아주 미개한 사람이라고 생각했다. 그리고 그들을 아이누인보다도 더 원시적인, 아이누의 신화에 나오는 전설 속 사람인 '고로폿쿠루'(コロポックル)라고 보았다. 아시아에 대한 잘못된 편견이 개입된 주장이었다. 일본인의 기원이 미개한 식인종이라는 고로폿쿠루 논쟁은 일본 학계에서 50년 가까이 지속되었다. 당시는 일본이 천황의 만세일계를 내세우며 아시아의 가장 위대한 민족임을 대대적으로 광고하던 시점이었다. 고로폿쿠루 논쟁은 일본인들을 자신들은 미개한 섬나라가 아니라 북방 대륙에서 기원했다고 더욱 굳게 믿게 만들었다. 또한 아이누인을 비롯한 원주민들을 자신들과 관계없는, 없어져야 할 원시인으로 낙인찍었다.

아이누인은 현재 공식적으로 홋카이도에만 1만명 남짓 남아 있다고 알려져 있다. 아이누인에 대해 우리가 아는 것은 그리 많지 않다. 입 주변에 마치 영화 「다크나이트」(2008)의 조커를 연상시키는 문신을 하고, 서양인처럼 보이는 신기한 외모에 곰을 숭배한다는 정도다. 하지만 아이누인의 역사는 의외로 길다. '에미시'라는 이름으로 일본 역사에 기록된 것은 7세기경이지만 아이누인은 일본에 국가가 등장하기 전부터 일본열도 전역에 살다가 북쪽으로 밀려간 사람들의 후손이다. 시베리아와 극동에 살면서 추위에 적응된, 눈이 작고 광대뼈가 발달한 소위 '북방 몽골로이드' 계통의 주민과는 외모부터가 완전히 다르다. 핀란드의 언어학자 유하 얀후넨(Juha Janhunen)은 언어적으로도 보아도 아이누의 언어는 북쪽이 아니라 일본 혼슈의 남쪽에서 기원했다고 주장한다.

일본 역사에서 아이누인은 미개와 관계가 멀다. 그들은 귀한 각종 모피, 해산물, 바다코끼리의 송곳니 등을 일본과 교역하던 파트너였다. 에도시대 그들과 인접했던 마쓰마에번은 일본열도의 수많은 번들과 달리 유일하게 농사가 아닌 아이누와의 교역만으로 주요 수입을 올릴 수 있었다. 주로 일본 도호쿠 지역에서 살던 아이누인은 점차 그 세력을 확대해서 13세기경에는 홋카이도로 뻗어나갔고, 사할린과 캄차카반도까지 진출했다.

아이누인이 도호쿠에서 바다를 건너 홋카이도로 간 것은 700년 전이다. 그렇다면 아이누 이전에 홋카이도에는 어떤 사람들이 살았을까. 그 실마리는 '오호츠크문화'에 있다. 홋카이도 북쪽 오호츠크해 해안가 일대에서 일본 어디에서도 찾아볼 수 없는 신기한 토기와 집 자리가 발견되어서 오호츠크문화라 이름 지어졌다. 수많은 학자들이 그들의 정체를 풀려 했지만 실패했다. 최근에 이들의 기원이 발해의 기층을 이뤘다가 사할린으로 건너간 말갈족임이 밝혀졌다. 실제로 내가 발굴했던 두만강 하구에 있는 대표적인 발해 유적인 크라스키노(Kraskino) 유적에서 발굴한 말갈 계통의 토기와 똑같은 토기들이 사할린 남쪽에서도 발견되었다. 발해의 기층을 이루었던 말갈족이 동해의 여러 산물을 구하기 위해 바다를 건너가 살았음이 고고학적으로 증명된 것이다.

실제로 극동 지역과 사할린 사이를 가르는 네벨스코이 해협은 거리가 8킬로미터에 불과하고 겨울에는 해협이 얼어붙어 걸어서

입가에 문신을 한 아이누인의 모습. 아이누인은 일본 전역에 살다가 북쪽으로 밀려간 사람들의 후손으로 북방 몽골로이드 계통과는 외모부터가 다르다.

건널 수 있다. 홋카이도로 건너갔던 말갈 계통 사람들은 13세기경에 사라지는데, 그때 몽골제국이 아무르강(흑룡강) 하류에 사령부를 설치했기 때문이다. 명나라도 몽골을 이어서 이 지역에 노아간도사(奴兒干都司)를 설치했다. 말갈 계통의 오호츠크 문화인들은 중국의 압력을 견디지 못하고 쿠릴섬을 따라 북쪽 캄차카반도로 이동했다. 그리고 북극권의 여러 원주민들 사이에서 바다를 따라 교역을 주도했다. 최근 알래스카 일대에서 발해와 말갈 계통의 유물이 심심치 않게 발견되는 것도 그러한 환태평양 교역의 일부로 볼 수 있다.

이렇듯 고고학 조사 결과 변방의 오랑캐로 치부되던 아이누인과 오호츠크 문화인들이 오랜 기간 일본열도와 사할린에 살았던 진정한 주인공이었음이 밝혀지고 있다. 일본인이 야마토 단일민족이라는 이야기는 애초에 성립될 수 없는 것이다. 하지만 일본은 1990년대까지 유엔 같은 공식적인 자리에서 일본인은 단일민족이라는 주장을 버리지 않았다. 현재 홋카이도 외 지역에 거주하는 아이누인은 제대로 된 통계마저 없다. 일본은 그들을 천민계급인 부라쿠민(部落民)으로 규정하고 지금까지도 차별화 정책을 보이지 않게, 하지만 강력하게 유지하고 있다.

아이누인의 눈물 어린 투쟁

어떤 젊은 고고학자가 당신에게 명함을 건네면서 당신 부모님의 무덤을 파헤치겠다면 어떨까. 학문이라는 미명하에 졸지에 조상의 무덤을 잃어버린 아이누인의 사연을 재구성해보자. 일본 본토에서 온 젊은 고고학자는 갓 박사학위를 받아 과거의 문화를 연구하겠다는 의욕이 가득하다. 그는 당신에게 이렇게 말했다. "당신의 부모

님은 고고학적으로 소중한 자료이니 내가 무덤을 파서 그 인골을 가져가겠습니다. 당신 인종은 아주 특별한 연구 자료거든요."

매년 무덤을 참배하며 조상의 공덕을 기리는 당신에게는 날벼락 같은 소리일 것이다. 특히나 조상의 무덤은 유교문화가 널리 퍼진 동아시아에서는 더욱 각별하다. 하지만 정부로부터 탄압을 받는 소수민족인 당신은 힘이 없다. 헌병들이 동원되어 반강제로 조상의 무덤이 파헤쳐졌다. 무덤을 파묘한다면 정성껏 예를 올리고 한 삽 한삽 경건히 파야 하건만 고고학자들은 그렇지 않다. 사방으로 줄을 치고 삽으로 무심하게 파다가 해골이 나오면 들고 신기해하며 숫자를 적어 상자에 넣었다. 조상에게 큰 죄를 짓는 것 같았지만, 저들은 거대한 일본이라는 공권력을 뒷배로 둔 고고학자가 아닌가. 부모님의 유해로 사라져가는 우리 민족이 어떤 사람인지를 알리고, 또 학문에 공헌할 수 있다면 그것도 괜찮다며 스스로 억지 위로를 하고, 멀어져가는 발굴단의 트럭을 눈물을 삼키며 지켜볼 수밖에 없었다.

이것이 바로 아이누인의 현실이다. 일본의 고고학자들은 연구라는 명목으로 후손들이 멀쩡히 관리하던 무덤에서 인골을 꺼내갔다. 그리고 남아 있는 아이누인은 빈 무덤을 간신히 보존하며 인골 반환투쟁을 벌이고 있다. 인골이 특히 많은 곳이 홋카이도대학이다. 아이누인은 '북대개시문서연구회'(北大開示文書研究會, 북대는 홋카이도대학의 준말)라는 모임을 조직해서 인골을 반환해달라는 운동을 시작했다. 홋카이도대학의 입장은 단호하다. 아이누인의 두개골

중 일부는 지금도 홋카이도대학 박물관에 전시되어 있다. 나머지 인골은 대부분 아무도 신경을 쓰지 않은 채 대학 박물관의 지하 창고에 처박혀 있다. 하지만 대학 측은 '소중한' 연구 자료이니 절대로 돌려줄 수 없단다. 계속 먼지를 뒤집어쓰고 창고에 있어야 한단다. 정부도 이에 수수방관한다.

2020년 7월『교도통신』은 도쿄대학에 있는 아이누인의 인골을 장기간의 논의 끝에 반환하기로 했다는 소식을 보도했다. 때늦은 감이 있지만 아이누인의 숙원이 조금씩 이루어지고 있어 정말 다행이다.

아이누인과 비슷한 상황은 아메리카 원주민에게도 있었다. 다행히 미국 각 대학의 박물관에 보관되어 있던 아메리카 원주민의 인골 반환은 지난 수십년간 눈물의 호소와 운동으로 상당한 성과를 거두었다. 그러고 보면 식민지의 아픔을 겪은 우리에게도 그런 비극이 있다. 일본에서도 동학운동가를 처형하고 그 인골을 전리품처럼 보관 중이다. 아이누인의 모습에서 일제강점기 차별받고 희생당했던 한국인의 모습이 보이는 것도 결코 무리가 아니다.

의미 없는 쿠릴섬 귀속 논쟁

국내적으로 아이누인이나 오호츠크 문화인들과 같은 원주민들의 존재는 인정하려 하지 않는 일본이지만, 아이러니하게도 외교적

/
훗카이도대학 박물관에 전시 중인 오호츠크 문화인과 아이누인의 두개골.

으로 쿠릴섬은 일본의 것이라며 강력하게 항의한다. 한국을 상대로 독도에 대한 영유권을 계속 주장하는 것처럼 일본은 러시아를 향해서도 남부 쿠릴의 네개 섬, 소위 '북방 4개섬'을 반환하라고 요구하고 있다. 일본의 언론들은 매년 러시아가 당장 주기라도 할 것처럼 호들갑을 떠는 뉴스를 양산한다. 사실 일본인들에게 쿠릴섬은 관심 밖이었다. 러시아가 1739년에 쿠릴섬으로 진출하고 나서야 도쿠가와 막부가 부랴부랴 쿠릴 지역으로 사람을 파견했을 정도다. 쿠릴섬은 러시아의 슬라브인들보다 일본의 아이누나 오호츠크의 역사와 훨씬 가깝다. 하지만 일본 스스로 아이누인과 다른 소수민족을 말살하고 그들의 역사를 부정하지 않았는가.

쿠릴섬 논쟁은 철저하게 현대 정치의 산물이다. 러시아도 일본도 쿠릴섬에 대한 역사적인 영유권을 주장할 수 없다. 사할린과 쿠릴의 진정한 주인공은 따로 있다. 바로 활처럼 늘어진 쿠릴열도를 따라 캄차카반도로, 더 나아가 베링해로 이어지는 대륙 간 문화교류를 주도했던 사람들이다. 그럼에도 이 지역이 동아시아 문명과 북극 및 태평양을 잇던 사람들을 위한 연구 대신에 현대 국가 간 영토분쟁의 아이콘으로만 남아 있으니, 역사적 비극은 여전히 계속되는 셈이다.

2

우리 역사의
숨어 있는 진실,
그리고 오해

주변 지역에 대한 무지함에서 우리만 예외일 수는 없다. 돌아보면 한국 역사에도 소외되고 무시된 '테라 인코그니타'가 너무나 많다. 우리 역사의 시작인 고조선만 해도 당장 머릿속에 떠오르는 테마가 기자조선이 실제 존재했는지, 공자가 정말로 동이족 사람인지 등 상당히 자극적이고 자의적인 것들뿐이다. 삼국시대도 그렇다. 지금의 강원도 지역이 삼국시대에는 어느 나라의 땅이었는지 알고 있는가? 고구려, 백제, 신라라는 나라명이 익숙한 탓에 잘 알고 있다고 착각하는 삼국시대 역시 경주, 공주, 부여 같은 수도의 이름과 거대한 고분, 화려한 황금 왕관만을 단편적으로 기억하고 있을 따름이다.

　북녘의 역사 또한 사정은 마찬가지다. 고구려의 수도인 평양과 고려의 수도인 개경만 간신히 기억할 뿐, 그밖의 지역은 알려진 것도, 관심도 많지 않다. 예를 들어 함경도는 어떤가? 함경도는 조선 개국의 요람이며, 청나라를 건국한 만주족과 접경한 유라시아적인 의의가 있는 지역임에도 지금껏 전혀 주목받지 못했다.

　등잔 밑이 어둡다는 말이 있다. 우리 역사에도 우리가 모르는 지역과 집단들이 너무나 많다. 중국사에서 변방으로 치부되고, 한국 고대사 연구에서도 소외된, 우리 고대사의 잊힌 페이지들을 다시 들추어본다.

공자는 동이족인가

　동이(東夷)는 원래 '동쪽의 오랑캐'라는 뜻으로, 중국 내에서 사용한 명칭이다. 동이족은 주나라 건국 직후에는 상나라 사람을, 춘추전국시대를 거치면서는 산둥반도 지역에 거주하는 사람을 의미했다. 통일을 이룬 진한시대에는 바다 건너 고구려, 부여, 옥저 등 한반도와 북방의 만주족을 통칭해 동이족이라 불렀다.

　동이라는 명칭의 등장과 그 의미 변화를 제대로 알기 위해서는 중국 문명의 발달 과정 그리고 서해를 둘러싼 수천년간의 문화교류에 대한 이해가 필요하다. 하지만 근대 이후 제국주의의 발흥과 중화사관의 팽창으로 인해 동이족에 대한 정당한 평가는 미루어진 채, 현대 국가의 관점에서 자신들의 입맛에 맞게 동이족의 의미를 해석하는 상황이 벌어지고 있다. 동아시아 역사 속에서 친근하지만 미지의 영역으로 남아 있는 동이족을 둘러싼 여러 나라의 동상이몽과 그 실체를 살펴보자.

제국주의로 촉발된 중국의 동이족 사랑

중국에서 동이족에 대한 관심이 본격적으로 일어난 것은 20세기 초반이다. 1911년 신해혁명으로 청나라가 멸망한 직후 일군의 민족주의 역사가들이 중화민족주의에 입각하여 중국사를 지키겠다고 나섰다. 국립타이완대학 총장을 역임한 푸쓰녠(傅斯年)이 그 대표 주자로 그는 중화 문명의 우수성을 주장하기 위해 이하동서설(夷夏東西說)을 제창했다. '이'는 상나라의 동이족, '하'는 하나라의 화하족을 말한다. 중국 최초의 국가인 하나라는 지금의 산시(山西) 지역으로 채색무늬토기를 쓰는 신석기시대 양사오(仰韶, 앙소) 문화에서 기원했으며, 뒤이은 상나라는 산둥(山東) 지역으로 흑색의 토기를 쓰는 룽산(龍山, 용산)문화에서 기원했다고 푸쓰녠은 설명한다. 한마디로 중화 문명은 동과 서 양쪽에서 이원 체제로 기원했다는 의미다.

이는 서양 학계에서 주장하던 중국 문명의 서방전래설을 반박하기 위한 것이었다. 19세기 말부터 서양학자들은 미개한 중국인들이 스스로 문명을 만들 리 없으며 중국 문명은 근동 지역 문명의 수혜를 받아 탄생했다는 극단적 전파론을 주장했다. 게다가 스웨덴의 고고학자이자 지질학자인 요한 군나르 안데르손(Johan Gunnar Andersson)이 1920년대에 양사오 유적지에서 서아시아의 신석기시대 토기와 너무나 유사한 채색무늬토기를 발굴하면서 중국 문명의 서방전래설이 더욱 확실해지는 듯했다. 그러자 푸쓰녠이 이하동서설을 들고 나와 산둥 지역을 중심으로 한 중국인의 토착 문화를 강조한 것이다. 즉 이하동서설은 제국주의를 합리화할 수 있는 서방전래설을 막기 위한 도구로 사용된 것이지, 우리나라 일각에서 생각하는 것처럼 한국의 동이족 역사를 밝히기 위한 것이 아니었다.

1930년대 들어 일본의 만주 침략이 노골화되면서 푸쓰녠의 동이족에 대한 생각도 진화했다. 만주 지역은 고조선 성립 이래 전통적으로 한국사의 일부로 취급되었고, 만주족이 세운 청나라 300년 동안에는 만주족의 발상지로 신성시되었다. 어떤 경우든 중원의 한족이 만주 지역을 자신의 역사로 주장한 적은 없었다. 하지만 일본이 만주를 침략하자 푸쓰녠을 비롯한 중국의 열혈 민족주의 역사학자들이 비분강개하여 만주가 태고부터 중국의 역사라는 주장을 폈다. 푸쓰녠은 자신의 저서 『동북통사(東北通史)』에서 상나라부터 만주와 한반도까지 모두 '동이'라는 이름이 나오기 때문에 이 모든 곳이 중원에서 발흥한 역사라고 견강부회했다. 서양과 일본의 침략을 이겨내기 위한 수단으로 고대사를 동원하여 '코에 걸면 코걸이, 귀에 걸면 귀걸이' 식으로 해석함으로써 동이족에 대한 혼란은 더 커질 수밖에 없었다. 2000년대 들어 푸쓰녠의 학설은 동북공정 제창과 함께 다시 등장해 만주 일대를 중화민족의 역사로 재편하려는 중국의 팽창주의 사관에 이용되고 있다.

고고학이 밝혀낸 공자의 착각

중국의 최고 지성으로 꼽히는 공자는 70세의 아버지 숙량흘과 16세의 어머니 안징재의 사이에서 사생아로 태어났다.* 사마천의 『사기』에 따르면 공자는 어릴 적부터 제사그릇 가지고 놀기를 좋아했다고 한다.** 이를 근거로 일부 학자들은 공자의 어머니 안징재가 무녀였다고 주장한다. 무녀의 역할이 제사를 주관하는 것이니 공자가 어머니를 따라다니며 그 모습을 보았고, 이를 흉내내며 놀았다는 것이다. 공자가 태어난 지 얼마 되지 않아 아버지가 죽고 어머니 혼자서 공자를 키웠으니 이러한 주장도 나름 설득력이 있다. 어머니가 무녀인지와는 별개로 공자가 제사를 따라다니면서 그가 살았던 춘추시대 귀족들의 장례와 제사에 관한 다양한 지식을 얻은 것은 분명한 것 같다. 춘추시대 귀족들의 무덤에서 다양한 제사 용기나 편종(編鐘) 같은 악기가 함께 발견되기 때문이다.

공자는 인(仁)을 강조했다. 인간이 서로가 서로를 탄압하는 시대

---

* 숙량흘이 공자를 얻은 나이는 정확하지 않으며 대략 65~70세 사이인 것으로 보인다.
** 『史記·孔子世家』, "孔子爲兒嬉戲, 常陳俎豆, 設禮容."

를 벗어나 인간 본연의 본성으로 돌아가고자 하는 휴머니즘을 복원해야 한다고 생각했다. 공자의 입장에서는 원시시대가 이상적인 모습으로 다가올 수밖에 없었을 것이다. 공자는 허례허식이 없이 평소에 질그릇으로 먹고 마시던 요순시대를 이상향으로 여겼다.

하지만 실제 고고학 발굴 결과 놀라운 반전이 일어났다. 중국 고대사 전문가 로타르 폰 팔켄하우젠(Lothar von Falkenhausen)은 자신의 저서 『고고학 증거로 본 공자시대 중국사회』(심재훈 옮김, 세창출판사 2011)에서 고고학에 기초하여 공자시대를 재구성했다. 그에 따르면 공자가 이상향으로 여기던 요순시대는 말할 것도 없고, 엄격하고 올바른 제사를 지낸 것으로 알려진 상나라와 서주 초기에도 공자가 얘기하는 제사 규칙을 지킨 무덤이나 제사터는 없었다. 공자가 회복하고자 했던 의례는 공자가 살았던 시대에서 그리 멀지 않은, 지금 보면 공자가 살던 때와 별반 차이가 없을 정도로 가까운 과거인, 기원전 850년부터 정립되었다고 팔켄하우젠은 주장한다. 공자가 시대를 잘못 알았을 가능성이 크다.

고대 중국인들의 상례(尙禮)는 엄격한 제사가 중심이었다. 공자역시 조상에게 예를 갖추고 제사 지내는 것을 사회의 기초 질서로 보았다. 반대로 예법을 지키지 않는 이들은 오랑캐로 매도되었다. 상류 계층에게 조상의 존재는 귀족사회 체제를 유지하는 강력한 수단이었다. 공자가 살던 시절의 수많은 무덤에서 발굴된 다양한 청동기는 당시 사회의 이런 특징을 잘 보여준다. 상말주초(商末周初) 시기 제사 전통은 공자의 생각과는 달리 사실상 상나라의 것을 그대로 유지했다고 봐도 틀리지 않다.

공자는 왜 동이족에게 칼을 뽑았을까

공자의 삶은 자신의 미천한 출신과 개인적인 경험이 복잡하게 얽혀 있다. 그런데 엉뚱하게도 공자가 동이족이기 때문에 한국인이라는 주장이 인터넷상에 널리 유포되었다. 공자가 동이족이라는 주요 근거는 공자가 죽기 직전 자신의 빈소가 상나라 식으로 차려진 꿈을 꾸었다는 것이다. 하지만 공자는 출생 자체가 부정확하기 때문에 그가 동이족인지 아닌지를 따지는 것이 무의미하다. 공자가 아주 어렸을 때 아버지가 돌아가셔서 공자는 아버지 무덤의 위치조차 몰랐다. 어머니가 돌아가시고 난 후에야 합장을 하기 위해 아버지의 무덤을 수소문했고, 무덤을 지키던 할머니가 위치를 가르쳐주었다고 한다. 그제야 공자는 정식 부부도 아닌 두 사람을 합장할 수 있었다. 오해를 방지하기 위해 사족을 덧붙이자면, 나는 공자의 출신을 거론해 그의 가치를 평가 절하하려는 의도가 결코 없다. 공자를 혈연적으로 동이족이라고 보는 전제 자체가 처음부터 문제가 있음을 밝히려는 것뿐이다.

혈연적인 계통보다 더 눈여겨봐야 할 것은 공자가 동이족의 관습과 문화를 금기시했다는 점이다. '협곡회제(夾谷會齊)'라 불리는 고사가 있다. 노나라는 정공 10년(기원전 500년)에 앙숙으로 지내던 산둥반도의 강력한 제후국인 제나라와 협곡에서 회담을 하게 되었다. 노나라의 운명이 걸린 일촉즉발의 상황에서 열린 회담에 공자도 노나라 대표단의 일원으로 참석했다. 회담 전 행사에서 악사들이 음악을 연주했다. 제나라가 데려온 이 악사들은 래인(萊人)으로 산둥반도 바닷가에 사는 동이족의 일파였다. 공자는 군자들의 모임에 동이족의 음악을 연주한다고 분개하며 칼을 뽑아 들고 단상으로 올라가 춤을 추는 광대들의 손발을 그 자리에서 베어버렸다. 이 고사는 두 나라의 외교에서 소국인 노나라가 대국인 제나라의 기선을 제압한 대표적인 업적 중 하나로 주로 소개되지만, 한편으로 동이족의 음악을 연주했다는 이유로 불쌍한 광대들의 손발을 자른 공자의 행동에서 공자가 동이족을 어떻게 생각했는지 잘 보여주는 장면이기도 하다.

공자가 동이족이고 더 나아가 한국인이라는 설은 사실 지나가는 수많은 해프닝 중 하나로 끝날 수준의 이야기였지만 중국과 타이완의 인터넷에 퍼져 곡해되고 침소봉대하면서 중국인들의 큰 반발을 불러일으켰다. 중국이 전세계의 대학들에 중국 연구소를 세우면서 이름을 '공자학원'이라고 붙일 정도로 공자를 신성시하는 작금의 현실을 생각하면 그 반응은 이미 학문의 차원을 넘어섰음을 알 수 있다. 결국 동이족 논란은 제대로 된 학문적 연구 영역은 사라지고 현대 국가들 간 갈등의 아이콘이 되어버렸다.

잠깐 옆길로 새자면, 동이처럼 중국에 의해 오랑캐로 치부된 사람들에 대한 역사 기록은 대부분 단편적이고 그 내용도 중국인의 편견

조선시대 화가 김진여가 그린 「협곡회제」.

으로 쓰인 것이 많아서 본래의 모습을 알기가 너무나 어렵다. 중원
의 남쪽인 양쯔강(장강長江) 유역도 마찬가지다. 이 지역은 공자가 살
았던 춘추시대에 초나라와 '오월동주(吳越同舟)'로 유명한 오나라, 월
나라 등이 있었는데, 당시 기록을 보면 이들은 미개한 야만인이라며
멸시하는 투로 쓰여 있다. 하지만 정작 고고학자들이 발굴을 해보니,
초나라나 오월 지역의 청동기 제작 기술은 같은 시기 중원보다 훨씬
우수했다. 무덤의 규모나 유물로 보아도 결코 중원에 뒤처지지 않았
다. 더 거슬러 올라가 고대 장강 일대의 경우 중원이나 네이멍구의
훙산문화보다 더 발달한 성터를 만들고 옥기를 사용한 신석기시대
량주문화가 등장했다. 한편 중국 서남쪽의 쓰촨 지역에서는 상나라

와 같은 시기에 중국에 못지않은 사람만 한 크기의 신상을 청동기로 만들고 고도로 정제된 옥을 만든 문명인 싼싱두이(三星堆, 삼성퇴)문화도 발견되었다. 이렇게 새롭게 밝혀진 문명들은 역사에 전혀 기록된 바가 없거나 미개한 오랑캐로 치부되던 것이다. 고고학 자료를 통해 역사 기록의 한계를 돌파한 좋은 예들이라 할 수 있다.

동이족과 한중 문화교류

다시 산둥 지역의 동이족 이야기로 돌아가보자. 동이족을 둘러싼 혼란이 가중된 또다른 원인은 바로 동이족 개념이 점진적으로 변화한 데 있다. 한반도에 대한 제대로 된 정보가 없었던 춘추시대(기원전 8~5세기)에 중국인들은 산둥반도 지역을 동쪽 끝으로 인식했고, 그 지역 사람들을 자연스럽게 동쪽의 오랑캐, 즉 동이라고 불렀다. 지금도 산둥반도 지역 사람들은 신석기시대부터 한나라가 통일하기 전까지의 자신들의 고대문화를 '동이족 문화'라고 부른다.

그러나 한나라가 천하를 통일하면서 산둥반도 전체가 중국의 땅이 된 이후 상황이 달라졌다. 이미 자신들의 땅이 된 이상 산둥반도 지역의 사람들을 더이상은 오랑캐라고 부를 수 없었기 때문이다. 한무제와 고조선의 전쟁에서도 알 수 있듯 이때부터 중국인들의 지리 관념이 만주와 한반도 일대로 넓어지게 된다. 그 결과

'동쪽의 오랑캐' 동이족은 산둥반도를 포함해 한반도와 만주 일대의 한민족을 의미하는 것으로 바뀌었다. 한국과 일본에서 '동이'는 고조선에서 시작해 만주와 한반도 북부까지 예맥족으로 통칭되는 사람들, 한반도 남쪽 지역의 삼한으로 불린 마한·진한·변한, 더 나아가 한반도에서 한참 북쪽으로 올라가 청나라와 금나라를 건국한 선조인 읍루, 숙신, 말갈 등을 모두 포함한다. 그야말로 한반도와 그 주변 전체를 포괄하는 큰 개념이다.

지명과 민족의 개념 변화는 전세계적으로 흔한 일이다. 잘 모르는 사람들을 그저 하나의 이름으로 규정하는 식이다. 예를 들면, 한국인은 불과 몇십년 전까지도 '서양인=미국인'이라고 오해했다. 한국전쟁을 거치면서 우리가 접한 서양인이 대부분 미국 출신이었기 때문이다. 지금의 관점으로 보면 참 어처구니없는 생각이다. 동이족 역시 그렇다. '동이족'이라는 이름 하나를 들어 한국인인지 중국인인지 이분법으로 판단하지 말고, 그 이름이 등장하는 앞뒤의 사정과 함께 발견되는 유물들을 종합적으로 살펴봐야 그 구체적인 실체를 알 수 있다.

동이족 개념이 산둥반도에서 한반도로 확장된 배경에는 또다른 원인이 있다. 선사시대 이래로 서해를 끼고 있는 산둥반도와 만주, 한반도는 서로 인적·물적으로 정말 많은 교류가 있었다. 약 6000년 전부터 산둥반도의 신석기시대 토기가 랴오둥반도 일대에서 발견되고, 한반도에서 주로 보이는 빗살무늬토기가 산둥반도에서도 발견된다.

협곡회제 고사에서 공자의 칼에 봉변을 당한 래인은 산둥반도와 랴오둥반도 사이 바다를 끼고 어로에 종사하며 고조선과 교류하던 사람들이다. 그들은 고조선의 특산품인 모피를 수입하기도 했다. 이는 모두 고고학 자료로도 증명되었다. 산둥반도를 중심으로 한 해안가에 만주에서 발견된 것과 유사한 고인돌이 널리 분포되어 있고, 고조선 시기에는 비파형동검과 관련된 청동기들도 흔히 발견된다. 랴오둥반도에서도 4000년 전부터 산둥반도의 주민들이 살면서 무덤을 만들었던 유적이 다수 발견되었다. 사실 서해를 둘러싼 이 지역들 간의 교류는 지리적 조건을 보면 너무나 당연한 일이다.

때로는 단순한 교류를 넘어 실제로 사람들이 이주하기도 했다. 진시황이 중국을 통일할 즈음에 청동기를 만드는 장인과 그 일파가 지금의 전라북도 지역으로 이동한 증거가 있다. 전라북도 완주 상림리에서 출토된, 한데 묶여 있던 중국식 동검 26점이다. 2014년 국립전주박물관의 도움으로 직접 이 동검들을 조사한 적이 있는데, 사용 흔적이 거의 없는 새 제품이었다. 이 중국식 동검은 산둥 지역의 청동기 기술자가 진시황의 박해를 피해 한반도로 이주해와 남긴 것이다.

이렇듯 동이족 개념의 확장에는 중국의 통일과 함께 서해를 둘러싼 수천년간의 한중 교류가 있었다. 그러니 '동이'라는 이름을 중국의 산둥반도를 들어 중국사로 규정하거나 반대로 한나라 이후 중국 역사에 등장하는 '동이전'을 들어 한국사로 규정하는 것

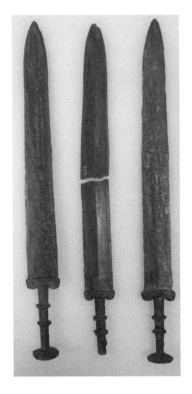

전라북도 완주 상림리에서 출토된 중국식 동검. 서해를 둘러싼 한중 교류를 보여주는 자료다.

자체가 무리다.

고대사에 대한 편견으로 가득 찬 중국인의 '동이' 개념에 매달려 현대의 관점에까지 고집스럽게 적용할 필요 없다. 모든 역사는 그것이 쓰인 시대와 정보의 한계가 있기 마련이다. 문제는 동이라는 이름 하나만으로 한국과 중국의 역사를 가르려는 지금의 사람들이다. 소모적인 논쟁은 지양하되, 대신 중국인이 만들어낸 선입견의 의도를 간파하고, 그들이 중원 이외 지역의 역사를 보는 관점이 얼마나 잘못되었는가를 깨닫는 것이 더 중요하다. 그것이야말로 동쪽 미지의 땅을 대표하는 단어가 된 동이족의 진정한 의미를 찾는 첫걸음이 될 것이다.

기자조선은 실제로 존재했을까

단군조선의 뒤를 이어 건국했다고 알려진 기자조선을 모르는 사람은 없을 것이다. 기자조선은 1000년 넘게 존속했다고 하지만 그 구체적 실체는 아직 제대로 밝혀진 것이 없다. 기자(箕子)가 상나라가 멸망할 때 충절을 지킨 3인으로 알려진 기자, 비간(比干), 미자(微子) 중 한명이었다는 정도다. 일연의 『삼국유사』에는 중국 고대 상나라의 마지막 충신이었던 기자가 주나라를 피해 동쪽으로 올 때 주나라 무왕이 기자를 고조선의 왕으로 책봉했고, 이에 단군이 스스로 왕위를 양보해 기자가 왕이 되었다고 한다. 한편 『사기』「송미자세가」에는 주무왕이 책봉을 했지만 기자는 신하로 복종하지 않았다고 한다.* 구체적인 내용은 약간씩 다르지만 대체로 상나라에 충절을 지키던 기자가 주나라를 피해서 조선으로 왔다는 맥락은 비슷하다. 기자동래설은 신화에 가까운 이야기임에도 불구하고 소중화를 자처한 조선시대까지 이어졌다. 최근 중국에서는 기자조선이 실제로 존재했었다는 설이 대세를 이루고 있다. 중국에서 한반도로 넘어오는 길목인 랴오닝성 랴오시(遼西) 지역의 다링허(大凌河, 대릉하)에서 발견된, 기자를 연상케 하는 '기족의 제후'가 쓰던 청동기를 그 근거로 들었다. 과연 기자는 상상의 나라가 아니라 실재했을까. 기자를 둘러싼 한국과 중국 고대사학계의 해묵은 논쟁을 좀더 거시적인 관점에서 살펴보자.

충절의 상징 기자는 정말 조선으로 갔을까

기자는 중국 고대의 다른 위인들과 마찬가지로 '기족 출신의 훌륭한 사람'이라는 뜻으로 붙여진 이름이다. 실제 기자는 상나라 왕족 출신으로 성이 '자(子)', 이름은 '서여(胥餘)' 또는 '수유(須臾)'라고 한다. '기(箕)'는 기자의 씨족이 통치한 지역의 명칭에서 나왔다. 우리로 말하면 진주 강씨, 김해 김씨처럼 성 앞에 붙는 본관을 성처럼 쓴 셈이다. 당시의 '기' 지역은 오늘날의 산시성, 베이징, 산둥반도 등을 포함한다.

기자가 우리에게 알려진 이유는 기자가 조선으로 건너와서 왕

---

* 『史記·宋微子世家』"武王乃封箕子于朝鮮而不臣."

이 되었다는 '기자동래설' 때문이다. 그런데 정작 역사 기록에는 기자가 활동한 당시나 혹은 그 직후에 기자가 동쪽에 갔다는 서술이 없다. 기자동래설은 기자가 죽은 후 1000년이 지난 한나라 때에 갑자기 등장한다. 게다가 기자가 왕이 되는 과정도 책마다 다르다. 『삼국유사』에는 앞서 언급했듯 단군왕검이 스스로 왕위를 양보했다고 되어 있다. 어떤 책에는 기자가 무리를 이끌고 상나라를 멸망시킨 주나라에서 도망쳐 나라를 세웠다고도 하고, 또다른 기록에는 주나라가 기자를 조선의 왕으로 책봉했다고도 한다. 하나의 이야기를 두고 후대에 다양한 윤색이 더해진 결과다. 자세한 내용들이야 서로 다르지만 한가지 분명한 점은 기자동래설이 한나라 때 갑자기 등장한다는 것이다. 그 배경에는 기원전 109년 한무제가 고조선을 정벌하기 위해 일으킨 전쟁이 있다. 고조선은 원래 중국에서 사람을 보내 세운 나라였다는 주장을 정벌의 명분으로 삼았다.

한나라에서 기자 신화가 나온 것은 그렇다고 치고, 왜 조선시대에 성리학자들은 기자의 묘를 만들어서 그를 받들었을까. 조선은 성리학을 국가 이데올로기로 채택하면서 고려의 불교를 대신하여 조선의 국가 이념을 뒷받침해줄 일종의 만들어진 고대역사의 축이 필요했다. 이에 평양을 중심으로 지역적으로 모시던 기자를 국가 차원에서 대대적으로 숭앙했고, 곧 한국사의 한 축으로 자리매김하게 되었다. 일제강점기까지도 평양에서는 기자릉이라 이름 붙인 가짜 무덤에서 매년 제사를 지냈다. 기자조선은 실제 역사라기

/
1913년 일본이 간행한 도록에 실린 평양의 기자릉. 조선시대에 만들어진 기자 신화가 일제강점기까지 이어졌다.

보다 조선시대를 거치며 형성된 사대주의를 지탱하는 버팀목 역할을 맡은 신화에 가까웠다.

　사람들은 역사 자료가 적은 고대로 갈수록 자기들이 바라는 여러가지 상상을 덧붙여 옛이야기를 전하기 마련이다. 중국의 역사가 구제강(顧頡剛)은 이를 '누층적 역사'라고 불렀다. 기자 역시 3000년 전 희미하게 남은 이야기를 한나라와 조선에서 각자의 바람과 상상을 결합하여 다양한 이야기로 발전시킨 대표적인 예이다.

기씨 성 귀족이 남긴 청동기

실제 역사와 신화가 서로 뒤섞여 전해지던 기자조선은 고고학 자료가 발견되면서 다시 주목을 끌었다. 상나라 말에서 주나라 초기의 중국 청동기가 바로 그것이다. 기자의 씨족인 '기' 글자가 새겨진 청동기가 발견되어 본격적으로 알려진 시점은 중화인민공화국이 세워진 지 얼마 안 된 1955년이었다. 중국 랴오닝성(당시의 지명은 만주국 시절에 만들어진 열하성)의 서쪽 끝인 마창거우(馬廠溝, 마창구) 마을에 살던 농민들은 돌산을 일구다가 난생처음 보는 청동기들을 발견했다. 유물인지 알 턱이 없었던 농민들은 용돈이나 벌까 해서 고물상에 그 청동기를 넘겼다. 다행히 근처 학교의 교장 선생님이 청동기에 새겨진 글자가 주나라(기원전 12~8세기) 때 것임을 발견하고 박물관에 알린 덕분에 기씨 청동기는 용광로 불구덩이 대신 박물관으로 옮겨질 수 있었다. 그러나 1960년대에 중국이 문화혁명의 소용돌이에 휩쓸리면서 그 유물은 조금씩 기억에서 멀어졌다.

1970년대부터 마창거우 유적에서 멀지 않은 베이징과 만주 사이의 길목인 다링허 지역에서 기자조선을 연상케 하는 기씨 청동기 유적들이 속속 다시 발견되기 시작했다. 그 출발점은 문화혁명이 한창이던 1973년 랴오닝성의 카쥐(喀左)현 베이둥(北洞)촌의 뒷산이었다. 이번에도 현지의 농민들이 돌산을 갈다가 소중하게 차곡

차곡 청동기를 쌓아놓은 구덩이를 발견했다. 유적의 중요성을 인식한 중국의 고고학자들은 다렁허 일대를 더욱 자세히 조사했고, 그 이후 몇년 사이에 베이둥촌 이외에도 비슷한 중국 청동기가 포함된 유적을 10개 가까이 더 발견했다.

제사용 청동그릇에는 중국 고대국가를 이어온 유구한 전통이 숨어 있다. 하-상-주로 이어지는 고대 중국 왕조에서 제사를 지내는 청동그릇은 자신들의 권위를 유지하는 상징이었다. 고대 동아시아의 국가들은 제사를 국가의 가장 중요한 근간으로 보았기 때문에 각 지역의 제후들이 공을 세우면 왕이 그들의 공을 치하하는 글귀가 적힌 제사그릇을 하사하는 방식으로 그들의 충성심을 자극하고 경쟁시켰다. 그리고 각 제후들은 왕이 내린 제사그릇을 대를 이어 전하며 자신들의 권력을 유지하는 데 이용했다. 맥락은 좀 다르지만 조선시대에도 종묘사직을 보존하고 종갓집에서 제사 지내는 것을 가문의 핵심으로 보았다. 전란이라도 나면 목숨을 걸고 위패와 제기를 사수하려 했던 종갓집의 이야기를 지금도 어렵지 않게 들을 수 있다.

유적을 발굴하다보면 중국 주나라 시절 귀한 제사그릇을 한데 모아 묻은 사례가 심심치 않게 발견된다. 사람들은 전란, 전염병 창궐 등의 이유로 피난을 가야 할 경우 자신들이 살던 저택이나 궁궐의 담벼락에 제사그릇을 묻었다. 혹은 어떤 사정으로 제사그릇을 더이상 사용할 수 없을 경우에도 그냥 버리지 않고 마치 무덤을 쓰듯 예를 올리고 묻었다.

랴오닝 다링허 유역은 고대 상나라와 주나라에서 보면 동북쪽 아주 머나먼 지역이다. 이 황량한 지역의 돌산에서 귀족들이 쓰던 소중한 제사그릇들이 발견될 줄 누가 짐작이나 했을까. 우선 청동기가 만들어진 시기를 살펴보니 대체로 상나라 말기에서 주나라 초기에 해당했다. 청동기의 겉에 쓰인 글자들을 보니 이 청동기들은 중국 북방의 여러 제후국에서 쓰던 것들임을 증명하는 다양한 이름들이 있었다. 그 많은 이름 중에는 기자조선을 연상시키는 '기족의 제후'라는 글자와 주나라를 거부하고 수양산에 살며 고사리를 먹은 고사로 유명한 백이와 숙제의 나라인 '고죽'이라는 글자도 나왔다. 이쯤 되면 기자동래설이 자연스럽게 떠오르는 것이 너무 당연하다.

그러나 자세히 살펴보면 다링허 일대의 청동기를 기자와 곧바로 연결시키기에는 다소 무리가 있다. 기씨라고 해서 무조건 상나라 왕족 출신인 기자라고 단정할 수 없기 때문이다. 다링허에서 멀지 않은 산둥과 베이징 일대에는 성이 강(姜)씨인 또다른 기족의 제후가 있었다. 경주에 경주 최씨, 경주 김씨가 있듯 같은 '기'라는 이름을 한 다른 씨족들이다. 게다가 이 청동기들을 전쟁 같은 특수한 상황에서 묻었다는 증거도, 기자조선임을 증명할 성터, 고분, 궁궐 같은 다른 유적도 전혀 없다. 다시 말해, '기'라는 글자만으로 이것이 기자조선의 증거라는 '스모킹 건'으로 볼 근거가 없는 셈이다.

전차를 타고 내려온 유목민들

다링허 기족 청동기의 비밀을 풀기 위해서는 그것이 발견된 공간과 시간의 특징을 봐야 한다. 먼저 공간적으로 다링허 지역은 북쪽으로는 몽골 초원, 서쪽으로는 중국, 동쪽으로는 만주와 한반도로 이어지는 동아시아 문명의 교차지대다. 시간적으로는 상나라가 멸망하고 주나라가 흥하던 시점인 기원전 12세기 정도다. 이때 유라시아 초원 지역은 전반적으로 기후가 추워지고 건조해졌다. 초원 지역이 남쪽으로 널리 확대되었고, 이를 따라 유목문화도 중국의 북방으로 내려왔다. 몽골 초원에서 전차를 타고 다니던 유라시아의 유목민들이 중국의 만리장성 일대로 남하한 것은 고고학적으로도 증명되었다. 중국인과 유목민은 서로의 문화를 적극적으로 받아들였다. 당시 동쪽 다링허 유역에서 서쪽 간쑤(甘肅, 감숙)회랑까지 아우른 유목민들은 중국의 청동기를 받아들였고, 상나라와 주나라는 반대로 유목민의 발달된 무기와 전차를 받아들였다.

다링허에서 발견된 청동기들에는 유목민들의 제사 풍습 흔적이 남아 있다. 상나라 시대 제사용 청동기는 술 주전자, 대야, 국자, 솥 등 종류가 다양하다. 반면 다링허에서 발견되는 제사그릇은 주로 단순한 형태의 세발솥이다. 세발솥은 유목민들이 가장 선호하는 요리 및 제사 도구였을 것이다. 고기를 삶는 등 요리를 하거나 제

라오닝성 박물관에 전시된 베이둥촌 유적을 조사하는 장면을 재현한 모형. 유목민이 선호한 세발솥이 많이 발견되었다.

사를 지낼 때 걸고 쓸 수 있었기 때문이다. 중국에서 기원한 세발솥(鼎) 모양의 토기는 다링허뿐 아니라 멀리 바이칼 유역에서도 널리 사용되었다. 또 하나의 흔적은 화얼러우(花爾樓, 화이루) 유적에서 발견된, 정작 중국에는 없는 청동기 쟁반(또는 도마)이다. 쟁반은 유목민들의 쿠르간(무덤)에서 자주 발견되는데, 마지막 식사의 의미로 쟁반(도마)에 고기를 얹어 죽은 사람에게 바쳤다. 다링허에서 발견된 청동그릇 중에는 현지의 청동 기술자가 중국 것을 흉내내서 만든 뒤 자기들이 좋아하는 무늬를 덧붙인 것도 있었다.

다링허 지역은 유목문화의 영향만 받은 것이 아니다. 청동그릇을 사용하던 시기가 끝날 무렵인 기원전 8세기경부터 이 지역에는 비파형동검 문화가 발달하는데, 이는 초기 고조선의 기반이 되었다. 이렇듯 다링허는 청동기시대에 다양한 문화가 교차하며 발전한 지역이다. 단편적인 자료 몇개를 가지고 기자조선인가 아닌가라는 흑백논리로 접근하는 것은 유라시아의 역사와 궤를 같이했던 이 지역의 역동성을 무시하는 처사다. 어쩌면 상나라가 망하고 주나라 시대가 되면서 이 지역으로 건너간 중국인들의 이야기가 와전, 윤색되어서 기자동래설이 만들어졌을 수도 있다. 그렇다고 이것이 기자가 동쪽으로 와서 나라를 만들었다는 증거가 될 수는 없다.

기자조선, 현대 중국의 새로운 아이콘으로

기자조선처럼 실제 역사와 사람들의 상상이 뒤섞여 만들어진 나라는 세계 역사 곳곳에서 찾아볼 수 있다. 이러한 상상은 완전히 허구에 기초하기보다는 이미 알려진 역사적 사실이 가지를 치면서 과장되고 사람들 사이에 구전되면서 확대된다. 기자조선과 비슷한 경우가 중세 유럽에도 있었으니, 바로 '사제 요한의 왕국'이다. 사람들은 동방 어딘가에 사제 요한(프레스터 존Prester John)이 만든 나라가 있고, 그들이 십자군을 도와 이슬람인들을 몰아낼 것이라고 믿었다. 이 이야기는 12세기경 유럽에서 갑자기 등장해 십자군의 원정을 합리화하고 용기를 북돋는 역할을 하며 전 유럽으로 퍼져나갔다. 그들이 찰떡같이 믿었던 사제 요한의 왕국은 대항해

시대가 본격화된 17세기가 되어서야 비로소 상상의 산물이었음이 밝혀졌다. 학자들은 중세 유럽인들이 상상한 왕국이 5세기경 실크로드를 따라서 유라시아로 퍼져나간 기독교의 일파인 네스토리우스교인들의 이야기가 와전되어 만들어진 것으로 본다.

어디 그뿐인가. 이웃 나라인 일본도 고대역사를 자기 식대로 해석하고 만들어낸 경우가 허다하다. 메이지유신 이후 '탈아입구'의 기치를 내세우며 그 주장을 뒷받침하기 위해 스스로를 유대인의 후손이라고 주장하던 사람들이 대표적이다. 일본인들이 이 유대인설을 얼마나 믿고 싶어 했던지 도호쿠 지방에는 예수의 무덤이 버젓이 있을 정도다. 가짜인 줄 알면서 기자의 무덤을 만들어 받들던 조선시대의 우리의 모습과도 크게 다르지 않다.

세계 각국의 여러 상상의 나라 중 하나로 남을 법한 기자조선이 다시 등장하게 된 데에는 중국 학계의 역할이 컸다. 중국은 1990년대 이후 기자조선을 적극적으로 인정하기 시작했고, 그 핵심 증거로 다링허 유역에서 발견된 청동기를 들었다. 중국이 태도를 바꾼 배경에는 중화사관이 있다. 기자조선을 인정하면 한국사가 중국인들에 의해 시작되었다는 논리가 가능해지기 때문이다. 중국 학계는 기자에 이어 등장한 위만조선도 연나라에서 망명한 사람이 세운 나라이며 이후 한사군으로 이어진다고 본다. 또한 한사군을 몰아낸 고구려에서 태양신, 가한(可汗, 칸)신과 함께 기자신을 섬겼으니 고구려도 기자조선의 정통성을 이었다고 간주한다. 여기에 소중화를 자처한 조선까지 이으면 기자조선부터 조선시대까지 거의

3000년의 한국 역사 대부분이 중국의 속국이었다는 극단적인 논리도 가능하다. 물론 이런 중화사관에 동의할 한국인은 없겠지만, 중국 내에서 이런 이야기가 공공연하게 확산되는 것도 사실이다.

고고학자의 관점에서 보자면 기자조선을 증명할 궁궐, 무덤 등 객관적인 고고학 자료가 나오지 않는 한 기자조선을 학문적으로 인정할 근거가 부족하다. 중국과 조선의 사대주의가 만들어놓은 상상의 나라 기자조선에 대한 실증적이고 체계적인 이해 없이 '기족의 제후'라는 글자만으로 한국사에 대한 확증편향을 잇는 것은 우리 역사에 대한 바른 이해를 저해할 뿐이다.

고대 중국인을 매혹시킨 고조선의 모피

인간의 동물 가죽에 대한 욕망은 고대의 역사를 이끌었다. 모피는 온대와 한대 사이의 교역을 이어주는 세계사의 커다란 축이다. 고조선은 역사 기록이 소략하여 그 실체와 영역에 대한 논쟁, 그리고 중국과의 역사분쟁의 대상으로 소비되기 일쑤다. 그렇기에 고조선에 대한 몇줄의 기록이 모피 무역이라는 점이 시사하는 바는 매우 크다. 고조선은 모피의 공급을 통제하고 조정하며 중원의 여러 나라와 겨루었다. 고조선이 모피로 중국과 교역을 했다는 것은 고조선의 경제활동을 알려주는 것 이상의 의미를 지닌다. 모피는 고조선의 역사를 세계 문명사적 보편성 속에서 해석할 수 있는 너무나 소중한 연결고리다.

조선의 모피는 천금처럼 귀하니

고조선이 중국에 구체적으로 등장하는 최초의 기록은 '관포지교(管鮑之交)'의 주인공으로 유명한 관중의 이야기를 담은 『관자(管子)』이다. 『관자』「소광」「경중갑」「규도」등에는 관중이 제나라 환공과 부국강병 대책을 논하는 이야기가 담겨 있다. 제나라가 있던 오늘날의 산둥반도 지역은 지금이야 아주 번성한 중국의 일부지만, 관중이 살던 당시에는 중원에서 멀리 떨어져 있었기 때문에 변두리 지역으로 취급되었다. 제나라의 지리적인 약점을 극복하기 위해 관중은 제환공에게 다양한 지역과 교역을 하라는 계책을 내놓는다. 관중은 '조선의 모피는 천금처럼 귀하니 이것을 비싼 값에 수입하면 조선도 스스로 제나라에 머리를 조아릴 것입니다'*라며 고조선의 얼룩무늬 모피를 수입할 것을 건의했다. 『관자』의 곳곳에서 관중은 제환공에게 '제후들에게 호랑이와 표범의 가죽을 하사하라'고도 조언한다. 이 기록은 춘추시대에 고조선이 모피를 중심으로 중국과 원거리 교역을 하며 성장했음을 드러내는 동시에 당시 모피의 위상이 어떠했는지를 상징적으로 보여주는 중요한 자료다.

중국을 비롯한 동아시아는 호랑이 가죽이 상당히 귀했기 때문

---

*『管子·輕重甲』"發朝鮮不朝, 請文皮毤服, 而以爲幣乎. 一豹之皮, 容金而金也, 然後八千里之發朝鮮, 可得而朝也."

에 천자나 임금이 자신의 위세를 떨치는 데 사용했다. 동아시아에서 호랑이가 서식하는 곳은 주로 인도 근처와 만주 일대이다. 표범은 알타이산맥 지대에 많이 살지만, 관중이 활동하던 시대의 중국은 아직 알타이 지역과 제대로 연결되지 않았다. 그렇다면 호랑이와 표범의 모피를 얻을 수 있는 가장 가까운 곳은 백두산 일대뿐이다. 중국의 다른 제후국들은 지리적으로 고조선과 멀어 모피를 직접 얻기 어려웠을 것이다. 그러니 관중이 산둥반도에 위치한 제나라가 고조선과 해상 무역을 해 고조선의 모피를 독점하면 다른 제후국들을 관리할 수 있다는 묘안을 내놓은 것이다.

물론 『관자』는 실제 관중이 쓴 것이 아니고, 그의 사후 전국시대에서 한나라에 걸쳐 쓰였다고 한다. 21세기에 임진왜란에 대한 책을 쓴다고 해서 잠수함 같은 요즘의 무기가 등장할 리 없듯 그 내용 자체는 관중 시절의 이야기에 기반을 두었을 것이다. 몇줄 안 되는 구절이지만, 이 이야기는 고조선의 실체를 밝히는 데 있어 그 울림이 크다. 첫째로 제환공이 살던 기원전 7세기에 고조선은 중국의 제후국들에게 널리 알려져 있었다. 그것도 막연하게 바다 건너 어딘가에 있다는 식의 상상이 아닌, 고조선의 특산품이 무엇인지까지 구체적으로 알고 있다. 둘째로 고조선의 특산품인 모피는 단순히 먼 나라에서 온 진기한 물건이 아니었다. 제후들을 다스릴 수 있는 고급 명품으로 기능했다. 도대체 고조선의 모피가 무엇이기에 춘추시대 제후들을 굴복시키는 도구가 된단 말인가. 그 배경에는 인류 역사에서 꾸준히 이어진 모피에 대한 애착이 있다.

세계사를 뒤흔든 명품

구석기시대 이래로 동물은 인간에게 식량 혹은 반려동물 그 이상의 의미였다. 동물은 인간이 가지지 못한 힘과 아름다움을 상징했다. 자신들을 자연스럽게 동물에 빗대고 동물을 숭배하는 토테미즘이 발달했으며, 동물을 모티브로 하는 다양한 장식은 초원을 대표하는 예술이 되었다. 샤먼은 동물의 가죽을 두름으로써 그 동물의 힘을 얻고 초월적인 존재로 변모했다. 1만 5000년 전 프랑스의 트루아 프레르(Trois Frères) 동굴벽화에는 사람처럼 생긴 사슴 그림이 있다. 사슴의 가죽과 뿔을 뒤집어 쓴 샤먼이 의식을 치르는 장면을 표현한 것이다. 이는 동물 가죽을 탐하는 인류의 오랜 역사를 상징적으로 보여준다.

모피 사랑은 고대에서 끝나지 않았다. 오히려 근대와 현대로 올수록 모피에 대한 욕망은 더 커졌고, 때로는 세계사를 뒤흔들었다. 대표적인 예가 러시아의 시베리아 정벌이다. 1581년 처음으로 우랄산맥을 넘어서 시베리아로 진출한 러시아인들은 68년 후인 1649년에 미국의 알래스카와 마주한 추코트카반도에 정착한다. 거의 맨손에 가까운 러시아 코사크인들이 무엇에 홀린 듯 추운 지역으로 달려간 이유는 바로 모피를 얻기 위해서였다.

모피에 홀리기는 신대륙도 마찬가지였다. 러시아 코사크인들이 시베리아로 진출할 무렵 프랑스인들은 캐나다 일대에서 모피 무역을 시작했고, 이는 오늘날의 캐나다가 만들어지는 근간이 되었다. 모피는 당시 소빙기(little ice age, 빙하기까지는 아니지만 전세계적으로 매우 추운 기간이 수백년간 지속된 시기. 대체로 16~19세기에 해당함)였던 유럽에서 아주 값비싼 거래품이었다. 한국사를 돌아보아도 고려와 조선 시대에 여진과의 주요 교역품 중 하나가 모피였으니 모피는 유라시아 전역에서 세계사를 움직여온 명품이라고 해도 전혀 지나치지 않다.

난방시설이 미비했던 고대사회에서 모피와 짐승 가죽은 사람들이 선호했던 방한복이었다. 그중에서도 특히 모피는 단순히 방한을 목적으로 하는 일반적인 짐승 가죽과는 좀 다르다. 고급 모피 코트가 가진 시각적인 강렬함과 특유의 감촉은 예나 지금이나 사람들을 매혹하기에 충분하다. 모피는 구하기가 쉽지 않았기 때문에 방한의 용도를 넘어 높은 신분과 권력의 상징이 되었다. 그렇기에 모피는 때로 목숨을 걸 정도로 치명적인 유혹으로 다가왔다. 주요 모피동물인 담비, 삵, 스라소니, 표범 등은 대부분 먹이피라미드의 최상층에 위치하는 위험한 육식동물로, 주로 인적이 아주 드문 한대의 산속에서만 산다. 그럼에도 모피를 얻기 위해 북극해나 시베리아 탐험이라는 위험을 무릅쓰고, 목숨을 거는 것마저 주저하지 않던 이유는 그만큼 모피를 사려는 수요가 많았기 때문이다.

값비싼 명품 모피를 사들이는 쪽은 주로 온대 지역에 발달한 도시와 나라들이었다. 그러므로 모피 교역은 필연적으로 문명지대와

파지리크 고분에서 발견된 모피코트. 관자가 말한 고조선의 얼룩무늬 모피와 유사하다.

인적이 아주 드문 지역 간의 원거리 교역일 수밖에 없다. 동물을 잡아 조심스럽게 가죽을 가공해 상품화하고, 그 상품을 교역하는 과정에서 자연스럽게 문명과 미지의 땅의 교류가 일어났고, 그 흔적이 고조선을 실증하는 주요 도구가 되었다.

모피는 세계 문명사적으로 매우 중요한 물건이지만, 정작 고고학적으로 증명하기란 쉽지 않다. 모피같이 썩기 쉬운 유기물질은 발굴에서 거의 나오지 않기 때문이다. 하지만 기적 같은 자료가 나왔다. 1990년대 중반 러시아 알타이 우코크고원에서 2400년 전 유목민들이 남긴 모피코트 두벌이 완벽한 상태로 발굴된 것이다. 당장 입어도 될 정도로 털이 한올 한올 생생하게 살아 있는 모피코트였다. 이렇게 완벽한 모피코트가 발견될 수 있었던 건 알타이의 환경 덕분이었다. 이 지역은 북위 49도밖에 되지 않지만 추운 고원 산악지대에 위치해 있어 북극권에 주로 보이는 영구동결대가 남아 있다. 당시 유목민들은 이 영구동결대의 얼음을 파서 무덤을 만들었고, 무덤방의 사람은 얼음 속에 갇혀 발굴되기 전까지 그대로 보존되었다. 그 덕분에 시신이 입고 있던 모피 또한 손상되지 않았다. 알타이의 모피코트는 흰색 바탕에 검은색 술 장식이 달려 있는데 관자가 말한 고조선의 얼룩무늬 모피와 유사하다.

명도전 항아리와 철제 농기구

알타이 파지리크 고분의 모피코트는 정말 운이 좋은 경우다. 고조선 지역에서는 모피의 실물이 나온 적이 없다. 대신 유적에서 발굴된 동물의 뼈로 모피의 존재를 추정할 수 있다. 고고학계에서는 고조선을 랴오닝에서 한반도 서북한 일대에 이르는 지역이었다고 본다. 비파형동검과 청동 거울인 다뉴세문경(多紐細文鏡) 유물이 나오는 지역과 일치한다. 하지만 이 지역은 평야와 낮은 산맥들로 이어져 있어 모피동물들이 살만한 곳이 별로 없다. 모피동물은 인적이 드문 춥고 험한 산악 지역에서만 서식하기 때문에 지금도 백두산 일대와 만주 일대가 모피 산지다. 고조선시대에도 아마 크게 다르지 않았을 것이다. 그렇다면 고조선 사람들은 중국과 모피사냥꾼들 사이에서 교역을 돕는 일종의 중간 매개자 역할을 했다는 뜻이 된다.

실제 모피는 없지만 모피와 바꾸었던 물건들을 찾는다면 증거가 될 수 있지 않을까. 고조선인들이 백두산 일대의 모피사냥꾼과 교역을 했을 것으로 추정되는 흥미로운 자료들이 있다. 압록강과 청천강 유역의 산간 오지에서 명도전이 가득 담긴 항아리와 철제 농기구가 다수 발견되었다. 명도전은 중국 전국시대 연나라의 화폐이기는 하지만 연나라뿐만 아니라 주변 지역에서도 널리 쓰였다. 처음에 자강도 일대의 산간 오지에서 명도전 항아리가 발견되었을 때만 해도 학자들은 전쟁 같은 긴급 상황에 급하게 묻어놓고 간 것으로 추정했다. 그런데 한두개가 아니라 무려 40여개가 발견되었다. 항아리가 발견되는 지점들도 예사롭지 않았는데 대부분 산속으로 들어가는 고불고불한 길 근처였다.

이 유적들은 북한에 있어 직접 조사할 수는 없다. 대신 일제강점기에 평안북도 위원군 용연동에서 이 명도전 항아리를 조사한 일본인 고이즈미 아키오(小泉顯夫)의 수기를 참고해보자. 고이즈미에 따르면 당시 이 지역은 산을 따라 이어진 작은 비탈길이 유일한 통로였는데, 얼마나 산세가 험한지 마차나 자동차가 지나갈 수 없을 정도였다고 한다. 그런 길을 넓히는 과정에서 명도전 항아리가 나왔다. 국립중앙박물관 고조선실에는 위원 용연동 유적의 유물과 함께 발견 당시의 사진이 전시되어 있다. 이밖에 다른 40여개의 평안북도 명도전 항아리도 다 비슷하게 산간 오지 마을로 들어가는 길을 넓히다가 뜬금없이 발견되었다. 이 정도면 결코 우연한 상황은 아닐 것이다. 명도전과 함께 발견된 철제 농기구도 주요한 단서가 된다. 험한 산골일수록 밭을 깊게 갈아야 하기 때문에 철제 농기구가 반드시 필요하다. 같은 이유로 조선시대 여진족이 가장 선호했던 필수 교역품 역시 철제 농기구였다. 산속에 사는 사람들에게는 돈만큼이나 중요했을 테니 물물교환으로 받았을 가능성이 있다.

그렇다면 왜 돈 항아리를 길가에 두었을까. 이것은 모피 무역의 특징이다. 중국 기록에는 고구려 사람들이 담비 가죽을 교역하는 재미있는 장면이 있다. 담비굴 앞에 칼을 두고 가면 담비와 같이 사는 '괴물'이 그 칼을 가져가고 대신 담비 가죽을 두고 간다고 한다.* 상대방이 누군지 모르는 상태에서 교환하는 일종의 블라인드 무역이다. 길가에 항아리를 두고 가면 다른 시간대에 모피사냥꾼이 와서 모피를 두고 항아리를 가져가는 식이다. 혹은 모피 상인들이 다음 교역을 위해 항아리를 숨겨둔 것일 수도 있다. 모피동물은 겨울에만 사냥하기 때문에 모피 교역도 주로 추운 겨울에 이루어진다. 추운 산간지대에서 모피 무역 시즌이 끝나면 상인들은 무거운 돈과 농기구는 이듬해 거래에 사용하기 위해 땅에 숨겨두고 황금만큼이나 귀한 모피만 가지고 나오는 것이다.

중국 학자들은 명도전이 연나라의 화폐라는 이유를 들어 이 지역이 연나라라고 주장하기도 한다. 하지만 달러가 발견된다고 모

---

* 원래 중국 육조 송대 설화집 『이원(異苑)』에 기록되어 있고, 송나라의 백과사전 『태평어람(太平御覽)』에 재수록되었다.

/
위원 용연동 유적에서 발견된 명도전과 철제 농기구. 국립중앙박물관 고조선실에 전시되어 있다.

두 미국 땅이 아니듯, 명도전이 나왔다고 연나라라고 단정할 수는 없다. 이 지역이 연나라의 영토라면 명도전 이외에 연나라의 성터나 무덤 등 다른 유적이 있어야 마땅하다. 모피 교역 길에서 발견된 항아리에는 주로 명도전이 나오지만, 명도전과 그다음 시대인 한나라의 화폐가 같이 나온 경우도 드물지 않다. 고조선이 자체적으로 화폐를 만들지 않고 대신 중국 화폐를 들여와 모피 무역에 이용했음을 알 수 있다.

고조선의 모피는 제나라를 포함한 중국 전역에서 엄청나게 인기를 얻었던 것 같다. 『관자』에는 단지 고조선의 모피를 사와야 한다고만 되어 있지 실제 사왔다는 기록은 없다. 하지만 다른 기록에 실제 모피를 들여와서 널리 인기를 얻었다는 증거가 있다. 한나라 때에 편찬된 일종의 사전인 『이아(爾雅)』에는 엉뚱하게 얼룩무늬 모피의 산지가 '척산'이라고 되어 있다. 척산은 산둥반도의 바다에 위치한 항구다. 바닷가에서 모피가 나올 리는 없으니, 제나라에서 고조선의 모피를 받아 집결한 항구가 산둥반도의 척산이었음을 의미한다. 모피가 척산에 집결하고 척산에서 사방으로 팔려나갔기 때문에 중국인들이 척산을 모피의 산지로 착각한 것이다. 실제로 모피가 산둥반도에서 오랫동안 거래되지 않았다면 나올 수 없는 기록이다. 지금도 산둥반도는 근대 이후 화교들이 들어오고 한국과 가장 많은 교역이 이루어지는 곳이니, 무역이 수천년간 이어진 셈이다.

지금도 이어지는 모피 사랑

화려한 호피로 세상을 호령하던 전통은 고조선 이후 우리 역사에서 계속 이어져왔다. 2010년 한국전쟁 와중에 행방불명됐던 명성황후의 것으로 추정되는 모피 카펫이 국립중앙박물관에서 다시 발견되어 화제가 된 적이 있다. 호랑이 특유의 얼룩무늬가 박혀 있는 호화로운 카펫이 주었을 위엄이 충분히 상상이 간다. 구한말 조선의 국운은 급격하게 쇠락하고 있었다. 이 모피의 주인은 일본 낭인의 칼에 살해당했으니, 모피는 그 화려함만큼이나 당시의 꺼져가는 국운을 상징하는 듯도 하다. 명성황후의 모피 카펫을 둘러싼 우여곡절은 끊이지 않았다. 한국전쟁 와중에 누군가가 미군에게 판매해 이 호피(이후 표범의 것으로 밝혀짐) 카펫은 미국으로 건너갔고, 그 과정에서 궁중의 유물임을 알게 된 한국 뉴욕영사관 측의 항의로 1951년 곧 한국으로 다시 돌아오게 된다. 하지만 어찌된 영문인지 모피 카펫의 행방이 묘연해 한동안 수많은 추측이 쏟아졌다. 이를 찾기 위해 문화재 환수운동까지 벌인 후에야 2010년 국립중앙박물관 수장고에 있었다는 사실이 밝혀졌다. 국립중앙박물관이 1969년 문화재관리국에서 이관받은 후에 그대로 수장고에 보관하고 있었던 것이다.

한편 미국에서는 20세기 초반 경제가 급격히 성장하면서 모피가 중산층을 상징하는 물건으로 떠올랐고, 1930년대 미국에서 가장 추운 지역인 미네소타를 중심으로 모피코트가 크게 유행했다. 소설가 맥스 슐먼(Max Schulman)은 「사랑은 오류」(Love is a fallacy)라는 단편에서 너구리코트를 두고 벌어지는 남녀 대학생의 아이러니한 사랑을 다뤘다. 당시 유행한 너구리코트는 거의 발목까지 내려오는 전신 코트로 가격이 비싼 것은 물론이고 상당히 무거운데다가 조금만 잘못 관리해도 악취가 심하게 나는, 결코 실용적이지 못한 옷이었다. 하지만 전신을 감싸는 가장 확실한 신분의 상징으로 여겨지면서 젊은 백인들은 주류에 끼기 위해 필사적으로 이 너구리코트를 걸쳤다. 영화 「마약왕」(2017)에서 홀로 남아 경찰에 쫓기던 이두삼(송강호 분)이 마지막에 맨살 속옷 차림에 모피코트만 입고 있던 장면은 모피의 의미를 잘 상징한다.

모피는 세계사를 보이지 않게 움직이던 또다른 황금이었다. 수천년간 사람들은 모피의 아름다움에 매료되어왔고, 지금도 다르지 않다. 이런 모피가 바로 고조선의 특산품이었다는 점은 어쩌면 너무나 당연하지만 우리가 간과했던 사실을 증명한다. 바로 세계 문명사의 보편성 속에서 고조선을 바라볼 수 있다는 점이다. 그동안 고조선을 둘러싸고 소모적인 논쟁이 국가 간에, 때로는 우리 안에서 있어왔다. 이제 그런 논쟁을 멈추고 중국 대륙으로 널리 알려진 고조선의 모피를 통해 그 역사의 보편성에 주목하는 것이 어떨까.

상투를 튼 고조선 사람들

　우리는 역사책이나 드라마 등 다양한 매체를 통해 우리의 조상이나 고대 사람들의 모습을 접한다. 대체로 빈약한 자료에 상상을 더해 묘사한 것들이다. 그러다보니 우리가 기억하는 과거의 모습은 천차만별이다. 예컨대 세계사의 첫 페이지를 펴면 원숭이와 비슷한 털북숭이 모습을 하고 손에 돌도끼를 든 유인원을 만날 것이다. 반면 자국의 역사나 신화의 첫 페이지를 펴면 원시인 대신 아름다운 에덴동산이나 산신령 또는 제우스 같은 성스러운 모습이 등장한다. 똑같은 원시시대의 조상이 이렇게 정반대로 그려지는 것은 어제오늘 일이 아니다. 고대 사람들 역시 마찬가지였다. 자기들은 신의 자식으로 표현하고 주변 사람들은 괴수나 짐승으로 묘사했던 일은 앞서 언급한 바와 같다.

원시시대의 모습을 묘사한 두 그림에서 고대를 보는 상반된 시선이 잘 드러난다. 15세기 전반 프랑스에서 출간된 「Wonder of the world」에 실린 작자미상의 삽화(위)와 19세기에 그려진 벤첼 페터(Wenzel Peter)의 「에덴동산의 아담과 이브」(아래).

우리는 어떤가. 고조선시대라면 산신령 같은 모습의 단군과 그 옆에 자리한 호랑이와 곰 이미지를 떠올리는 사람이 많을 것이다. 하지만 고조선은 이미 국가로 진입한 단계였고, 청동 기술이 고도로 발달한 사회였기 때문에 이런 원시적인 모습까지 갈 필요가 없다. 우리가 흔히 접하는 단군이나 고조선과 관련된 이미지는 근대인의 입장에서 만들어진 상상도일 뿐이다.

진짜 고조선인의 얼굴은 어떻게 생겼을까. 고고학이 전하는 우리 조상의 모습은 기대와 달리 실제로는 너무나 평범하다. 어쩌면 당연하다. 고조선이라는 국가를 만든 사람들은 하늘에서 떨어진 게 아니라 우리와 똑같은 사람들이었기 때문이다.

상투를 튼 머리에 오랑캐의 옷을 입고

고조선인의 생김새에 대한 가장 구체적인 기록은 『사기』 「조선열전」에 있다. 한나라 제후 노관(盧綰)이 흉노로 투항할 무렵 그와 함께 연나라에 있었던 위만(衛滿)이 고조선으로 투항할 때의 기록으로, 위만이 상투를 튼 머리에 오랑캐의 옷을 입었다고 사마천은 기록했다.* 노관은 한나라의 개국공신으로 한고조 유방과 같은 마을에서 한날한시에 태어난 죽마고우였다. 하지만 '토사구팽'이라는

---

* 『史記·朝鮮列傳』"魋結蠻夷服."

한자성어 그대로 한나라를 통일한 한고조는 가신들을 탄압하기 시작했고, 결국 노관도 흉노로 도망쳤다. 그리고 그의 휘하에 있었던 위만은 '상투를 튼 머리에 오랑캐의 옷을 입고' 고조선으로 귀순해 장군이 되었다. 이후 빠르게 자신의 세력을 규합한 위만은 쿠데타를 일으켜 고조선의 왕이 된다. 위만조선이다.

연나라에서 활동하다가 고조선의 왕이 된 위만의 경력 때문에 그의 국적을 두고 한동안 중국설과 고조선설이 대립했다. 물론 당시는 진시황이 최초로 중국을 통일한 지 얼마 안 되어 다시 망하고 초와 한으로 분열하여 서로 다투던 시점이니 '중국인'이라는 개념조차 없었다. 그래서 사마천도 위만을 '본래 연나라에서 활동한 사람'이라고 기록했다. 중국에서도 가장 동북쪽의 변두리에 위치한 제후국인 연나라는 만리장성을 중심으로 다양한 사람들이 섞여서 살았다. 심지어 중앙아시아 유럽인 계통인 사카족의 얼굴을 한 유물도 있었으니 위만이 혈연적으로 중국인이니 한국인이니 하는 전제 자체가 애초에 성립 불가능하다.

위만의 정체성을 엿볼 수 있는 유일한 근거는 그가 굳이 상투머리를 하고 오랑캐의 옷을 입었다는 구절이다. 문맥상 상투머리와 오랑캐 옷은 고조선의 풍습을 따랐다고 보는 게 합리적이다. 즉 위만은 원래 고조선 지역 출신이거나 고조선의 문화를 잘 알고 있었던 사람이 분명하다. 위만이 모시던 노관이 흉노에게 갔음에도 그쪽을 따라가지 않고 일부러 고조선으로 온 점, 그리고 고조선의 준왕이 위만이 오자마자 크게 환영하며 중요한 직책을 맡겼다는 점도 위만이 고조선 지역 출신이라고 가정하면 쉽게 수긍이 간다. 일부 학자들은 상투머리가 중국 서남 지역인 윈난의 풍습이라는 반론을 제기하기도 한다. 실제로 그 지역 국가인 뎬국 유적에서 상투머리를 한 사람이 많이 발견된다. 하지만 상식적으로 연나라 장수를 역임한 위만이 고조선에 오면서 엉뚱하게 윈난 지역의 상투머리와 복장을 할 리는 없지 않은가. 그럼에도 위만의 복장과 머리를 증명할 수 있는 고조선 얼굴에 대한 실물 자료가 발견된 적이 없었기 때문에 오랫동안 추측만 난무하던 차에 드디어 상투머리를 튼 고조선 얼굴이 등장했다.

청동기를 만들던 기술자의 초상화

1990년 고조선과 고인돌의 중심지였던 중국 랴오닝성 랴오양(遼陽)시의 타완(塔灣)촌에서 농민이 밭을 갈던 중에 파괴된 옛 무덤을 발견했다. 무덤에서는 비파형동검과 함께 청동기와 청동기를 만드는 거푸집이 나왔다. 화려한 청동기가 아니라 활석으로 만든 보잘것없는 거푸집이 무슨 큰 발견인가라고 생각할 수도 있는데, 사실 거푸집은 청동기 몇점이 나오는 것 이상의 의미가 있다. 무덤에서 거푸집이 나왔다는 것은 그 무덤의 주인이 청동제련술을 독점했던 높은 사람이란 뜻이기 때문이다. 실제로 타완촌말고도 고조선과 한반도의 세형동검을 사용한 삼한 지역의 옛 무덤에서도 거푸집이 자주 발견된다. 청동제련술은 당시 사회를 유지하는 필수 요소였다. 전쟁을 하고 하늘에 제사를 지내려면 청동기가 필요했고, 청동기 공급은 전적으로 청동기 기술자에게 의존할 수밖에 없다. 청동기 기술자는 최고 계급 중 하나였으며 그들이 가진 기술 덕분에 강력한 권력을 누릴 수 있었다. 고고학자들이 국가가 등장하는 시기를 '청동기시대'라고 명명한 것은 결코 우연이 아니다.

타완촌에서 출토된 손바닥 남짓한 크기의 작은 도끼 거푸집에는 이제까지 발견된 거푸집과 달리 놀라운 비밀이 숨겨져 있었다. 거푸집의 뒷면에 도드라지게 새겨진 상투를 튼 두명의 얼굴이 바로 그것이다. 얼굴의 형태를 보면 머리카락을 말아올려 상투를 틀었고 광대뼈는 튀어나왔으며 코는 낮고 눈은 작다. 표현이 상당히 구체적이다. 아마 우리 주변에서 흔히 볼 수 있는 자화상이라고 해도 과언이 아닐 것이다. 단군 초상화처럼 뭔가 근사한 모습을 기대했다면 실망했을지 모르지만 자세히 보면 거푸집에 새겨진 고조선의 인물상은 예사롭지 않다. 돌로 만든 거푸집에 도드라지게 얼굴을 새겼다. 즉 얼굴 부분을 제외하고 주변을 다 파내야 하는 세심한 작업을 했다는 말이다. 기존의 거푸집을 사용하지 않고 처음부터 확실한 목적을 가지고 두꺼운 거푸집을 새로 제작해 조각했음을 알 수 있다. 거푸집에 새겨진 얼굴은 그들의 조상이나 신을 새긴 것으로 추정된다. 살아생전에 청동을 주조하던 사람들이 의식에 사용하고 그 주인공이 죽자 함께 무덤에 묻은 것이다.

타완촌 유적과 멀지 않은 선양(瀋陽)시에는 대표적인 고조선의

/
타완촌에서 발견된 인물이 새겨진 청동 도끼의 거푸집. 고조선의 청동기 기술자의 얼굴이다.

귀족 무덤인 정자와쯔(鄭家窪子, 정가와자) 유적이 있는데, 이곳에서 발견된 비파형동검을 비롯한 여러 청동기 유물이 타완촌 유물과 거의 똑같다. 같은 시대에 만들어졌다는 뜻이다. 이에 비추어 학자들은 타완촌 유적의 연대를 대체로 약 2500년 전으로 본다. 고조선이 세력을 키워가던 기원전 6세기 사람들의 생생한 얼굴이 드디어 모습을 드러낸 것이다.

나는 2014년 한 학술대회에서 타완촌의 유물을 분석하고 이 거푸집을 고조선의 얼굴로 소개했다. 타완촌 유물은 중국 고고학계에서 정식으로 보고한 유물이 아니다. 그래서 1990년대에 발견되었지만 랴오양 박물관에서 보관했을 뿐 따로 공개하지는 않았다. 민국 시절 동북 지역 은행의 저택을 개조하여 만든 랴오양 박물관은 작고 좁았다. 나는 2005년부터 몇차례나 랴오양 박물관을 방문했지만 이 유물을 보지 못했다. 아마도 유물 창고에 있었던 것 같다. 그러다가 2009년 랴오양 박물관이 건물을 새로 지어 이전하면서, 20년 가까이 숨어 있던 타완촌 유물이 그 모습을 드러냈다. 내막을 몰랐던 나는 2010년 대학원생들과 함께 신축한 랴오양 박물관을 방문했는데, 고조선 유물들이 진열된 전시실의 한 귀퉁이에서 고조선인의 얼굴이 새겨진 청동기 거푸집을 처음 봤을 때 느꼈던 짜릿함이 지금도 생생하다. 새로 지은 랴오양 박물관의 전시실 입구에는 연나라 장수 진개의 거대한 동상이 자리하고 있었다. 그는 이 지역이 중국의 영역에 편입되는 계기가 된 연나라와 고조선 전쟁의 주역이다. 사정이 이러하니 내가 소개하기 전까지 이 유물은 큰 주목을 받지 못했다.

타완촌의 얼굴과 비슷한 모습은 네이멍구 츠펑 지역의 청동기시대 문화인 샤자뎬상층(上層)문화에서도 발견된다. 츠펑 지역은 전통적으로 초원의 청동기가 동아시아로 들어와 전해진 교차로로 꼽힌다. 고조선 역시 츠펑 지역을 통해 당시 첨단 기술이었던 유라시아의 청동제련술을 받아들였다. 고조선은 청동제련술을 받아들인 후 비파형동검과 번개무늬거울(뇌문경) 등을 만들었고, 그 과정에서 청동 기술자들은 고조선의 기술 엘리트로서 역할을 했다. 그들은 자신만의 기술로 당시 사회에서 높은 지위를 유지했고, 자신들의 모습을 타완촌의 거푸집에 남겼다. 이들은 청동 무기를 소지한 전사 집단, 그리고 청동 거울로 제사를 지내던 제사장들과 함께 고조선의 최상위 계급이었다. 즉 상투머리를 한 사람들은 고조선의 상위 또는 귀족 집단을 대표하는 사람들의 모습이라고 봐도 무방하다.

상투머리, 부여로 이어지다

광대뼈가 튀어나오고 상투를 튼 사람의 모습은 고조선의 뒤를 이어 쑹화강 유역에서 나라를 건국한 부여인의 얼굴에서도 보인다. 홍콩중문대학의 김민구 교수는 부여의 수도였던 지린(吉林)성 지린시의 마오얼(帽儿)산과 둥퇀(東團)산에서 출토된 인면상을 부여인의 얼굴이라고 밝혀낸 바 있다. 마오얼산과 둥퇀산의 인면상은 이빨을 드러낸 다소 험악한 모습이지만, 머리에 상투를 튼 형태나 얼굴의 이목구비를 보면 타완촌에서 발견된 고조선인의 얼굴과 너무나도 흡사하다. 험상궂고 무서운 얼굴인 것은 아마도 나쁜 기운을 쫓기 위한 벽사(辟邪)의 의미인 것 같다.

고조선의 청동제련술은 남쪽으로 전해져 남한에서도 제사용 청동기들이 종종 발견된다. 전라북도 완주 상림리와 경상북도 청도 예전동 등의 청동기 유적들에서는 거의 사용한 흔적이 없는 동검들이 한데 묶여서 발견된 적이 있다. 청동기를 만드는 장인들이 제사를 지내고 묻은 것이다. 얼핏 평범해 보이는 상투머리를 한 고조선의 청동 기술자는 고조선은 물론 주변 여러 나라에도 영향을 주던, 당시 사회를 선도하던 테크노크라트였던 셈이다.

그들은 우리와 다르지 않다

타완촌에서 시작해 부여로 이어지는 인물들의 특징은 바로 고조선인들이 이상적으로 생각하던 자신들의 모습이었다. 위만이 고조선으로 귀순할 때 상투를 틀고 옷을 갈아입은 것은 바로 그러한 고조선의 전통적인 모습을 갖춘 것을 의미한다.

세상 모든 사람은 자신들의 조상에 관심이 많다. 사람들은 자신의 조상을 멋지고 우월한 이상형의 모습으로 표현하곤 했다. 자기들의 소망을 조상에 투영하는 것이다. 외모에 대한 집착은 20세기에 절정을 이뤄 키, 외모, 머리 색깔로 인종의 우월함을 과시하고 심지어 죄 없는 사람들을 집단으로 죽이기까지 했다. 조상에 대한 신화적인 이미지는 근대 이후 여러 나라들이 자신의 우월함을 강조하기 위하여 흔히 쓰던 이미지 메이킹 중 하나였다. 한국도 우리의 조상을 지나치게 미화시켜 표현해온 것은 아닌지 곰곰이 돌이켜봐야 한다.

/
아리안족의 등장을 묘사한 100년 전 그림. 아리안족의 우월함을 강조하기 위한 신화적 이미지를 담고 있다. (출처: Walter Hutchinson, *Hutchinson's History of the Nations*, Hutchinson 1915)

고고학은 언제나 조상들이 우리와 크게 다르지 않았다는 것을 증명한다. 문명을 유지하고 번성하는 가장 큰 관건은 외모의 차이가 아니라 그들이 가지고 있는 기술력과 환경에 대한 적응력이었다. 타완촌에서 발견된 소박해 보이는 고조선의 얼굴이 우리에게 주는 시사점이다.

흉노가 애용한 우리의 온돌

추운 겨울이 되면 따뜻한 온돌방이 그리워진다. 온돌방은 한국이 개발하고 보급한 대표적인 난방 시스템이다. 온돌은 기원전 4세기경 두만강 일대에서 농사를 짓고 마을을 이룬 옥저인들이 처음 만들어 사용했다. 그들은 혹독한 추위를 극복하기 위해 불을 땐 뒤 그 열기를 방바닥으로 보내 열효율을 높이는 방식인 온돌을 개발했다. 자연환경을 극복하기 위한 인간의 지혜가 축적된 결과물이었다. 옥저인들의 생활의 지혜는 곧바로 만주와 한반도 북부의 고조선, 부여, 고구려로 확산되었고, 기원전 1세기경에는 남한 일대까지 전파되었다. 남해안 해상 교역의 중심지였던 지금의 경상남도 사천시 늑도에서 발견된 온돌이 이를 실증한다.

방바닥을 통해 열기를 전달하는 온돌과 비슷한 구조는 세계 곳곳에서 사용되었다. 고대 로마에도 온돌과 비슷한 하이퍼코스트(hypocaust)가 있었고 알래스카나 러시아 아무르강 수추섬의 신석기시대 집 자리에서도 온돌과 비슷한 난방시설 발견되었다. 하지만 다른 지역의 온돌 시설은 옥저인의 온돌과 달리 널리 퍼지지는 못했다. 한반도 북부에서 시작되어 유라시아까지 이어진 온돌이 감춰둔 고고학적 비밀을 알아보자.

바이칼에서 발견된 온돌

우리나라 사람들에게 결코 낯설지 않은 바이칼호는 호수를 기준으로 서쪽의 이르쿠츠크(프리바이칼)와 동쪽의 부랴트자치공화국(자바이칼) 지역으로 나뉜다. 러시아의 일부인 부랴트공화국은 한반도 1.5배 크기로 몽골 계통 원주민들이 살고 있다. 부랴트공화국의 수도인 울란우데의 근처에는 2000년 전 흉노인들이 만든 대표적인 성터인 이볼가(Ivolga) 유적이 있다. 레닌그라드대학의 고고학과 교수 안토니나 다비도바(Antonina Davydova)는 1949~74년 사이에 이볼가 유적지에서 오로지 삽과 호미만을 이용해 51개의 주거지와 216개의 무덤을 발굴해냈다. 이게 얼마나 어려운 일이었는지 잘 감이 안 오겠지만, 50여년 전 레닌그라드(오늘날의 상트페테르부르크)에서 울란우데까지는 시베리아 열차를 타고 일주일 이상을 가야 했던 거리였다. 당시에는 드물었던 여성 고고학자인 다비도바 교수는

부랴트 민속박물관에 복원해놓은 이볼가 유적 주거지의 온돌. 옥저인이 발명한 온돌이 멀리 바이칼 지역까지 사용되었음이 확인된 놀라운 발견이다.

매년 이 지역을 오가며 흉노의 성터 발굴에 평생을 바쳤다.

발굴 결과는 놀라웠다. 한쪽 벽의 길이만 340미터에, 전체 면적이 약 11만 5000제곱미터에 달하는 이 성터에서 일렬로 줄을 맞춰 지은 주거지가 발견되었고 각 집의 내부에는 ㄱ자 모양의 '쪽구들'이 놓여 있었다. 집의 모서리에 아궁이를 만들어 불을 때면 그 연기가 집 벽을 타고 올라가 굴뚝으로 나가는 구조다. 옥저인이 발명하고 고조선과 고구려 사람들이 사용했던 온돌이 멀리 바이칼에서까지 사용되었음이 확인된 놀라운 발견이었다.

하지만 발굴 당시의 사정은 녹록지 않았다. 이볼가 성터에서는 온돌과 함께 대량의 중국 계통의 유물이 발견되었다. 당시는 1970년대 이후 중소 국경분쟁이 심하던 시절이었다. 소련은 중국 유물이 중국인들이 여기에 살았다는 근거로 쓰여 자칫 영토분쟁의 빌미가 될까봐 이볼가 성터를 흉노에 잡혀온 '중국인들의 포로수용소'라는 공식적인 견해를 내놓았다. 2011년 내가 일본과 몽골에서 흉노 성터 연구를 발표하자 한 일본인 노학자는 그 내막을 듣고서 자신은 이제까지 이볼가 성터를 포로수용소로 알고 있었다며 허탈해했다. 국가 간 학문적 교류가 전무하던 시절의 해프닝이다.

이볼가 성터 발굴 이후 부랴트공화국과 몽골의 성지 곳곳에서는 옥저 계통의 온돌을 설치한 주거지가 속속 발견되었다. 흉노가 살던 추운 북방 초원에서 옥저의 온돌은 꽤 큰 역할을 했던 것 같다.

흉노제국이 만든 '뉴타운'

흉노는 평생을 이동하며 살았던 대표적인 유목민족이다. 흉노의 왕인 선우와 귀족, 무사들은 이동의 편의성을 위해 집이 없이 천막(유르트)에서 살았다. 그런 흉노가 이볼가 성터 같은 발달된 대형 성을 쌓고 그 안에 온돌 주거지를 만들었다는 사실은 선뜻 믿기 어렵다. 초원에 성터를 건설한 것은 유목민족이었던 흉노가 초원의 제국으로 거듭나기 위한 지혜의 발로였다. 유목민으로 살기 위해서는 유제품과 고기만으로는 부족하다. 유목민들은 곡식, 무기, 마구 등을 안정적이고 지속적으로 공급받기 위해 수천년 전부터 초원 주변의 정착민들과 교류해왔고, 바로 그것이 고대 실크로드의 기원이 되었다.

흉노가 세력을 키워나가는 동안 중국은 끊임없이 흉노를 견제했다. 흉노는 자신들에게 필요한 물자를 공급해줄 생산기지가 필요했고, 당시 주변 정착민들을 대거 받아들여 초원 곳곳에 각종 성터를 건설했다. 즉 중국이나 다른 세력에 의존하던 방식을 흉노 스스로 최대한 자급자족하는 시스템으로 바꾸어나간 것이다. 이 과정에서 다양한 집단의 사람들이 흉노의 구성원으로 빠르게 흡수되었다. 이볼가 유적을 발굴해보니 실제로 여러 지역에서 온 사람들이 함께 살았던 흔적이 나왔다. 중국에서 북으로 올라온 사람들이 대장간에서 연장과 토기를 만들고, 만주 일대에서 온 사람들이 물고기를 잡고 농사를 지었다.

남쪽에서 온 정착민들에게 바이칼의 혹독한 겨울은 견디기 어려웠을 것이다. 흉노는 이를 해결하고자 겨울철 난방에 최적화된 한국의 온돌을 적극적으로 도입했다. 각 지역의 성지에 기술자들을 파견해 온돌 주거지를 건설했다. 몽골의 셀렝가강 일대에서 흉노가 운영했던 성지를 조사하면 예외 없이 온돌 주거지가 나온다. 조금 과장해 말하자면 흉노제국이 만든 '뉴타운'이라고 할까.

각 온돌은 마치 붕어빵 기계로 찍어낸듯 그 형식과 크기가 거의 동일하다. 수백 킬로미터씩 떨어져 있는 사방의 성터에서 발견된 온돌이 이렇게 천편일률적으로 똑같은 데에는 이유가 있다. 바로 온돌이 가지고 있는 특성 때문이다. 온돌은 조금이라도 잘못 시공하면 열효율이 낮거나 불연소된 연기가 집 안으로 들어와 자칫 목숨이 위험해질 수 있다. 50대 이상의 독자라면 1980년대까지 도시의 서민들을 괴롭혔던 연탄가스 중독에 대한 기억이 있을 것이다. 그러니 사용하는 연료, 난방 습관, 고래(방의 구들장 밑으로 나 있는, 불길과 연기가 통하여 나가는 길)의 높이와 형태를 안전한 방식으로 세심하게 시공할 수 있는 기술자가 동원되었을 것이다. 이렇듯 흉노가 중국과 경쟁하여 초원에서 제국을 성립하는 기반이 된 각종 신도시 건설에 한국인의 지혜가 숨어 있다고 해도 과언이 아니다.

흉노의 성터 건설에 만주와 한반도의 온돌 시스템을 받아들였다는 사실을 단순히 물질문화의 교류만으로 설명하기에는 부족하다. 앞서 언급했듯 온돌은 대충 모방할 수 있는 성질의 기술이 아니기 때문이다. 또한 흉노의 성터에서 극동 지역의 옥저인들이 사용했던 토기들도 다수 발견되는 것으로 미루어, 꽤 많은 만주와 한반도 사람이 그 지역으로 건너갔던 것 같다.

흉노와 고조선 및 옥저 등과의 밀접한 관계는 비록 간략하지만 중국의 역사에서도 그 흔적을 찾아볼 수 있다. 만리장성을 쌓은 진시황 이래 흉노는 300여년간 중국을 위협해왔다. 『한서(漢書)』에는 "고조선이 흉노의 왼팔"이라는 기록이 있다. 흉노와 경쟁하던 중국이 흉노와 고조선이 통하는 것을 걱정한 대목이다. 흉노가 가진 강력한 국력의 배경에 고조선과의 관계도 있었음을 암시한다.

한편 『후한서(後漢書)』의 기록은 더욱 구체적이다. 흉노와 고구려가 협력을 하는 장면이다. 한나라를 멸망시키고 신(新)나라를 건국

한 왕망(王莽)이 현도군에 있는 고구려인들에게 흉노를 없애라고 명령하자 이에 반발한 고구려인들이 흉노와 합작하여 군대를 이끌고 역으로 신나라를 공격했다고 한다. 흉노에게 온돌 기술이 필요했듯 고조선과 부여도 흉노의 군사력과 기마문화가 필요했기에 서로 협력한 것으로 보인다. 고고학 자료를 보면 초기 고구려와 부여의 무기와 마구에서 흉노의 영향을 강하게 받았음을 찾아볼 수 있다.

실크로드를 타고 서쪽으로

유라시아 초원지대를 호령했던 흉노는 1세기경 결국 중국에 패하고 흉노의 지배 세력은 서쪽으로 도망쳐 훈족을 이루었다. 바이칼과 몽골에 거주하던 사람들은 흉노 이후에 발흥한 선비족의 일부가 되어 그들이 삶을 이어갔다. 흉노가 패망하면서 바이칼 지역에서는 더이상 온돌이 쓰이지 않았다. 그 이유는 초원이라는 환경적 요인에서 기인한다. 초원 지역은 삼림이 거의 없기 때문에 온돌에 쓸 땔나무가 너무 부족하다. 오죽하면 흉노 귀족들의 무덤은 그나마 무덤에 쓸 나무가 풍부한 산골짜기 근처에 만들 정도였다. 유목 생활을 하면 이동하면서 땔감을 구하면 되니까 큰 문제가 되지 않지만 한 지역에 정착해 온돌을 사용하면 결국 그 주변의 삼림자원이 고갈될 수밖에 없다. 비슷한 상황은 한국에서도 벌어졌다. 조선시대 후기에 양반이 기하급수로 증가하면서 온돌집이 널리 유행했고, 그 결과 19세기 후반에 도심 근처의 산들이 모두 민둥산이 되고 말았다. 하물며 초원에서 온돌을 유지하려면 주변의 삼림자원이 남아나지 않았을 것이고, 성을 제대로 유지하는 데 많은 비용이 들 수밖에 없었을 것이다. 결국 흉노 이후의 돌궐, 유연 같은 초원제국들은 성지 건설을 포기했다. 이와 함께 온돌을 만들던 전통도 사라졌다.

몽골 지역에 온돌이 다시 등장한 것은 흉노 이후 1000년 가까이 지나서였다. 온돌을 건설한 사람들은 발해의 유민이었다. 거란에 의해 멸망한 발해인들이 몽골로 이주해 살면서 온돌을 만든 것이다. 몽골의 친톨고이(Chintolgoi, 역사에는 진주鎭州라고 기록됨) 성터에서 고래가 22번 돌아가는 형태의 온돌이 생생하게 그 모습을 드러냈다.

바이칼에서 흉노가 만든 온돌은 사라졌지만, 놀랍게도 그 전통은 카자흐스탄 일대의 실크로드로 이어졌다. 8세기 이후 본격적으로 발달한 대상(카라반)을 위한 숙소인 '사라이'라는 고급 저택에 온돌이 등장한다. 아궁이 대신 탄두르 화덕에 불을 때 방바닥을 지나가는 고래로 열기를 전달하는 방식이다. 아랍 여행가 이븐 바투타나 마르코 폴로가 거쳐간 숙소인 사라이치크 유적에서도 온돌이 발견되었다. 그들은 삭풍이 몰아치는 사막을 가로지르며 얼었던 몸을 온돌에서 녹였을 것이다. 추운 만주 지역에서 살아남기 위해 발명한 온돌은 이렇듯 초원에 도시를 건설하고 지역 간의 교

/
10세기경 카자흐스탄의 실크로드 도시에서 사용된 온돌. 방 아래쪽에 탄두르 화덕이 보인다.

류를 잇는 원동력이 되었다. 중국의 역사 기록에서는 알 수 없었지만, 고고학의 도움으로 밝혀낸 성과다. 이제 온돌은 한반도와 유라시아의 관련성을 밝히는 명명백백한 발명품으로 인정받고 있다.

신라인은 흉노의 후예인가

우리 고대사의 가장 큰 미스터리 중 하나는 신라와 흉노의 관계다. 신라는 한반도 동남부에 위치했지만 삼국 가운데 북방과 서역의 유물, 유적이 가장 많이 발견되는 나라이기 때문이다. 다음 장에서 살펴볼 적석목곽분은 신라와 북방의 관계를 증명하는 대표적인 유적이다. 이 지역과 북방과의 관계는 훨씬 전부터 시작되었다. 중국 고대의 기록에도 신라 이전인 진한 시절부터 진시황의 폭정을 피해 중국 북방에서 내려온 이주민이 많다고 했다. 그들의 흔적은 최근 고고학 유적에서도 발견되었다.

신라인들은 그로부터 400~500년이 지난 후인 마립간 시기에 김씨가 왕위를 독점하면서 북방계 유물과 적석목곽분을 만들었다. 신라가 통일할 무렵에는 묘비명에 자신들이 중국 서북 지역에 살던 흉노의 후예라고 당당히 적어 북방 지역과의 관계를 과시했다.

신라인들이 말하는 흉노는 지금 우리가 오해하는 미개한 유목민이 결코 아니었다. 당시 흉노는 유라시아를 호령하는 강력한 무기와 군사를 갖춘 유목국가였고, 유라시아의 각 나라는 흉노의 발달된 문화와 기술을 받아들였다. 그렇기에 흑해 연안에서 신라까지 수많은 나라들이 자신을 흉노의 후예라고 여겼다. 고구려, 백제, 부여와 같은 부여계의 나라에 맞서 뒤늦게 경쟁을 시작한 신라는 건국 시기부터 이어져오던 북방 초원과의 관련성을 선민의식으로 내세웠다. 작지만 강한 나라로 성장했던 신라의 1000년 역사에서 흉노는 자랑이었다.

2300년 전 신라로 도망친 유목민

진수(陳壽)가 편찬한, 중국의 삼국시대를 다룬 역사책인 『삼국지』는 한국 고대사를 연구할 때 가장 중요한 자료로 손꼽힌다(원나라 때 지은 나관중의 『삼국지연의』와 다르다). 『삼국사기』의 경우 삼국이 망하고 한참 뒤인 고려시대에 쓰인 반면 『삼국지』에서 한국의 역사를 다룬 「동이전」 부분은 삼국시대에서도 전기에 해당하는 3세기에 쓰였기 때문이다. 「동이전」에 기록된 내용은 간접적으로 들은 것이 아니라 위나라가 고구려와 전쟁을 하는 과정에서 직접적인 접촉을 통해 얻어낸 정보들이다. 그렇기에 삼한에서 3세기까지 연구에 있어 이 책의 신뢰도와 중요성은 반론의 여지가 없다.

『삼국지』「동이전」에서 유독 학자들이 쉽게 해석할 수 없는 구절이 있다. 바로 신라의 전신인, 경주를 중심으로 번성한 진한의 사람들이 스스로를 중국의 진나라에서 도망친 사람들이라고 한 구절이다. 그 내용은 다음과 같다.

> 진한의 노인들이 전하여 말하길 "진(秦)나라의 힘든 일(=장성을 쌓는 일)을 피하여 한국으로 왔다." (…) 그들의 언어는 마한과 달라서 나라를 방(邦)이라 하고, 활(弓)을 호(弧)라 한다. (…) 그 언어는 진나라 사람들과 흡사하며 연나라, 제나라의 것과는 다르다.*

진시황이 살았던 시절은 기원전 3세기 중반이다. 진한 사람들이 전하는 얘기대로라면 지금부터 2300년 전에 중국 북방에서 만리장성을 쌓던, 진나라의 말을 하는 사람들이 지금의 경주 일대로 내려와 진한의 일부가 되었다는 말이다. 믿기 어려울 정도로 뜬금없어 보인다. 이 구절의 의미를 제대로 파악할 수 없었던 많은 학자들은 이 구절을 지은이가 지어냈거나 착오를 일으킨 것이라고 생각했다. 하지만 진수는 이 이야기가 막연하게 주워들은 사실이 아니라는 것을 증명하기라도 하듯 그 사람들이 쓰던 말까지 자세

---

* 국사편찬위원회의 번역을 기준으로 약간 수정함.

하게 적어놓았다. 심지어 중국 내의 여러 방언 중에서도 연나라나 제나라가 아니라 바로 진나라의 말을 썼다는 친절한 해설까지 덧붙였다. 『삼국지』 같은 가장 기본적인 역사서에 이 정도로 자세하게 나오는 내용을 무작정 부정할 수만도 없다. 그럼에도 그간 실물 자료가 없었던 탓에 여전히 물음표로 남아 있었다.

오랫동안 미스터리였던 이 기록을 설명할 수 있는 고고학 자료들이 최근 속속 발견되고 있다. 2010년 경주 탑동에서 발굴된 변한 시대의 나무관 무덤이 좋은 예다. 고고학적 중요성에도 불구하고 집을 개축하다가 나온 작은 유적이라 사람들의 주목을 끌지는 못했다. 나무관 무덤 안에서 초원 유목민들이 애용하는 동물장식들이 대량으로 발견되었는데, 그 장식이 중국 북방 지역에서도 특히 진(秦)나라 변경에서 살다가 후에 진나라로 편입된 서융(西戎)들의 무덤에서 발견된 동물장식과 놀라울 정도로 똑같았다. 그뿐 아니라 마한이나 변한과 달리 진한에서는 안테나식 동검 장식이나 호랑이와 말의 모양을 한 허리띠 등 유독 북방 초원계의 유물들이 많이 발견된다. 진수의 기록이 결코 허언이 아닌 셈이다.

놀라움은 여기에서 그치지 않았다. 2011년 현해탄 건너 일본의 오사카와 가까운 비와호 근처 가미고텐(上御殿) 유적에서 중국 북방에서 유래한 것으로 보이는 청동검의 거푸집이 발견되었다. 만주, 한반도, 일본의 비파형동검과 세형동검은 그 형태가 독특하고 손잡이와 검의 날을 따로 만드는 방식이다. 반면 중국 북방과 유라시아 초원 지역의 청동검은 날렵한 검의 날과 손잡이를 함께 만든다. 가미고텐 유적에서 발견된 거푸집에 표현된 동검은 일본에서는 처음 발견된 형태로 2400~2300년 전 중국 만리장성 근처의 유목민들이 쓰던 초원식 동검과 가장 유사하다. 만약 동검이 한점 발견되었다면 선물이나 교류의 증거로 생각할 수도 있다. 하지만 동검이 아니라 동검을 만드는 거푸집이 나왔다. 거푸집을 누구에게 선물할 리는 없으니, 중국 북방의 사람들이 건너간 증거가 분명하다.

이렇듯 최근 다양한 고고학 발굴을 통해 중국 만리장성 일대의 유목문화와 그 사람들이 머나먼 한반도 남쪽까지 내려온 증거가 속속 발견되고 있다. 왜 그 지역의 사람들이 남쪽에 내려왔는지는 당시 중국의 상황을 보면 쉽게 이해가 된다. 전국시대 말기 진시황은 중국을 통일하여 강력한 제국을 건설했다. 진나라는 대대적으로 만리장성을 쌓으면서 중국 북방의 초원 유목민족들을 압박했고, 그 결과 일부는 중국에 동화되고 또 일부는 사방으로 흩어졌다. 유라시아를 뒤흔든 거대한 세력 변동의 영향이 한반도와 멀리 일본까지 확산된 것이다.

민가에서 발견된 문무왕 비석

신라의 역사에서 북방 초원과의 관계가 다시 등장한 때는 마립간 시기인 4세기부터다. 이때부터 신라는 김씨가 단독으로 왕위를

경주 탑동에서 출토된 호랑이형 장식(위)과 중국 진나라 변두리 유목민이 남긴 동물장식 허리띠(아래). 두 장식의 모양이 상당히 유사하다.

계승하고 왕권을 강화했다. 김씨 왕족들은 다른 귀족들과 달리 북방 유라시아의 무덤을 모방한 거대한 적석목곽분(돌무지무덤)과 금관, 황금보검, 유리그릇 등 다양한 북방계 유물들을 들여왔다. 신라가 사용한 적석목곽분은, 다음 장에서 자세하게 살펴보겠지만, 신라가 왕권을 강화하고 자신들의 정체성을 확실하게 보여주기 위해 초원 지역의 무덤을 참고하고 기술을 받아들여 만든 것이다.

하지만 정작 신라가 주변의 여라 나라들과 전쟁을 하고 국력을 키우면서 거대한 무덤과 금관은 사라졌다. 그 대신 묘비명에 자신들을 흉노의 후예라고 적어 대내외에 과시하기 시작했다. 스스로를 흉노의 후예로 간주한 대표적인 인물이 신라의 삼국통일을 완성한 문무왕이다. 문무왕은 자신이 죽으면 거대한 무덤을 만드느라 시간과 용력을 들이지 말고 동해의 대왕암에 화장을 하라는 유언을 남겼다. 삼국을 통일하는 혼란기에 자신의 무덤 때문에 국력이 소모될까 우려했기 때문이다. 신라인들은 문무왕의 유지에 따라 거대한 무덤 대신 그의 묘비만 경주의 어딘가에 세웠다. 학자들은 대체로 묘비가 경주 사천왕사지에 있었다고 생각하는데, 사천왕사가 폐사되면서 문무왕의 비석도 사라졌다. 행방이 묘연하던 문무왕의 비석은 조선시대 후기인 1796년에 발견되어 탁본까지 뜰 수 있었고 당시 금석학이 매우 발달한 청나라에까지 소개되었다. 하지만 문무왕 비석은 조선이 망하는 와중에 또다시 사라졌다. 1961년 다행히 비석의 일부가 경주 동부동의 민가에서 발견되었고 비석의 나머지 부분도 2009년 동부동의 다른 집 마당에서 발견되었다. 발견 당시 비문의 글자를 읽어내는 것은 큰 어려움이 없었지만, 비석의 표면이 반질반질해 빨래판으로 쓰인 것이 아니냐는 추측이 나오기도 했다.

우여곡절이 많았던 문무왕릉비의 비문에는 『삼국사기』에는 없는 그의 출신에 대한 비밀이 적혀 있다. 문무왕은 자신의 선조를 중국 서북 지역에서 살다가 중국으로 귀의한 흉노인인 소호금천(少昊金天) 씨와 김일제(金日磾)라고 했다. 당시 자신을 흉노의 후예로 자처한 사람은 문무왕만이 아니었다. 신라를 대표하는 학자 김대문이나 당나라로 이주한 신라의 김씨 성을 가진 부인도 묘비에 자신을 흉노의 일파라고 적었다. 이런 전통은 통일신라 내내 이어졌다. 아마 신라의 왕족 김씨들은 자신을 당연히 흉노의 후손이라고 생각했던 것 같다.

일부 학자들은 김일제라는 이름 때문에 신라인의 다수는 흉노의 후예이며 구체적으로 수천명의 흉노인들이 신라로 내려왔을 것이라는 가설을 제기하기도 한다. 하지만 대부분의 학자들은 여전히 신라인들이 막연하게 지어낸 이야기라고 여긴다. 두가지 견해다 아직은 추측일 뿐 근거가 부족하다. 앞의 견해는 수천명의 흉노인들이 내려왔다는 가설을 뒷받침할 고고학 자료나 증거가 없고, 뒤의 견해는 흉노의 후예로 자처하는 자료가 한둘이 아닌데다 매우 일관되게 발견되는 상황이니 막연히 지어냈다고만 보기 어렵다.

문무왕릉비에는 신라인이 생각하는 자신들의 기원을 더 구체적으로 추정할 수 있는 또다른 글자도 있다. '진백(秦伯)이 그 터를 닦아서 세우니'라는 구절이다. 진백은 진나라 목공(穆公)으로 진시황의 22대 선조이자 중국 서부의 유목민들을 평정하고 진나라를 강대국으로 만드는 기틀을 세운 인물이다. 진나라가 있던 중국 서북 지역은 중앙아시아의 황금문화와 쿠르간이 중국 북방을 통해 만주와 한반도로 이어지는 지점이었다. 북방 초원계의 문화가 중

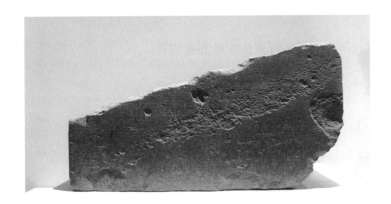

경주 동부동 가정집에서 발견된 문무왕릉비 조각. 표면이 반질반질하지만 글자는 비교적 잘 남아 있다. 사진 김희태 제공.

국 서북 지역에서 만리장성 지대를 따라 동아시아로 유입된 것은 고고학적으로 이미 증명되었다. 서융 출신의 유목민이 주를 이룬 진나라는 중국 서북 지역에서 유라시아 유목문화의 발달된 황금과 기마술을 받아들여 나라를 발전시켰다.

문무왕이 진목공을 선조로 보았다는 것은 흉노 집단을 뭉뚱그려 선조로 생각한 것이 아니었음을 의미한다. 신라의 조상으로 주로 언급되는 김일제는 흉노 중에서도 예전 진나라의 영역이었던 중국 서북 지역에서 활동하던 사람이다. 즉 막연하게 초원의 유목민을 상정한 것이 아니라 강력한 국력을 가진 진나라와 그 안에서 활동하던 흉노 계통의 사람들에서 신라의 모습을 찾았던 것이다.

신라인이 흉노의 후손이 된 진짜 이유

이제 신라인들이 삼국통일의 위업을 달성하는 과정에서 왜 자신들을 흉노로 자처했는지에 대한 답을 할 차례다. 그 배경에는 신라를 둘러싼 복잡한 정세가 숨어 있다. 삼국시대 신라를 둘러싼 백제, 고구려 그리고 북방의 부여와 북부여는 왕족들이 모두 부여계라는 공통점이 있었다. 고구려의 시조 주몽은 부여에서 갈라져 나와 나라를 건국했다. 백제 역시 비류와 온조 시절부터 마지막 의자왕까지 모두 부여씨였다.

모든 나라들은 자신들의 지배구조를 강화하기 위한 이데올로기적인 장치가 필요하다. 신라도 국력을 강화하면서 부여계와는 다른 그들만의 선민의식이 필요했다. 이에 진한 시기부터 이어져왔던 북방과의 교류를 전면에 내세워 자신들의 정통성을 강화하고자 했다. 신라가 흉노를 선택한 것은 결코 우연이 아니다. 당시 유라시아 초원은 흉노의 영향을 받은 유목민들이 강력한 무기를 앞세워 세력을 키웠다. 중국의 북방도 예외는 아니어서 위진남북조시대로 접어들면서 북방의 이민족들이 앞다투어 발흥하고 전쟁을 벌이는 극도의 혼란기였다. 특히 랴오닝 지역에서 발흥한 모용선비 집단은 고구려와 맞서는 과정에서 강력한 기마술과 무기로 한반도에 큰 영향을 주었다. 실제로 신라와 가야의 무기와 마구(말갖춤)가 모용선비 계통이라는 것은 고고학계의 정설이다. 이렇듯 신라가 흉노의 후예를 자처한 것은 당시 가장 선진적이었던 북방 지역과의 네트워크를 만들고 그들의 무기와 기술을 받아들여 다른 삼국과 맞서겠다는 속뜻이 숨어 있다.

신라가 북방의 유적과 유물을 남기고 흉노임을 내세운 사실을 21세기의 관점으로 비하하거나 확대해석할 필요는 없다. 진한 시절 만리장성 지대에서 내려온 유민이 신라인의 다수를 차지했다는 증거는 없다. 그러니 극단적 전파론의 관점에서 기마민족이 남하해서 신라 정권을 탈취했다는 주장은 근거가 박약하다. 반대로 한반도는 물론 북방 유라시아의 여러 상황들을 고려하지 않고 막연히 흉노 같은 초원의 유목문화는 신라와 지역적으로 너무 먼데 설마 관계가 있을까 의심하는 좁은 시야도 버려야 한다. 당시 흉노는 유라시아의 전역에서 일종의 롤모델 같은 강국이었음을 잊지 말아야 한다. 신라가 삼국을 통일할 수 있었던 이유는 그들을 둘러싼 국제정세를 정확히 파악했기 때문이다. 흉노와의 관련을 강조하고 국력을 키운 그들의 선택은 옳았다. 후발 주자임에도 삼국을 통일한 신라는 이후에도 강력한 왕권을 구축하고 빠르게 군사력을 키울 수 있었다. 몇몇 증거를 혈통의 흐름으로 해석하고 현대의 편견으로 바라보기보다는 신라의 입장과 당시 국제정세 속에서 바라보아야 할 것이다.

신라의 적석목곽분 미스터리

신라를 대표하는 유적인 경주 대릉원의 적석목곽분은 경주의 자랑인 동시에 유라시아 고대사 최고의 미스터리다. 중앙아시아 일대의 기마민족이 신라보다 앞선 시기에 이와 유사한 형태의 고분을 널리 사용했기 때문이다. 적석목곽분은 4세기경 신라가 국력을 키우는 과정에 불현듯 등장해 약 200여년간 만들어지다가 홀연히 사라졌다. 이 문제를 두고 학자들은 지난 100여년간 논쟁을 벌여왔다. 아무리 찾아봐도 신라의 고분과 똑같은 형태는 동아시아 어디에도 없다. 중앙아시아의 적석목곽분과 비교해도 언뜻 보면 외형이 비슷하지만 자세히 보면 다른 점이 많고, 지어진 연대로 보아도 시간의 차이가 크다. 1000년을 이어온 신라의 역사에서 갑자기 끼어든 적석목곽분 시대 200년은 한반도의 작은 틀에서 벗어나 유

유라시아 일대와 신라의 금관. 흉노의 후예를 자처한 국가의 왕들은 공통적으로 금관을 썼다. 왼쪽 위부터 시계 방향으로, 샤먼의 모습을 새긴 남부 시베리아 하카스의 암각화, 러시아 흑해 크라스노다르에서 출토된 금관 장식, 신라의 금관, 흑해 연안 사르마티아 고분에서 출토된 금관, 틸리아 테페의 금관.

라시아 초원의 역동적인 기마문화라는 관점에서 새롭게 살펴볼 수 있다.

수천명이 동원된 거대한 건축 사업

신라 왕족들이 사용했던 적석목곽분은 나무로 통나무집 형태의 무덤방을 만들고(목곽) 그 위를 돌로 덮은(적석) 무덤(분)이다. 무덤은 죽은 자를 위한 집이기 때문에 생전에 살던 집과 비슷하게 만들었다. 땅을 파서 지하에 무덤방을 만들기도 하고 지상에 만든 경우도 있다. 그다음 무덤방 위에 돌과 진흙 등을 쌓아 고분을 만든다. 적석목곽분 중 규모가 가장 큰 황남대총은 높이 25미터, 길이 120미터에 이른다. 순수하게 손으로만 작업을 했을 당시를 생각해보면, 돌을 쌓아 산처럼 거대한 고분을 만들기란 결코 쉬운 일이 아니었을 것이다. 그럼에도 유라시아의 고분과 똑같이 만든 이면에는 초원의 유목문화를 닮고자 했던 고대 신라인들의 바람이 숨어 있다.

당시 신라인들은 유라시아 초원과 인적·물적으로 다양하게 교류했다. 그 흔적은 계림로 황금보검과 유리그릇에 잘 남아 있다. 죽은 자를 위한 마지막 정성인 무덤에 넣은 물건은 하나하나 다 사연이 있고, 사후세계에 대한 그들의 믿음이 반영되어 있기에 중요하다. 한편 비교적 쉽게 운반할 수 있는 보물과 달리 고분은 수천명이 동원되는 거대한 건축 사업이다. 초원의 고분이 멋있다고 가볍게 흉내내 만들 수 있는 종류가 아니다. 나무로 만든 무덤방 위에 돌을 쌓는 것은 고도의 기술이 필요하다. 무작정 쌓으면 금세 무너질 수밖에 없다. 신라인들은 아마 적석목곽분을 만들기 위해 유라시아에서 무덤 만드는 기술을 체계적으로 배웠을 것이다.

경주는 적석목곽분을 만들기에 적절한 장소였다. 이는 무덤의 재료와 관련 있다. 중국 중원에는 신라나 유라시아 같은 돌무덤을 전혀 찾아볼 수 없는데 중원은 거대한 황허강의 침식지여서 돌을 구하기 어렵기 때문이다. 나무가 귀한 몽골의 초원에 살았던 2000년 전의 흉노가 숲이 남아 있는 계곡들 사이에 무덤을 만든 것과 같은 이치다.

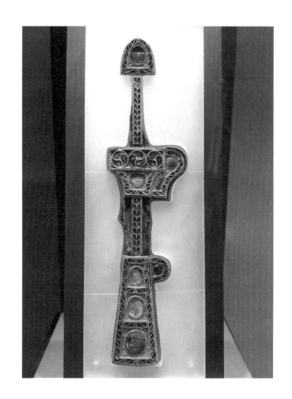

중앙아시아에서 온 황금보검. 계림로 신라 고분에서 출토된 것이다.

경주 근처에는 숲도 많고 형산강 강가에 돌들도 아주 많으니 적석목
곽분을 만들기에는 금상첨화였을 것이다.

기원 찾기를 좋아하는 한국인들은 '그래서 적석목곽분의 기원
이 어딘데?'라고 묻는다. 비단 일반인뿐 아니라 고고학 전공자들도
같은 질문을 자주한다. 정답은 아쉽게도 '아직 모른다'이다. 김새는
답변일지 모르지만 당시 상황을 생각하면 당연하다. 유라시아에는

적석목곽분이 상당히 일반화되어 있었다. 유라시아에서도 서부 시베리아를 제외한 중앙아시아 일대는 적석목곽분으로 덮여 있다고 해도 과언이 아니다. 적석목곽분은 지역에 따라 구조도 너무나 다양하다. 미국인의 얼굴을 보고 저 사람이 미국 어느 주에서 왔는지 맞출 수는 없는 노릇 아닌가. 설령 유라시아의 유목민이 신라에 내려와 자신의 고향을 잊지 못해 고분을 만들었다고 해도 지리와 환경의 차이로 인해 똑같은 고분을 만드는 것은 불가능하다. 현지에 맞게 재창조할 수밖에 없다.

무덤의 생김새만으로 기원을 찾으려 하는 것도, 신라인이 우연히 똑같은 고분을 만들었다고 우기는 것도 둘 다 의미 없다. 신라인들이 유라시아의 적석목곽분 제작 기술을 받아들여 경주에서 재창조했다고 보는 게 맞는다. 1500년을 변함없이 그 자리에 단단히 지키고 있는 거대한 돌무더기는 유라시아의 기술을 신라의 것으로 바꾼, 신라인들의 지혜가 집약된 산물이다.

신라인들에게 적석목곽분이란

그렇다면 신라인들은 적석목곽분을 어떻게 만들었을까. 잠깐 1500년 전 서라벌을 상상해보자. 황남대총 같은 대형 고분을 지으려면 수십년간 수백명의 사람이 동원되어야 한다. 오랜 시간 경주의 신라인들은 매일같이 나무를 자르고 돌을 나르는 떠들썩한 공사 현장을 보면서 자연스럽게 삶의 일부로 받아들였을 것이다. 또한 명절이 되면 그곳에서 거대한 제사를 지내고 축제를 벌이는 경쾌한 삶의 공간이기도 했을 것이다.

신라는 4세기경부터 가야 세력을 압박하고 고구려, 백제 등과 각축을 벌이면서 신흥 강자로 등장했다. 물론 신라는 표면적으로 고구려의 신민이었으며, 광개토대왕이 신라를 돕기 위해 구원군을 파견한 적도 있다. 하지만 외교는 외교일 뿐이었다. 신라는 화랑으로 대표되는 강력한 군사력을 키우고 초원 지역의 기마술과 철제 무기들을 도입했다.

국력을 키워가던 신라인들에게 고분은 단순한 조상의 무덤 그 이상이었다. 산처럼 높은 고분은 그들의 국가적 자존심이자 자랑 거리였다. 그들은 무덤을 자신의 정체성을 강조하는 도구로 사용했다. 특이하게도 신라의 고분은 왕의 궁궐 바로 근처에 있다. 고구려의 수도였던 국내성에서 고분까지는 직선거리로 4킬로미터나 된다. 백제의 수도인 부여의 부소산성에서 능산리 고분까지도 2킬로미터가량 떨어져 있다. 반면 경주 월성에서 대릉원까지 직선거리는 500미터도 되지 않는다. 지금도 경주 대릉원의 고분은 어디에서도 눈에 잘 띈다. 과거 신라인들 역시 늘상 그 커다란 고분과 함께 살았다고 해도 과언이 아닐 것이다. 한반도 끝자락 작은 나라에 살던 신라인들은 고분을 보며 세상으로 뻗어가기 위한 마음을 다졌다.

또한 앞서 설명했듯 이때를 기점으로 신라는 흉노의 후손임을 대내외적으로 과시했다. 이쯤 되면 수천명의 흉노 출신 기마부대가 한반도로 내려와서 기존의 신라 왕족을 몰아내고 자신들이 왕위를 찬탈했다는 소위 기마민족설에 귀가 솔깃할지 모르겠다. 기마민족설은 일본 학자들이 처음 제기했다. '위대한 야마토'의 후손인 일본인은 섬나라 원주민이 아니라 대륙에서 말을 타고 현해탄을 건너온 기마민족이라는 설이다. 여기에 영향을 받은 한국의 일부 학자들은 북방 지역을 제대로 알지 못한 상태에서 기마민족의 종착지를 일본이 아닌 가야나 신라로 지목했다.

하지만 기마인의 관점에서 생각해보면 신라 정벌이 그리 매력적이지 않을 것 같다. 수천명의 기마인이라면 그 수의 몇배가 되는 말을 데리고 이동했을 것이다. 다시 말해 기마민족에게는 비옥한 농토가 아니라 거대한 목초지가 필요하다. 그러니 형산강 유역의 좁은 분지인 경주는 기마부대가 오래 살 수 없는 불편한 땅이다. 굳이 기마부대가 한반도로 내려왔다면 경주보다는 대관령고원과 같은 목초지대가 더 낫지 않았을까?

목초지가 덜 발달한 한국의 삼국은 국가 차원에서 마구간과 목초지를 경영하면서 많은 비용을 들여서 기마부대를 운영했다. 주몽 설화에서 주몽이 마구간에서 말을 키우는 사람으로 나오는 것도 같은 이치다. 신라인들의 적극적인 도움을 전제하지 않고서는 대형 기마부대가 신라로 내려오긴 어려웠을 것이다.

줄탁동시(啐啄同時)라는 말이 있다. 병아리가 알이 깨고 나오기 위해서는 병아리와 어미닭이 동시에 쪼아야 한다. 신라의 적석목

경주의 봉황대 고분. 단독으로 만들어진 것 중 가장 규모가 크다.

곽분은 좁은 경주 일대를 벗어나 삼국통일을 이룬 신라인이 자신의 틀을 깨는 과정을 상징한다. 내부적으로 부여 계통의 부여-고구려-백제의 사람들과 차별화하며 정체성을 강화하고, 외부적으로는 북방 유라시아의 다양한 문물들을 적극적으로 받아들여 국력을 키웠다. 막연하게 신라 사람들이 어디에서 왔는가라는 질문을 이제는 접을 때가 되었다. 대신에 신라는 어떻게 지리적인 고립을 뚫고 북방계 문화를 받아들여 한반도를 통일하고 유라시아와 손잡았는가에 주목할 때다. 1500년 전 극적으로 부여계의 여러 국가들을 누르고 삼국을 통일하는 그들의 모습에서 새로운 기술을 받아들여 국력을 키우는 21세기 한국의 모습이 연상되지 않는가.

3

상상의 나라를
찾아서

삶이 힘들 때면 우리는 자연스럽게 어딘가에 있을지 모를 낙원을 떠올린다. 영화 「내부자들」(2015)의 주인공이 꿈꿨던 '모히토에서 몰디브를 마시는' 모습부터 황금이 넘치는 보물섬을 발견하는 순간까지 크고 작은 상상은 지친 현실을 잠시나마 잊게 해준다. 일견 쓸데없어 보이는 공상이 요즘 사람들만의 일은 아닌 듯하다. 고대부터 동서양을 막론하고 많은 사람들이 이상향을 꿈꿨다. 그 이상향은 종종 조상이 살던 과거로 치환되었다. 플라톤이 만들어낸 '아틀란티스'가 그러하고 공자가 그리워했던 '요순시대'가 그러하다.

상상의 나라와 민족은 우리에게 더 많은 상상력과 영감을 불러일으켰다. 유럽의 십자군이 원정을 할 때 사람들은 동쪽 어딘가에 기독교 왕국인 '사제 요한의 왕국'이 있다고 생각했고, 마르코 폴로는 『동방견문록』에 동방에 황금으로 넘치는 섬인 '지팡구'가 있다고 썼다.

수많은 상상의 나라들 중에는 말 그대로 100퍼센트 상상인 것도 있지만, 가끔씩 고고학적으로 그 실체가 증명되기도 한다. 물론 신화에 기록된 모습과는 많이 다르지만 말이다. 고고학자들은 실제 발굴을 통해서 막연한 상상 속에 숨겨진 비밀을 찾아내기도 하고, 또 오해를 바로잡아주기도 한다. 이번 장에서는 고고학을 안내자 삼아 상상의 나라들로 여행을 떠나보자.

시베리아의 아틀란티스와 태양의 후예

현대과학으로 설명할 수 없는 이집트의 피라미드나 페루의 삭사이와만 같은 고대 건축물을 볼 때면 우리가 알지 못하는 탁월한 기술을 가진 문명이 존재했던 게 아닐까 늘 궁금하다. 그중 땅속에 묻혀 있다가 갑자기 모습을 드러낸 미스터리 건축물이 있다. 4대 문명의 변두리였던 우랄산맥 근처에서 발견된 아르카임(Arkaim) 도시 유적이다. 약 4000년 전에 만들어진 이 유적은 그 넓이가 무려 2만 제곱미터나 되고, 전체 모습은 태양 혹은 바퀴를 닮은 원형으로 되어 있다. 내부는 복잡한 담벼락과 도로가 구축되어 있고, 마구간과 대장장이 별도로 있는 등 매우 발달된 도시의 모습을 갖추고 있었다. 과연 시베리아 속의 아틀란티스라고 할 만하다. 아르카임은 정말로 옛사람들이 존재한다고 믿었던 아틀란티스였을까?

아틀란티스, 그 사실과 신화

고대인들이 상상했던 가장 대표적인 이상향을 하나 꼽으라면 단연 아틀란티스 대륙이다. 이를 처음 언급한 사람은 그리스의 철학자 플라톤이었다. '아틀란티스'는 플라톤의 저서 『티마이오스』 (*Timaios*)와 『크리티아스』(*Kritias*)에 등장한다. 플라톤은 아틀란티스를 아테네와 전쟁을 벌였다가 패한 후 멸망한 문명으로 소개하고 있는데, 이전 시대의 정치 지도자였던 솔론(Solon)이 이집트 신관에게서 처음 들었고, 이후 후대로 전해진 이야기를 기록했다는 형식을 취했다. 그러나 플라톤이 말하는 이집트의 신관은 그냥 가공의 인물일 뿐, 실제로는 플라톤이 만들어낸 우화의 일부다. 플라톤에 따르면 아틀란티스는 대서양 혹은 지중해에 있었던 이상적인 도시인데, 과욕을 부려서 아테네를 공격하는 바람에 제우스가 벌을 내려 하루아침에 바닷속으로 가라앉았다고 한다.

사람들은 이상 국가 아틀란티스를 잊지 않았다. 숨 막히던 중세를 지나 르네상스 문화가 막 꽃을 피우던 시기, 유럽인들은 이상향으로 아틀란티스를 주목했고, 이상향을 꿈꾸던 사람들의 욕망을 자극하는 작품들로 되살아났다. 1516년 간행된 토머스 모어의 『유토피아』는 아틀란티스에 대한 환상이 만들어낸 소설이다. 1627년에는 프랜시스 베이컨(Francis Bacon)의 『새로운 아틀란티스』(*New Atlantis*)가 출간되었는데 이 책은 사람들에게 아틀란티스에 대한 왜곡된 환상을 심어주는 결정적인 역할을 했다.

철학 전공자들은 공통적으로 아틀란티스가 플라톤이 지어낸 이야기라고 말한다. 하지만 고대문명의 신비를 찾는 사람들은 여전히 어딘가에 아틀란티스와 같은 거대한 문명이 있을 거라고 믿고 있다. 아틀란티스가 실제 바닷속에 있을 것이라고 생각한 수많은 고고학자들이 지중해 일대를 부단히 조사했다. 지금도 매년 고대문명인 아틀란티스가 '발견'되었다며 해외토픽을 장식하지만 신빙성 있는 이야기는 거의 없다.

그러나 아틀란티스를 찾는 노력이 아주 헛된 일은 아니었던 게, 지중해 탐사는 유럽에서 가장 오래된 문명으로 알려진 크레타섬의 미노아 문명을 발견하는 계기가 되었다. 미노아 문명에서 발견된, 달려오는 황소의 뿔을 잡고 제비넘기를 하는 벽화는 특히 유명하다. 크레타섬은 지중해의 섬과 대륙 곳곳의 항구를 연결하는 해양교류를 기반으로 발달했다. 어떤 학자들은 미노아 문명이 화산폭발로 갑자기 단절되었으니 이곳이야말로 아틀란티스가 아니겠냐고 주장한다. 하지만 미노아 문명은 플라톤이 이야기한 아틀란티스와는 사뭇 다르다. 플라톤이 말한 아틀란티스가 활동한 주 무대는 바다가 아니라 고대 근동에서 아프리카에 이르는 넓은 지역이며, 배나 항구 대신 강력한 전사와 도시가 등장한다.

그렇다면 플라톤은 도대체 무엇을 보고 아틀란티스라는 도시를 지어냈을까. 플라톤이 묘사한 아틀란티스의 특징에 그 답이 있을 것이다. 아틀란티스에는 막강한 전사 집단, 성채, 무기, 전차 등이 있었다. 플라톤은 아틀란티스가 9000년 전에 존재했다고 했지만 그것은 과장이다. 고고학적 관점에서 보면, 기원전 1600~1500년을 전후한 시기 유라시아 일대에 널리 확산된 강력한 전차와 무기를 갖춘 도시가 플라톤이 묘사한 아틀란티스의 모습과 가장 유사해 보인다.

전차는 기원전 20세기경에 시베리아의 서쪽 우랄산맥 근처에서 처음 사용되었다. 이후 전차는 강력한 청동 무기와 함께 기원전 17세기 전후 사방으로 널리 퍼져서 4대 문명에 도달한다. 시베리아에 살며 전차와 무기를 사용하던 사람들을 고고학 용어로 '안드로노보(Andronovo) 문화 공동체'라고 한다. 물론 플라톤이 유라시아 깊숙이 있는 전차를 몰던 집단을 구체적으로 알았다는 뜻은 아니다. 가공할 전차부대에 대한 기억이 플라톤이 살던(기원전 427~347년) 시기까지 구전되었을 가능성이 크다. 인더스 문명의 가장 오래된 경전인 『리그베다(Rig Veda)』, 고대 근동의 기록을 담고 있는 『성경』, 이집트의 람세스 2세와 히타이트의 무와탈리 2세가 시리아를 두고 벌였던 카데시 전투 등에 기록되어 있는 전차부대에 대한 생생한 기억과 공포는 이들의 존재가 당시 사람들의 뇌리에 깊이 박혀 있었다는 것을 보여준다.

그런데 플라톤의 기록과 유라시아 초원의 전사 집단과는 모순되는 부분이 하나 있다. 유라시아 초원의 안드로노보 문화 공동체 유적에 마을은 가끔씩 있지만 아틀란티스와 같은 거대한 도시는 발견되지 않았다는 점이다. 초원지대에 사는 유목민들은 이동을 하기 때문에 도시가 발달할 수 없었을 거라고 고고학자들은 생각했다. 하지만 최근에 전차를 사용하던 사람들이 살던 거대 도시인 아르카임이 시베리아 깊숙한 곳에서 발견되었다는 소식에 학계가 들썩였다. 게다가 그 형태가 마치 태양과 같은 원형이어서 플라톤이 상상한 아틀란티스와도 유사해 보였다.

탱크의 도시에서 발견된 세계 최초의 전차

유럽과 시베리아를 가르는 우랄산맥 근처에 첼랴빈스크라는 도시가 있다. 우랄산맥에 각종 광물이 풍부했던 탓에 첼랴빈스크는 소련 성립 이후 공업도시로 성장했고, 특히 제2차 세계대전 당시에는 소련에서 사용되는 대부분의 탱크를 만들면서 본 이름보다는 별명인 탄코그라드(Tankograd, 탱크의 도시)로 더 유명한 적도 있었다. 1980년대에 소련은 이 도시 남쪽에 댐을 짓기로 결정하면서 수몰 예정 지역에 유적이 있는지를 조사했다. 그 과정에서 아르카임이 그 모습을 드러냈다. 아르카임 근처의 신타시타(Sintashta) 유적에서는 말과 전차를 함께 묻은 전사의 무덤도 발견되었다. 무려 4000년 전에 사용된 세계 최초의 전차였다. 다행히 댐 건설 사업은 중단되었고 이후 이 지역은 국가 사적으로 지정되었다. 스탈린

아르카임 유적 전경(위)과 아르카임 도시 복원도(아래). 원형으로 지어진 아파트 같은
모습으로 고도로 발달된 도시의 형태를 갖췄다.

시절 전차를 생산하던 도시가 알고 보니 세계 최초의 전차를 발명한 지역이었다는 역사적 우연에 사람들은 신기해했다.

아르카임 도시 유적의 형태는 세계문화유산으로 지정된 중국 샤먼(廈門)의 토루를 연상케 한다. 마치 원형으로 지어진 아파트 같은데, 전체 길이가 직경 150미터로 그 안에 2열로 모두 46개의 집을 만들었다. 도시의 중심에는 제사와 집회를 여는 광장이 있고, 집들 사이에는 도로가 나 있다. 축사와 무덤은 도시 바깥에 따로 만들었다. 아르카임은 고대 근동의 문명과 마찬가지로 관개시설과 방어 성벽으로 주변을 둘러싸고, 전차부대를 운영했다. 도시 주변에는 목축을 하는 사람들이 있었고, 도시 주민들은 발달된 청동 기술과 다양한 생산 기술을 보유했다. 마치 현대의 신도시처럼 여러 시설을 용도에 따라 구획한 도시였다. 고고학자들은 아르카임에 약 2000명 정도의 사람이 살았다고 추정한다. 그 주변에서도 70개 이상의 도시가 발견되었으니, 전체로 보면 적어도 10만명 이상의 사람들이 살았을 것이다. 주변 도시들도 대부분 항공사진을 조사해 발견된 것이라 아마 실제 규모는 훨씬 더 클지도 모른다.

구대륙으로, 만주와 한반도로

4000년 전에 세계 최초의 전차를 발명한 사람들은 누구였을까. 발굴된 인골을 조사한 결과로는 그들이 뚜렷한 유럽인 계통으로 인도-이란인 또는 아리안족의 선조라는 주장이 우세하다. 이들은 특히나 태양의 기호를 좋아해 토기와 각종 유물에 태양의 빛을 상징하는 만(卍) 또는 이를 변형한 기호를 많이 넣었다. 아르카임 유적의 평면 형태를 보면 도시 자체를 태양을 모방해 구획했다는 것을 알 수 있다. 그들이 태양의 상징물을 좋아한 또다른 이유를 그들이 발명한 위대한 무기인 전차의 바퀴에서 찾을 수 있다. 전차의 바퀴는 나무를 잘라서 만들던 수레바퀴를 개량해 자전거 바퀴처럼 얇은 바퀴살을 만들고 차축을 끼운 형태다. 지금의 관점으로 보면 사소한 것 같지만 당시 이 위대한 발명으로 느릿한 탈것에 불과했던 수레는 쏜살같은 속도로 초원을 달려가는 전차로 탈바꿈할 수 있었다. 빠르게 돌아가는 바퀴의 모습이 태양의 형상과 비슷했기 때문에 그들은 군사를 태양을 지고 달려가는 불의 전사로 표현했고, 스스로를 태양의 후예라 여겼다.

아르카임 사람들은 3800년 전쯤 갑자기 자신의 도시를 버리고 어디론가 사라졌다. 기후의 변화로 시베리아에서 목축을 하기 어려워졌기 때문일 것이다. 유럽, 아시아, 아프리카 등 구대륙 일대로 퍼져나간 이들이 전한 전차문화로 세계사는 요동치기 시작했다. 기원전 1274년 이집트와 히타이트가 벌인 세계 최초의 대륙 간 전쟁인 카데시 전투 역시 전차문화가 전파되었기 때문에 가능했다.

전차문화의 확산은 현대 유럽 언어들의 기원과도 연관이 있다. 데이비드 앤서니(David Anthony)는 『말, 바퀴, 언어』(공원국 옮김, 에코리브르 2015)에서 기원전 20세기경부터 동유럽에서 서쪽으로 빠르게

4대 문명과 만주 지역으로 확산된 시베리아 전차. 신타시타 출토 마차 복원도(위), 아래 왼쪽부터 이집트 람세스 2세의 전차 그림, 성경 『에스겔서』에 묘사된 전차 그림, 인도의 전차 모형, 중국 베이징 근처의 전차복원도, 네이멍구 난산건 유적에서 출토된 유물의 전차 그림.

확산된 인도-유럽어를 시베리아에서 기원한 전차가 유럽으로 확산되면서 그들의 언어까지 함께 확산된 결과로 보았다. 전차라는 고급 기술이 퍼지기 위해서는 전차 제작 기술은 물론 목축과 말을 조련하는 기술도 필요하다. 그러니 관련된 전문용어와 언어들도 아울러 전해졌을 것이다.

인도-유럽어의 또다른 일파로, 불교를 연구하는 데에 필수적인 언어인 인도의 산스크리트어(범어梵語) 역시 전차문화의 확산과 연관이 있다. 기원전 15세기 아리안족이라 불린 이들은 인도에 전차를 전파하고 세계 최초의 경전인 『리그베다』를 남겼다. 인도 초기 불교에서는 태양족의 후예인 석가모니의 상징으로 전차를 사용했으며, 지금도 전차 바퀴는 불교의 도상에서 흔히 볼 수 있다. 태양의 후예가 남긴 유산은 불교에 그치지 않고, 조로아스터교와 힌두교의 태동으로도 이어졌다.

고대 시베리아의 전차는 중국과 만주 일대로도 유입되었다. 중국 상나라의 무덤과 랴오둥 지역의 고조선 비파형동검 문화에서도 전차의 흔적이 발견되었다. 하지만 한반도까지 전차가 들어온 흔적은 전혀 없다. 그래서 나는 산이 많고 초원이 없는 한반도의 지형 때문에 시베리아의 전차문화와 한국의 청동기문화는 관계가 없다고 생각했다.

하지만 내일 무엇이 나올지 모르는 것이 고고학 아닌가. 2016년 이들과 한국의 관계를 증명해줄 한국 최초의 청동기가 강원도 정선 아우라지에서 출토되었다. 이 청동기는 기원전 13세기의 것으로 한반도의 청동기 사용 시기를 무려 400년 이상 앞당긴 획기적인 유물이다. 정선 아우라지 유적에서 출토된 청동기 장신구는 목걸이로 보이는데, 장식 중 몇개는 마치 돌을 포일로 감싼 듯한 모습이다. 한반도와 만주에서 비슷한 장식이 발견된 예는 거의 없었다. 이런 장식은 고대 시베리아 전차부대의 강력한 청동 무기를 만드는 제련술인 세이마-투르비노 스타일에서 흔히 보인다. 아르카임 근처의 무덤에서도 돌과 청동기로 만든 목걸이는 아주 흔하게 발견된다. 주로 여성들과 아이들의 장신구다. 비록 시베리아의 전차가 한반도로 이어진 증거는 아직 없지만 그들의 발달된 청동제련술이 한국에도 영향을 미쳤음이 증명된 것이다.

만주 비파형동검 문화에서 사용된 전차 복원도. 약간의 고증 실수는 있지만, 고대 시베리아 전차문화가 만주까지 전해졌음을 보여줌은 분명하다.

청동제련술이 아닌 진짜 전차를 만드는 기술이 북한에 있었을 가능성도 있다. 북한 고고학자들은 기원전 8~7세기의 유적인 평안북도 염주군 주의리 유적에서 목제 수레바퀴를 발견했다. 평안북도 연안 금곡동에서는 나무로 만든 투구와 비파형동검을 발견했다고 한다. 실제로 랴오시 지역에서는 동제 투구를 쓰고 전차를 탄 전사들이 많이 발견된다. 치열한 전차전이 벌어졌으리라 기대하기는 어렵지만, 전차를 만드는 전통이 한반도로 유입되었을 가능성은 충분히 고려할 만하다.

더 구체적인 관련성은 우리나라의 청동기문화가 본격적으로 꽃을 피운 기원전 4세기 '세형동검 문화'에서 찾을 수 있다. 남한 전역에서 당시에 사용된 세형동검과 함께 잔물무늬거울(세문경)과 청동 방울이 많이 발견된다. 청동 방울은 본래 전차에 매달아 전차가 질주할 때 소리를 내는 역할을 한다. 전통적으로 신의 전령이 하늘에서 전차를 타고 내려온다고 믿는 것은 동서양이 마찬가지다. 성경의 「에스겔서」, 인도의 『리그베다』는 물론, 가깝게는 오룡거를 타고 땅으로 내려오는 북부여의 해모수 설화에서도 찾아볼 수 있다. 그러니 방울은 전차를 상징함과 동시에 하늘의 뜻을 전하는 도구로 사용되었다고 볼 수 있다. 한반도에서 발견되는 청동 방울도 바로 이 전차의 부속에서 유래했다. 한반도에서는 전차가 아니라 신의 대리인인 샤먼들이 쓰는 것으로 바뀌었지만, 시베리아의 전차 문화가 한반도와 아주 관계가 없는 것은 아님이 분명하다.

히틀러가 만든 그림자

4000년 전 구대륙을 뒤흔든 문명의 주역인 태양의 후예는 그동안 제대로 된 평가를 받지 못했다. 그 이유는 엉뚱하게도 아돌프 히틀러(Adolf Hitler) 때문이었다. 히틀러는 독일인이 우월한 아리안족에서 기원했다고 생각하고 고대 전차부대 사람들이 사용했던 태양의 상징을 나치당의 심벌인 하켄크로이츠로 사용했다. 물론 히틀러 자신은 하켄크로이츠가 사실 그가 그렇게 경멸하던 시베리아에서 기원했다는 점은 몰랐다. 히틀러의 그림자 때문에 그간 서방에서는 태양의 기호가 새겨진 고대 전차문화를 연구하는 것이 금기시되어왔다.

다행히 1990년대 이후 시베리아의 발굴 자료가 알려지기 시작하면서 그 의미가 재평가되고 있다. 시베리아의 전차부대는 월등한 기술로 구대륙 곳곳의 고대 유적과 언어, 종교에 영향을 미쳤다. 그러니 세계 각국의 문화에 유사한 요소들이 많이 보이는 것이 당연하다. 태양의 후예가 남긴 문화가 특정 국가만의 유산이 될 수 없는 이유다. 하지만 여전히 러시아와 중앙아시아의 일부 극우주의자들은 신나치주의나 범투란주의(튀르크인 중심주의)에 아르카임 유적을 이용하고 있다. 고대 태양의 후예가 남긴 유산을 극단적으로 자신들의 고대사를 확장하는 데 사용하는 것은 다시 히틀러가 만들어놓은 편견의 틀에 갇히는 결과를 초래할 뿐이다.

태양의 후예가 만든 문화가 구대륙 일대로 전파될 수 있었던 비결은 초원이라는 환경에 적합한 성공적인 목축, 발달된 청동제련술, 그리고 세계에 보편적으로 통할 수 있었던 태양과 불의 숭배에 있었을 것이다. 시베리아의 거친 환경에 적응한 이들의 문화는 각지의 문화와 결합하여 새로운 문화가 탄생하는 원동력이 되었다. 플라톤이 아틀란티스를 통해 전하고자 한 메시지는 인간들의 오만함에 대한 경고였고, 히틀러의 아리안주의는 인종차별을 정당화하려는 자만과 탐욕의 반면교사다. 아틀란티스 신화가 우리에게 진정으로 알려주고 싶었던 것은 변방에서 문명의 꽃을 피워 주변으로 전달했던 고대 유라시아 문화의 숨은 주인공이 아니었을까?

겨울왕국은 어디에 있을까

'겨울왕국' 하면 2013년 전세계 어린이들을 열광시킨 디즈니의 애니메이션 「겨울왕국」이나 한스 크리스티안 안데르센의 동화 「눈의 여왕」 같은 낭만적인 이야기가 먼저 떠오른다. 반면 우리 고대사로 눈을 돌리면 말갈, 읍루 등 추운 북방에 살면서 주변 지역을 침략한 거칠고 폭력적인 사람들이 떠오른다. 이렇게 다양한 지역에서 전해지는 겨울왕국에 대한 믿음은 일부 오해가 있지만, 헛된 망상은 아니었다. 여러 고고학 자료들이 이를 증명한다. 사람들이 '북쪽'에 대한 환상을 품게 된 이유는 무엇일까. 그 답을 찾기 위해 겨울왕국을 찾아 떠나보자.

그리스인의 유토피아, 히페르보레이

사람들은 과학적으로 설명할 수 없는 미스터리를 정말 좋아하는 것 같다. 비행기나 배가 사라진다는 버뮤다 삼각지대, 태평양 한가운데에 존재했다가 바닷속으로 가라앉은 무(Mu) 대륙, 대서양에 있었다는 아틀란티스 대륙 등은 여전히 호사가들의 관심을 불러일으킨다. 그중에는 지구가 평평하다거나(지구평평설), 지구의 북극에 거대한 구멍이 뚫려 있다(지구공동설) 같은 믿기 어려운 음모론도 존재한다. 지구평평설의 황당무계함은 재론의 여지가 없지만 지구공동설은 북쪽 어딘가에 지상낙원이 있다는 믿음과 연결되어 있다는 점에서 언급할 만하다.

서양 문화에서 겨울왕국에 대한 믿음은 고대 그리스에서 시작된다. 그리스인들은 북쪽 끝에 히페르보레이(Hyperborei, 상춘국常春國이라고도 번역한다)라 불리는, 질병도 없고 늙지도 않는 유토피아가 있다고 생각했다. 심지어 태양의 신 아폴론이 그곳에서 태어났다고 할 정도니, 겨울왕국에 대한 그리스인들의 환상이 실로 대단했던 모양이다. 애니메이션 「겨울왕국」도 그 시작을 거슬러 올라가면 서양 문화에서 꾸준히 이어진 히페르보레이 환상과도 무관하지 않다.

헤로도토스는 자신의 저서 『역사』에 히페르보레이를 자세하게 기록했다. 헤로도토스는 그리스의 동쪽에 살던 스키타이보다 더

1623년 제작된 메르카토르 지도에 표현된 히페르보레이. 지도 한가운데 있는 작은 바위섬이 히페르보레이다.

깊숙한 유라시아 초원에 존재하던 사람들을 마치 괴물과 같은 형상으로 묘사했다. 앞서 살펴본 것처럼 미지의 영역을 윤색한 것과 같은 맥락이다. 그리고 세상의 끝자락에는 외눈박이 거인족인 아리마스피와 그들로부터 황금을 지키는 그리핀(사자와 매가 합쳐진 신화적 동물) 등이 있으며, 더 북쪽으로 가면 '겨울왕국' 히페르보레이가 있다고 썼다. 유라시아 고고학자들의 활발한 발굴을 통해 아리 마스피는 대체로 지금의 카자흐스탄 동쪽이고 황금을 지키는 그 리핀은 남부 시베리아 알타이산맥 일대의 파지리크문화에 해당한 다는 것이 어느 정도 밝혀졌다.

그렇다면 히페르보레이는 실제로 어디에 있을까. 고고학에서 그 단서를 찾아보자. 서부 시베리아의 초원-삼림 지역에 3000년 전에 만들어진 거대한 도시 유적인 치차(Chicha)에서 삼중으로 환호(環濠, 담)를 쌓아서 적의 공격을 막은 흔적이 발견되었다. 여기에서 그들보다 북쪽에 살던 타이가 사람들의 유물도 많이 나왔는데, 이 는 추운 겨울 얼어붙은 강을 따라 북쪽에서 내려온 사람들이 남 긴 흔적이다. 또한 인골의 DNA를 분석해보니 알타이 지역의 파지 리크 문화인과 제일 유사한 사람들이 현재 시베리아 원주민인 한 티족(Khanty)과 만시족(Mansi)임이 밝혀졌다. 실제로 한티족과 만시 족의 전통적인 물건을 보면 초원 지역에서 유행하던 동물장식과 기마문화가 잘 드러나 있다. 이를 종합해보면 북쪽에서 내려온 사 람들 이야기가 히페르보레이와 같은 신화로 전해졌을 가능성이 크다.

한국사에도 비슷한 이야기가 있다. 『삼국지』 「동이전」에는 추운 북쪽의 산속에 살던 읍루인들이 걸핏하면 배를 타고 내려와 옥저 인들을 침략하는 무서운 사람들로 묘사되어 있다. 찬바람이 불면 오히려 생기가 나서 사방을 뒤흔든 사람들에 대한 공포심은 전세 계 공통이었던 것 같다. 당시 사람들은 그들이 찬바람의 장막 뒤에 숨어 있는 또다른 인류였다고 생각했을 것이다.

한편 겨울왕국은 한때 따뜻한 지역에 살다가 추운 북쪽으로 밀려나 정착한 사람들이 힘든 생활을 잊기 위해 고향을 그리는 노래나 신화에도 남아 있다. 사하인들이 대표적이다. 사하인들은 동부 시베리아의 초원 지역에서 살던 튀르크 계통의 주민들로 몽골의 팽창 전후 북쪽 툰드라 지역으로 이주했다. 사하인의 대거 이주는 고고학 자료 및 DNA 분석은 물론 언어로도 확인된다. 사하인 신화의 주 무대는 꽃이 만개한 따뜻한 초원이다. 사하인의 샤먼은 따뜻한 낙원을 노래하며 의식을 행했고, 사하인들은 저 북극해 너머에 자신들의 고향이 있다고 믿었다. 그들이 잃어버린 낙원은 실제로 북극권이 아니라 푸르른 초원이었다.

산니코프의 섬과 지구공동설

겨울왕국에 대한 환상은 북극권의 지리가 완전히 알려진 20세기 초반까지도 계속 이어졌다. 사실 시베리아를 탐험하던 러시아인들도 20세기 초반까지 150년 넘게 북극해의 신비로운 땅을 찾아 헤매었다. 18세기 말 세계에서 가장 추운 곳인 시베리아의 야쿠트(Yakut, 사하Sakha의 전 이름)에서 모피사냥꾼으로 활동하던 야코프 산니코프(Yakob Sannikov)라는 사람이 있었다. 그는 새로운 모피 동물을 찾아 북극권을 헤매던 중 동부 시베리아 노바야시비리섬

북쪽에서 놀라운 광경을 목격했다. 난데없이 거위 떼가 날아가기에 그쪽으로 시선을 돌리니 눈 덮인 빙하 북쪽으로 푸르른 숲으로 뒤덮인 땅이 보이는 것이 아닌가. 북극권에 대한 정보가 별로 없던 시절 산니코프의 발견은 큰 관심을 불러일으켰다. 러시아의 차르 알렉산드르 3세는 이 섬을 다시 발견하는 자에게 섬을 주겠다고 선언했다. 수많은 탐험가들이 경쟁적으로 이 섬을 찾아나섰고, 그중에는 산니코프 자신도 있었다. 산니코프는 탐험 중 1811년경에 실종되었고, 120년이 지나서야 그의 시신이 발견되었다. 그외에도 수많은 탐험가들이 북극을 헤맸지만 모두 실패했다. 비행기로 북극을 답사할 수 있게 된 1930년대에 이르러 소련 학계는 산니코프의 섬이 없다고 공식 선언했다.

사실 산니코프는 부정확한 육안 측량법으로 조사한 것이고 수개월을 빙하 환경에 있다보니 환각을 일으켰을 가능성이 크다. 산니코프의 보고만을 믿고 수십년간 사람들이 그 섬을 찾아 헤맸다는 사실만으로도 북쪽 유토피아에 대한 열망이 느껴진다. 사람들의 유토피아 환상은 이후 지구의 북극을 둘러싼 음모론으로 이어졌다. 탐험의 시대에 불충분한 조사와 측량으로 빚어진 오해로 끝났어야 마땅한 산니코프의 섬은 20세기에도 여전히 음모론의 한가운데에 있었다. 북극해를 둘러싸고 미국과 소련이 경쟁하던 1926년 미국의 해군소장이자 탐험가 리처드 버드(Richard Byrd)는 비행기로 북극점을 왕복횡단했다고 발표했다. 하지만 그가 사망한 후 북극 비행은 조작됐으며 실제로는 북극점을 통과하지 않았다는 논란에 휩싸였다. 이 문제는 아직도 결론이 나지 않은 채 설왕설래하는 상황이다.

버드는 1927년에 대서양 무착륙 비행을 시도했으나, 그야말로 간발의 차이로 비행사 찰스 린드버그(Charles Lindbergh)에게 그 영광을 빼앗겼다. 세인트루이스시의 사업가들이 지원을 한 스피릿 오브 세인트루이스(Spirit of St. Louis)호를 타고 최초로 뉴욕-파리 간 대서양 무착륙 단독비행에 성공한 린드버그는 미국인이 열광하는 영웅이 되었다. 무명의 린드버그에 선수를 빼앗긴 버드는 곧바로 북극과 남극 비행에 주력했다. 버드는 미국에서 드물게 남극과 북극을 모두 탐험한 공로로 중령에서 소장으로 단번에 진급한 유명한 인물임에도 다른 성과보다 푸르른 북극 이야기로 더 자주 언급되는 게 사실이다. 1947년 북극을 탐험하던 중 풀이 우거진 호수와 숲속에서 매머드들이 걸어 다니는 육지를 보았다는 설이다. 하지만 여러 매체에서 언급되는 1947년에 버드는 북극이 아니라 남극을 비행하는 중이었다. 음모론자들은 단순한 팩트체크만으로도 알 수 있는 이러한 사실을 외면하고 여전히 지구공동설의 유력한 증거로 사용한다. 여기에 미국 정부가 공개를 막았다는 버드의 일기가 더해져 음모론의 오라를 완성했다. 하지만 버드의 언급은 전혀 증거가 없는 뜬소문에 불과하다.

ESSA-7 위성이 찍었다는 지구 북극해에 구멍이 뚫린 사진도 지구공동설 음모론에 한몫을 한다. 오려낸 자국마저 너무나 선명한 조작된 사진이었다. 그러나 산니코프의 섬은 지구 속 낙원을 대표하는 상징으로 지금도 인터넷상에서 회자된다. 매일같이 수천대의 비행기가 북극해를 통과하고, 인공위성 사진과 구글 지도를 보아도 지구공동설이 얼마나 허황된지 금방 알 수 있음에도 여전히 지구공동설이 유포되고, 소수라 할지라도 북극해의 낙원을 찾는 사람들이 있다. 어쩌면 사라진 겨울왕국은 그 실재와 관계없이 현실을 잊으려는 사람들의 마지막 도피처인지도 모르겠다.

여하튼, 산니코프의 섬은 현재로서는 전혀 증명되지 않았지만, 몇년 더 지나면 밝혀질 수도 있을 것 같다. 지구온난화로 인해 북극해의 온도가 급상승하면서 빙하가 빠른 속도로 녹고 있다. 그에 따라 북극해에 풀들이 우거지는 지역도 늘어가고 있다. 많은 이들의 바람대로 북극해에 푸른 초원이 만들어질 날도 머지않은 것 같다. 그런 차원에서 본다면 산니코프의 섬은 미스터리 속에 숨겨진 지상낙원이 아니라 디스토피아적 지구를 보여주는 참혹한 예언서가 아닐까?

만주에서 발견된 겨울왕국

동아시아에서도 북방 지역을 신성시하는 겨울왕국에 대한 믿음이 강했다. 부여와 삼국은 공통적으로 자신의 기원을 북방이라 믿었다. 소위 '북방계 신화'로 불리는 이 이야기들은 하늘에서 사람들이 내려오는 서사 구조를 갖고 있는데, 여기서 북방 지역은 하늘과 비슷한 의미로 사용된다. 말갈족의 후예인 나나이족(Nanai)을 비롯한 시베리아의 여러 민족 사이에도 북방기원설은 널리 퍼져 있다. 일본의 기마민족설도 비슷한 맥락이니 한민족 북방기원설이 널리 확산된 것은 결코 우연이 아니다.

최근 발굴 결과 러시아와 접경한 만주의 북쪽 끝에 실제 겨울 왕국이 존재했음이 밝혀졌다. 만주의 동북쪽 끝 러시아 접경 지역 에는 남한의 3분의 2 정도 크기의 광활한 평원지대인 싼장(三江)평 원이 있다. 중국에서도 가장 맛좋은 쌀이 나오기로 유명한 곳이다. 이곳이 곡창지대로 이름난 것은 비교적 최근이고 원래는 중국 내 에서 가장 추운 곳으로 알려져 있었다. 러시아 하바롭스크와 접경 한 이 지역은 1월 평균기온이 영하 21~18도에 달하고, 1년에 7~8개 월이 겨울인 그야말로 동토지대다. 겨울이 워낙 춥고, 여름이 되면 온통 소택지로 뒤덮이는 곳이라 최근까지도 사람이 거의 살지 않 았다. 한마디로 시베리아의 동토지대 못지않은 척박한 곳이었다.

그런데 최근 이 지역의 고대 유적을 조사한 결과 부여 계통의 사람들이 거대한 성터를 만들어서 살았음이 확인되었다. 대표적 인 유적인 펑린(鳳林) 성터의 경우 남아 있는 성벽의 높이가 4미터 에 달하고 둘레 6.3킬로미터에 전체 면적이 11만 제곱미터이다. 백 제 풍납토성의 둘레가 약 2.2킬로미터라는 것을 감안하면 그 규모 가 실로 엄청나다. 단순히 규모만 큰 것이 아니다. 펑린 성터는 가 운데 위치한 궁궐지를 중심으로 주변을 9개의 구역으로 나누어 몇 차례에 걸쳐 성벽을 쌓았다. 외적이 침략한다 해도 미로 같은 성벽

펑린 성터에서 발견된 온돌이 설치된 집 자리(위)와 질그릇(아래). 온돌을 사용한 점이나 질그릇의 형태가 옥저와 부여, 그리고 강원도에서 발견된 토기와 유사한 것으로 미루어 옥저나 부여 계통의 사람들이 이주해 살았거나 그들과 문화교류를 했던 것으로 보인다.

을 통과해야 하는 복잡한 구조다. 한눈에 봐도 거대한 이 성터가 1980년대가 되어서야 발견된 이유는 이 지역이 너무나 인적이 드문 곳이기 때문이다. 유적 발굴 결과는 더욱 놀라웠다. 만주의 추운 지역에서 사냥을 주로 하던 말갈족의 유적이 나올 것이라 예상했지만 성터 안에서 부여 계통의 토기와 온돌을 설치한 집 자리가 발견된 것이다. 그것도 엄청난 규모로 말이다.

싼장평원의 겨울왕국에 대한 조사는 이제 시작이다. 지난 1998~2002년 4년간 싼장평원의 15분의 1에 해당하는 극히 일부 지역을 조사한 결과 펑린 성터를 포함해 약 200여개의 성터가 발견되었다. 그러니 전체 싼장평원에서 사람들이 얼마나 많은 성을 쌓고 살았는지 제대로 예측하기도 어렵다. 아마도 이 싼장평원 일대에 고구려나 부여 못지않게 거대한 문명을 이루며 많은 사람들이 살았을 것으로 추정된다.

이렇게 추운 지역에서 그렇게나 많은 사람이 살 수 있었던 비결은 싼장평원 일대의 비옥한 토양에 있다. 싼장평원은 우크라이나 다음으로 거대한 흑토지대가 발달한 지역이다. 2000년 전부터 부여계의 사람들은 이곳에 살며 추운 겨울을 견디는 온돌을 만들고, 주변의 호전적인 말갈 세력을 막아내는 성터를 건설했다. 힘든 환경이었지만 세상 어디보다 비옥한 흑토지대에서 잡곡을 키우며 그들만의 문명을 이룰 수 있었다. 이곳에서 벼농사를 짓게 된 것은 농업 기술이 발달한 비교적 최근의 일이다.

펑린 성터 유적에서 글자가 발견되지는 않았지만, 고고학 자료로 보면 이 사람들은 옥저와 부여 계통임이 분명하다. 말갈족은 이 곳에서 발견된 것과 다른 토기를 사용했으며 거대한 성터를 지은 적도 온돌을 사용한 적도 없다. 게다가 강원도 지역에서 발견된 철 기시대 문화인 중도식토기문화에서 보이는 철(凸)자형 주거지(주거 지 한쪽에 문을 낸 형식), 무늬 없는 단지, 온돌 등과 비교하면 차이를 발견하기 어려울 정도로 매우 흡사하다. 직선거리로 1000킬로미터 가 넘는 두 지역 간의 유사점은 백두대간을 따라 추위에 적응하며 살았던 부여 계통 주민들의 이주와 문화교류의 결과다. 중국 당나 라 때 기록에 부여의 북쪽에 북부여의 후예가 두막루(豆莫婁)라는 나라를 세웠다고 되어 있다. 아마 이들이 역사 기록의 두막루 사 람들일지도 모르겠다.

북방기원설의 한계를 넘어

싼장평원과 같은 북방에 사는 사람들은 겨울이 되면 오히려 활 동력이 더 좋아지고 활발해지기 때문에 남쪽 사람들의 입장에서 는 이들이 겨울에만 나타나는 겨울왕국 사람들로 보였을 것이다. 실제로 추운 북방 초원지대나 삼림 지역에서 살던 사람들은 여름 에는 수풀이 우거지고 길이 없어서 겨울에만 다른 지역으로 이동 할 수 있었다. 고대 기록에는 숙신(말갈의 조상)이 사는 곳은 길이 험 하여 수레가 갈 수 없다고 했다. 겨울이 오면 북방 사람들은 썰매에 여러 물건을 싣고 얼어붙은 강을 따라 내려와 주변 지역과 교역했다. 식량이 부족할 때는 침략을 하기도 했다. 추위에 적응을 마친 북쪽 사람들은 겨울 전쟁에 훨씬 유리했을 것이다.

시대를 거슬러 올라가 구석기시대가 끝나가는 1만 5000년 전의 시베리아를 떠올려보자. 당시 맘모스 사냥을 하던 시베리아의 구석기시대 사람들 중에 일부는 사냥감을 따라 북쪽으로 이동해 베링해를 건너 아메리카 대륙으로 갔다. 다른 사람들은 시베리아에 남거나 더 남쪽으로 이동해 온화한 기후에 새롭게 적응했다. 어쩌면 겨울왕국에 대한 인간의 기억은 빙하기를 거치고 문명을 일구는 과정에서 각인된 것이 아닐까?

추운 지역에 대한 우리의 생각은 북방기원설로 이어졌다. 우리의 기원이 알타이나 바이칼로 대표되는 시베리아 일대에서 내려온 사람들이라는 주장이다. 다만 우리가 알고 있는 북방기원설은 북방 지역에 대한 정보나 연구가 거의 없었던 일제강점기에 별다른 근거 없이 시작된 것이다. 즉 체계적인 자료나 증거는 없고, 북방 지역은 뭔가 신비롭고 여기보다 살기 좋은 땅이라는 이미지가 더해진 단순하고 막연한 상상이다. 실제로 북방 지역과 한반도는 끊임없이 교류를 했고 때로는 일군의 사람들이 왕래한 흔적도 뚜렷하다. 우리는 북방 지역과 얼마나 많은 교류가 있었는지를 밝히는 것에 관심을 더 집중해야 한다.

첨단 과학과 탐사 기술이 발달하여 인간의 손이 닿지 않는 곳이 없는 지금도 사람들은 여전히 겨울왕국에 대한 환상을 버리지 못한다. 각박한 현실을 잊기 위한 바람을 투영할 다른 곳이 아직은 마땅치 않은 것 같다. 고고학 자료는 머나먼 북극해까지는 아니지만 우리와 이웃했던 시베리아와 만주 북방에 매우 발달된 문명이 존재했음을 확실히 보여주었다. 혹독한 겨울을 견디며 살아남았던 겨울왕국의 사람들이 우리와 함께했던 역사의 일부임을 증명하고 있다.

외계인으로 오해받은 편두머리 귀족들

　미확인비행물체(UFO)를 타고 온 외계인을 여러분은 어떤 모습으로 상상하는가? 이제까지 외계인을 본 사람은 아무도 없다. 그런데도 적지 않은 사람들이 예외 없이 뾰족한 대머리 형태를 한 생명체를 떠올린다. 사실 이런 이미지는 갑자기 출현한 것이 아니다. 영화나 드라마 같은 매체에 의해 만들어진 것도 아니다. 놀랍게도 2000년 전 유라시아 초원에서 발흥한 유목민 흉노에서부터 시작된 유구한 역사를 지닌 이미지다.

　흉노는 자신들이 다른 사람들과 다른, 하늘에서 내려온 사람이라는 것을 길쭉한 머리 형태로 표현했다. 우리나라의 가야와 신라에서 저 멀리 서유럽까지 이어지는 거대한 유목문화의 흐름, 특권을 대물림하고자 하는 인간의 욕망이 바로 편두(扁頭, artificial skull deformation)에 숨어 있다.

인간의 진화가 준 선물

편두, 문신, 성형수술 등 인간은 스스로에게 고통을 주는 것은 물론 건강에도 전혀 도움되지 않는 신체 위해 행위를 대담하게 실행하는 유일한 동물이다. 자신의 모습을 남들과 다르게 만들어 만족을 얻고 존재를 증명한다. 편두는 갓난아기 때 두개골에 나무를 대고 헝겊으로 감아서 머리통의 형태를 바꾸는 풍습을 말한다. 신체의 가장 중요한 부분인 머리를 변형시키는데다 두개골이 덜 발달한 시기에 해야 하기 때문에, 편두는 다른 신체 변형 습관보다 더욱더 사람의 신분, 집단을 나타내기에 적합했다.

수많은 신체 변형 전통 중에서도 편두는 고고학자들에게 매우 친숙한 주제. 문신의 경우 피부에 새기기 때문에 미라가 아닌 이상 고고학 유물로 발견되는 경우가 거의 없다. 반면 편두는 인간의 뼈, 그중에서도 가장 잘 남아 있는 부분 중 하나인 두개골에 그 흔적이 직접적으로 남기 때문에 비교적 발견이 쉽다. 다만 무덤에서 나온 인골은 수천년 동안 토압으로 찌그러진 상태로 발견되기 때문에, 실제 편두의 흔적인지 여부를 판단하기 위해서는 전문가들의 세밀한 관찰이 필요하다.

편두는 인간의 진화가 준 선물이다. 현생인류가 직립보행을 시작하고 도구를 사용하게 되면서 많은 정보를 담아야 하는 두개골의 용량이 비약적으로 증가했다. 그 결과 인간의 출산은 목숨을 건 위험한 과정이 되었다. 두개골이 지나치게 커져 출산 시 어머니의 좁은 산도(産道)를 나오기 어려워진 탓이다. 그래서 인간 태아는 아직 붙지 않은 두개골이 서로 흩어져 길쭉한 형태로 산도를 통과하는 식으로 진화했다. 그 덕택에 인간은 태어난 후에도 몇년간 두개골이 완전히 붙지 않은 상태로 살았고, 이 시기에 나무나 헝겊을 이용해 두개골의 형태를 변화시킨 것이다. 나아가 사람들은 편두문화를 통해 자기 부족이나 신분을 상징하는 독특한 머리 형태를 만들어냈다.

『삼국지』「동이전」에는 약 2000년 전 변한의 사람들이 편두를 했다고 기록되어 있지만 실제로는 그보다 한참 전인 신석기시대로 거슬러 올라간다. 1990년대 중반 러시아의 고고학자들이 두만강 건너편 한러 국경 지역에 있는 무덤을 발굴했다. 약 8000년 전 유적인 보이스만(Boisman) 패총에서 편두를 한 40대 여성의 머리가 나왔다. 이 여인은 다른 사람들과 달리 무언가 특별했다. 당시 평균 수명인 20대 중반보다 훨씬 오래 산 40대였고, 무덤의 봉분도 제법 크게 덮었으며 유물도 제사와 관련된 것들이 아주 많이 나왔다. 고고학자들은 이 편두 여인이 신석기시대 보이스만 바닷가에 살던 우두머리 또는 샤먼이었을 거라고 추정했다. 만약 '하늘의 대리인'인 샤먼이 맞다면 이 여인은 세습 샤먼, 즉 태어났을 때부터 샤먼이 될 것으로 점지받았다는 것을 의미한다. 편두는 아주 어릴

아무르강 유역 신석기시대 유적에서 발견된 편두를 한 여신상. 동아시아에서 가장 이른 편두의 흔적이다.

때 만들어야 하기 때문이다.

보이스만 패총보다 더 북쪽에 위치한 아무르강 유역에서는 편두를 한 신상(神像)이 발견되었다. 아무르강 중류에 위치한 콘돈(Kondon)이라는 신석기시대 유적지에서 발견된 이 신상은 다소 추상적이긴 해도 간결하면서 조화로운 여성의 흉상(토르소)을 표현한 것으로 유명하다. 고고학자들 사이에서는 '아무르의 비너스'라는 별명으로 불린다. 이 여신상은 현재 이 지역에 사는 나나이족이나 울치족(Ulchi) 사람들과 비슷하게 생겼는데, 특이하게도 이마가 뒤로 심하게 꺾여 있다. 이마를 납작하게 누른 형태의 편두를 한 것이다. 함경북도 서포항 유적지에서 발견된 6000년 전 신석기시대 신상도 비슷한 편두 형태의 토제 인형이었다. 신석기시대에 동해안을 따라 한반도에서 아무르강까지 이어지는 환동해 지역에 살던 사람들은 편두를 한 샤먼이나 신을 하늘과 닿을 수 있는 상징으로 여기고 숭배했던 것 같다. 어디 한국뿐인가. 아메리카 대륙의 원주민들도 편두를 신의 상징으로 숭배했다. 영화 「인디애나 존스: 크리스탈 해골의 왕국」(2008)의 크리스탈 해골의 비밀이 편두인 이유가 여기에 있다.

몸에 직접 표현한 흉내낼 수 없는 상징

사람들은 오래전부터 의복, 장신구, 문신 또는 거대한 건축물로 자신의 지위를 표현했다. 편두 역시 지위나 신분을 표현하는 주요 도구였다. 그렇다면 사람들은 왜 머리를 이상하게 변형하는 것을 좋아했을까. 그 이유는 다른 사람들이 가져갈 수 없는 자신만의 특권적인 지위를 표현할 수 있기 때문이었다. 제대로 된 신분증이나 증명이 없었던 시절에 편두는 문신과 함께 각 집단의 정체성을 나타내는 지울 수 없는 상징의 구실을 했다.

다른 상징물과 편두의 가장 큰 차이는 편두는 부모가 아이에게 해주는 일종의 대물림이라는 데 있다. 편두는 갓난아이 시절에만 만들 수 있으니, 특권 계급의 사람들이 자신의 신분을 세습하는 가장 좋은 방법이었을 것이다. 문명이 발달하고 계급이 세분화될수록 편두 역시 더욱 고도로 발달했다. 실제로 고대 이집트나 수메르 문명의 그림에 등장하는 제사장들은 대부분 삭발을 하고 머리는 달걀 끝처럼 뾰족하게 만든 것을 볼 수 있다. 고대 귀족과 왕들은 자신들이 태양의 자손임을 내세우며 평민들과는 다르다는 점을 드러내기 위해 특이한 머리 형태를 고집했다.

인류의 역사와 함께 시작된 편두가 유라시아 전역으로 확산한 데에는 2300년 전 초원에서 발흥한 흉노의 역할이 컸다. 흉노와 같은 기마민족이 편두를 더욱 선호한 것은 그들의 생활습관과 관련 있다. 모든 것을 말 위에 싣고 달리는 사람들이니 자신의 몸에 문신으로 계급을 표시하고, 두개골의 형태로 소속을 표현하는 것이 유리했을 것이다. 대부분 삭발을 한 것도 머리 형태를 드러내기 위해서였다. 유라시아를 호령하던 흉노와 훈족의 독특한 머리 형태는 다른 정착민이 흉내낼 수 없는 그들만의 상징인 동시에 공포의 대상이기도 했다.

흉노의 멸망으로 촉발된 3~5세기 훈족의 대이동 단계에 들어서면서 편두의 역사는 새로운 양상으로 전개된다. 서양의 게르만족 이동을 촉발한 훈족의 대이동으로 대표되는 이 시기에 유라시아

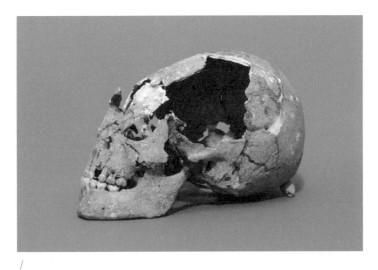

경상남도 김해군 예안리 고분에서 발견된 편두. 유라시아 초원문화가 신라와 가야에 유입되면서 편두 풍습도 함께 전래된 것으로 보인다.

전역으로 황금과 발달된 철제 마구가 널리 확산되었다. 훈족의 문화가 유라시아 전역으로 퍼지면서 편두는 중앙아시아 일대를 거쳐서 유럽까지 전해졌다. 최근 스위스 둘리(Dully)에서 5세기쯤으로 추정되는, 편두를 한 몽골인 계통 여인의 무덤이 발견되었다. 훈족의 대이동 시절에 이 지역으로 넘어온 부르군트족(Burgund)이었다. 유럽에 '순수한' 유럽인들만 살 것이라 생각했던 사람들에게는 예상치 못한 발견이라 많은 관심을 끌었다.

한국에서도 변한과 진한에서 편두가 널리 유행했고, 경상남도 김해군 예안리 고분에서 대량의 편두가 발견되기도 했다. 또한 신라 기마인물형토기에 묘사된 기마인도 머리가 뾰족하게 묘사되어 있어 편두를 한 것으로 생각된다. 이 시기는 신라와 가야에 북방의 다양한 초원문화가 유입되던 시점이었으니, 당시 유라시아 일대에서 널리 유행하던 귀족이나 전사들의 편두 풍습이 한국에도 전래되었을 가능성이 크다. 그렇다고 편두를 한 사람들을 곧바로 외래 계통이라고 간주하기는 어렵다. 편두 자체가 워낙 유라시아 일대에 널리 퍼져 있었기 때문에 특정 민족을 상징하지 않으며, 각 집단의 문화 또는 머리에 쓰는 모자의 형태에 따라 편두의 형태도 다양했기 때문이다. 여하튼 신라와 가야의 귀족과 왕족 고분에서 다양한 북방계 유물과 함께 편두가 발견된다는 점은 흥미로운 일이 아닐 수 없다.

금관으로 완성되다

흉노의 영향을 받아 왕족들이 편두를 하는 나라들에는 또다른 공통점이 있으니, 바로 금관이나 금동관을 쓴다는 점이다. 신라와 가야의 금관은 이미 잘 알려져 있다. 신라의 금관과 유사한 유물이 발견된 아프가니스탄의 틸리아 테페(Tilla Tepe)에서도 편두의 흔적이 발견되었다. 흑해 연안에 살며 금관을 썼던 사르마트인(Sarmat)들도 편두를 했다.

편두머리와 금관은 묘하게 잘 어울린다. 금관을 쓸 수 있었던 사제(샤먼)는 어릴 때부터 선택되어서 편두를 했다는 뜻이다. 설사 누군가가 정권을 찬탈하고 금관을 훔쳐간다고 한들 좁은 머리가 아니고서는 금관을 쓸 수 없었을 것이다. 어릴 때부터 권력을 세습하기로 약정되어 편두머리를 한 사람들만 금관을 쓸 수 있었기에 편두를 권력 세습의 상징으로 볼 수 있다. 신라 역시 박·석·김의 세 성씨가 교대로 왕위를 계승하다가 김씨가 독점하던 시기부터 금관이 널리 사용되었다. 신라와 가야에서는 초원문화를 적극적으로 받아들이면서 강력한 유목전사였던 흉노의 상징인 편두도 함께 유행했던 것으로 보인다. 여기에 특권층을 대표하는 금관의 사용이 더해지면서 편두는 신라와 가야의 왕권과 귀족을 상징하게 되었다.

과거 유목전사의 상징이었던 편두를 현대에 들어 잘못 이해하는 경우가 있다. 독특한 머리 형태를 한 사제와 하늘과의 관계를 암시하는 내용의 유물을 두고 '고대 외계인들이 UFO를 타고 와서 인간들을 통치했다'라는 식으로 곡해하는 것이다. 미국 드라마에서 옥수수머리(corn-head)를 한 외계인들이 등장한 이후 외계인의 상징으로 잘못 알려진 탓도 있다.

신체 변형이라는 풍습은 당시 사회나 역사의 맥락을 문화적으로 이해하지 못하면 무척 잔인하고 징그럽게 보일 수 있다. 외견상 기이하게 느껴지는 편두를 보면서 과거 사람을 미개하다고 생각하기도 한다. 하지만 곰곰 생각해보면 자신의 아름다움을 극대화해 표현하려는 현대인의 모습과 무엇이 그리 다를까 싶다. 현대의 학의 발달로 성형수술은 계속 진화하고 신체 변형의 정도 또한 심해지고 있다. 지금은 코를 높이거나 가슴을 키우는 수술은 물론이요, 의료용으로 개발된 양악수술마저도 미용의 목적으로 그 용도가 바뀌고 있다. 어디 그뿐인가. 발가락과 다리뼈는 물론 척추에도 심한 무리가 가는 하이힐, 나아가 킬힐도 유행한다.

이제 편두 풍습은 완전히 사라졌다. 다른 신체 변형과 달리 편두는 유아기 때에 만들어야 하며, 굳이 편두가 아니어도 다양한 헤어스타일로 개성 표출이 가능해졌기 때문이 아닐까 한다. 고대 전세계에 널리 퍼져 있던 편두는 다른 사람들이 범접할 수 없는 기득권을 유지하고 자신을 차별화하려는 욕망이 표출된 풍습이다. 나만 누리는 게 아니라 대대손손 후손들에게 물려주고자 했다. 지금은 편두 대신 다른 방법으로 자신들의 권력이나 부를 잇는다. 어쩌면 부와 권력의 세습을 상징하는 편두 전통은 방법만 바뀐 채로 지금도 계속되고 있는지도 모른다.

코로나를 쓴 샤먼

'코로나'와 '크라운'은 같은 어원으로 왕이나 귀족들이 쓰는, 끝이 하늘로 올라가듯 뾰족하게 장식된 관을 말한다. 최근 세계적으로 유행하는 코로나19 바이러스도 그 표면에 돌기가 붙어 있어 '코로나'라는 이름이 붙었다. 멕시코와 러시아의 최고 인기 맥주들에도 '코로나'라는 이름이 붙는데, 그것은 맥주 거품이 마치 왕관을 연상케 하기 때문이다.

지금 우리가 보는 화려한 왕관은 지난 수천년간 유라시아의 사람들과 함께한 대표적인 제사장인 샤먼들이 쓰던 관에서 유래했다. 샤먼은 신과 인간 사이를 이어주는 통로 역할을 했던 사람들이다. 그들의 관에 표현된 사슴뿔이나 나무의 형상은 하늘과 맞닿는다는 의미를 담고 있다. 구대륙은 물론 신대륙 전역에도 퍼져 있는 샤먼의 관은 흔히 생각하는 화려한 황금과 보석으로 장식한 권력의 상징이 아니었다. 샤먼은 스스로를 신이라고 생각하지 않았다. 다만 신의 뜻을 전하는 중개자 역할에 충실했다. 하늘과 자연에 순응하며 생존을 위해 인류의 지혜를 모으는 현자가 바로 샤먼이다.

신에게 가닿기 위해

샤먼의 어원은 에벤크어 '사만'으로 '지혜가 있는 자'라는 뜻이다. 한자로는 '巫'(무)라고 한다. 무당 무(巫)는 사람(人)과 사람(人) 사이, 하늘과 땅(二)의 사이를 잇는다(丨)는 의미를 표현한 것이라는 해석도 있다. 샤먼이라는 용어 자체는 시베리아의 원주민에서 기원했지만 사실상 같은 역할을 한 종교 지도자들이 한국을 포함한 유라시아 전역, 신대륙, 그리고 아프리카 등 세계 곳곳에서 공통으로 발견된다.

'인간은 생각하는 갈대'라는 파스칼의 명언처럼 인간은 육체적으로 갈대만큼이나 나약한 존재지만 사유하는 능력을 갖고 있다. 미물도 아니고 그렇다고 신도 아닌 인간이 함께 모여 지혜를 나누고 생존과 미래에 대해 고민하는 과정에서 인간의 능력을 뛰어넘는 지혜, 즉 하늘의 뜻을 읽어내는 중개인을 갈망한 것은 너무나 당연하다. 당시의 초월적인 지혜란 날씨 예측, 병의 원인과 치유 같은, 요즘에는 너무나 알기 쉬운 것들이지만 말이다.

옛사람들은 쉽게 알 수 없는 앞날에 대한 정보를 하늘의 뜻이라고 생각했다. 하지만 모든 사람이 인간의 능력을 넘어서는 그런 지식을 얻을 수는 없었다. 그래서 하늘의 뜻을 우리에게 전달하는 샤먼 또는 무인(巫人)이라 불리는 예언자가 등장했다.

샤먼이기 이전에 평범한 인간인 그들은 신과 맞닿는 황홀경(엑스터시)에 오르기 위해 각종 약초와 술의 힘을 빌리고 화려한 의식을 행했다. 유라시아 초원에 수도 없이 새겨진 샤먼의 의식을 묘사한 암각화는 바로 평범한 인간들이 신에 닿기 위한 치열한 노력을 보여준다. 특히 유라시아 초원에는 버섯머리를 한 샤먼의 그림이 많은데, 학자들은 이를 의식에 사용하던 환각제 버섯이라고 말한다.

샤먼의 관도 그런 노력이 표현된 의식도구다. 샤먼의 관은 요즘 말로 하면 신의 뜻을 받기 위한 일종의 '와이파이' 같은 것이다. 하늘과 땅을 연결하는 대표적인 요소로는 나무나 사슴뿔 이미지가 널리 사용되었다. 머리에 사슴뿔을 달고 있는 샤먼의 모습은 1만 5000년 전 프랑스의 동굴벽화 트루아 프레르에서 처음 발견되었다. 시베리아의 샤먼은 신석기시대부터 최근까지 거의 같은 형태의 사슴뿔 모양 관을 쓴다.

관을 장식하는 또다른 원형은 나무다. 흔히 '세계수'라고 불리는 나무 장식 역시 하늘과 땅을 잇는 역할을 한다. 영국의 구전 민화 「잭과 콩나무」의 콩나무처럼 나무는 하늘로 이어지는 통로가 된다. 에벤크족(Evenk) 같은 시베리아 원주민들은 지금도 사람이 죽으

시베리아 암각화에 새겨진 샤먼의 모습(왼쪽)과 최근까지 사용된 시베리아 샤먼의 관(오른쪽). 사슴뿔 형상은 신의 뜻을 받기 위한 표식으로 최근까지도 시베리아 샤먼은 거의 유사한 관을 사용했다.

면 나무에 영혼이 깃들어 하늘과 이어진다고 생각한다. 나무에 사는 새는 하늘과 땅을 잇는 전령사 역할을 한다. 게다가 사슴은 매년 봄에 뿔이 새로 자라고 나무는 매년 봄에 꽃이 피고 곤충과 새가 깃든다. 샤먼의 관은 그런 끊임없는 생명력의 상징이기도 하다.

신라의 금관은 '出'(출) 자 모양과 사슴뿔 이미지로 장식했고, 형태는 약간 다르지만 비슷한 이미지가 유럽은 물론 아메리카 대륙의 샤먼에서도 똑같이 발견된다. 전세계에 똑같은 이미지로 구성된 샤먼의 관이 존재한다는 것은 구석기시대의 샤먼이 빙하기 직후 세계 곳곳에 퍼졌음을 의미한다.

신과 소통하는 도구에서 권력의 상징으로

샤먼의 관이 금관으로 재탄생하게 된 데에는 유라시아 초원에서 발흥한 유목민족의 문화가 결정적인 역할을 했다. 흉노와 훈족이 등장한 1~5세기 사이에 유라시아 각지에서 초원의 영향을 받은 금관들이 속속 발견되었다. 특히 1920년대 경주의 금관총 발굴로 신라의 금관이 처음 알려지자 세계 고고학계는 충격에 빠졌다. 흑해 연안의 유목민인 스키타이나 사르마트의 고분, 그리고 북유럽의 켈트족 샤먼이 사용했던 금관과 거의 유사한 형태의 관이 동아시아 끝자락인 경주에서 발견되었기 때문이다. 이후 아프가니스탄, 키르기스스탄 등 세계 곳곳에서 비슷한 왕관들이 속속 발견되었다.

사실 정작 흉노나 훈족 사이에서는 금관이 널리 유행하지 않았다. 말을 타고 전쟁을 해야 하는 기마민족에게 금관은 거추장스러웠을 것이다. 대신 초원의 기마민족은 황금을 덧붙인 화려한 황금 외투와 바지를 입었고, 샤먼의 역할을 했던 일부 여성 사제들만 금관을 썼다. 하지만 초원 기마문화의 황금 제조 기술이 주변 지역으로 확산되면서 원래 유라시아에 존재하던 샤먼의 전통과 결합되어 화려한 금관으로 재탄생했다. 신라에서 흑해 연안까지 서로 너무나 유사한 금관이 발견되는 이유가 여기에 있다.

고대 국가들이 등장하며 쓰게 된 화려한 금관은 그전에 샤먼이

흑해 연안 사르마트 고분에서 발견된 금관을 쓴 여성 사제 복원도.

쓰던 관과는 커다란 차이가 있다. 샤먼은 중개자였지만 왕은 스스로 신이 되었다. 그들이 쓴 금관은 신과 소통하는 '와이파이'가 아니라 독점적 권력의 상징으로 바뀌었다. 원래는 과거의 왕들도 절대적인 권력자가 아니라 하늘의 대리인에 불과한 일종의 샤먼이었다. 3500년 전 중국 상나라의 왕은 정인(貞人)이라 불리는 점치는 사람들과 함께 매일 저녁 조상에게 제사를 지내며 거북이 등딱지나 사슴의 어깨뼈로 점을 쳤다. 중국 한자의 기원인 갑골문이 바로 이런 점괘를 모은 것에서 시작했다. 점괘가 틀리기라도 하면 왕은 소위 '천명'을 받는 '와이파이'가 끊긴 것으로 간주되어 그 지위를 박탈당하기 일쑤였다.

국가가 점차 커지고 계급사회가 강해지면서 왕은 샤먼의 점 대신에 관료와 행정조직을 만들어 국가를 다스리기 시작했다. 하늘과 소통하던 샤먼의 관은 황금과 보석으로 장식한 관으로 바뀌어서 권력을 세습하는 상징이 되었다.

인류의 역사와 함께해온 샤먼들

금관을 쓴 왕이 막강한 권력을 독점했다고 해서 샤먼의 전통이 완전히 사라진 것은 아니었다. 그들은 불교와 같은 거대 종교의 틈새에서 무속신앙의 형태로 여전히 살아남아 사람들과 함께했다. 최근 바이칼 호수를 중심으로 시베리아 샤먼의 의식이 다시 부활했다. 2014년 나는 바이칼 근방의 툰카라는 지역에서 열린 샤먼의 축제를 참관했다. 겉으로는 축제를 표방했지만, 사실 소련 시절의 혹독한 탄압을 이겨낸 부랴트족의 샤먼들이 자신들의 문화를 되살리기 위한 일환으로 마련한 행사였다.

샤먼이 신령한 나무에 제사를 지내고 요란한 의식을 행해 신에 빙의가 된 순간, 수많은 사람들이 샤먼 앞에 무릎을 꿇고 자신들의 고민을 털어놓았다. 샤먼이 황홀경 상태에서 만나는 하늘의 신은 다름 아닌 그들의 조상이다. 시베리아 원주민들은 조상의 입을 빌려 대대로 전해 내려온 지혜를 전하고, 또 사람들은 그의 말을 들으며 위로받고 살아갈 힘을 얻는다.

나에게 큰 감동과 울림을 주었던 것은 샤먼 의식이 끝난 후에 보았던 샤먼의 모습이었다. 화려한 샤먼의 금관을 벗어버리고 북을 내려놓은 그들의 모습은 삶에 찌들고 왜소한, 너무나 평범한 우리의 이웃 부랴트족이었다. 힘들지만 자신의 숙명을 받아들이고 외부의 탄압을 참아가며 샤먼의 직을 이어가는 그들의 모습을 보니, 샤먼이 쓰고 있는 것은 화려한 관이 아니라 고통의 면류관이 아닐까 하는 생각이 들 정도였다.

샤먼이라는 풍습이 전세계에 널리 퍼진 이유는 그들이 신이 되고 싶어서가 아니었다. 공동체의 운명을 걱정하고 자손들의 행복을 기원하는 인류의 보편적인 사랑과 생존 본능이 발현되었기 때문이다. 그런 의미에서 샤먼의 관은 사람들의 고통을 대신해서 전하는 '면류관'이었다. 신을 자처하며 면죄부를 팔아 사람들을 속이는 일부 종교 지도자, 자신만의 구원에 몰입되어 세상을 도외시하는 작금의 일부 그릇된 종교와는 다르다. 유라시아 전역에서 수천 년의 세월을 이어온 코로나를 쓴 샤먼의 존재는 그들이 바로 생존을 위한 지혜를 얻고 앞날을 예측하려는 현생인류가 발휘한 지혜의 집적체였음을 증명한다.

티베트고원의 숨겨진 나라

세계의 지붕 티베트는 그 험난한 산세만큼이나 신비한 이미지로 다가온다. 그들의 독특한 예술세계, 아름다운 자연, 그리고 20세기에는 서구 열강에, 21세기에는 중국에 핍박 받아온 티베트 사람들에 대한 안타까움까지. 하지만 신비의 뒤편에는 무지가 있었다. 고고학자들의 노력으로 그동안 우리가 아는 티베트는 극히 일부에 불과했다는 것이 속속 드러나고 있다.

최근 고고학 발굴을 통해 이름만 알려져 있던 티베트 최초의 국가인 '상웅국'과 3500년 티베트의 역사가 밝혀졌다. 티베트인들은 세계에서 가장 높은 고산지대에 사는 유목민의 후예이며, 아시아 일대의 여러 사람들과 교류하며 독특한 히말라야 문명을 일궈낸 사람들이다. 티베트 고대문명에서 우리는 무엇을 배워야 할까.

티베트 최초의 국가, 상웅국

티베트만큼 관심은 많지만 제대로 모르는 문명도 없는 듯하다. 중국의 동화 정책만큼이나 신비나 명상을 앞세운 서방의 티베트 신비주의도 티베트를 곡해하는 데 한몫을 담당했다. 「인디애나 존스: 미궁의 사원」(1984), 「티베트에서의 7년」(1997) 등 서양의 많은 영화들이 티베트의 아름다움과 신비를 자기들의 관점으로 강조했다. 하지만 실제 티베트의 역사를 물어보면 대답할 만한 게 별로 없다. 고작해야 당나라와 각축을 벌였던 토번왕국 정도만을 기억할 뿐이다. 그것 말고는 티베트인의 종교인 라마교와 관련된 현대 티베트 문화만 조금 알려져 있다.

티베트 신화에는 2000년이나 이어온 오래된 문명에 대한 기록이 있다. 티베트 최초의 국가는 상웅국(象雄國, 티베트어로는 샹슝, 중국어로는 장중이라고 불림)으로, 기원전 12세기부터 약 2000년간 존속했다가 손챈감포가 세운 토번왕조에 의해 기원후 644년에 멸망했다고 한다. 상웅국은 일반인은 접근하기 어려운 해발 3000~4500미터 가까이 되는, 히말라야에서도 가장 높은 지역에 있었고, 국가에 대한 자세한 기록도 없다. 그러니 이런 험한 지역에 고대문명이 2000년간 존재했다는 것을 선뜻 믿기 어려웠다. 20세기 초반부터 수많은 서양의 탐험가들이 티베트를 답사하며 상웅국의 자취를 찾고자 했지만 모두 실패했다.

최근 고고학 조사로 상웅국의 실체가 밝혀졌다. 티베트의 가장 서쪽으로 인도와 접경한 웅가리(阿里)의 랑첸장포(중국어로는 상천하 象泉河) 지역에서 토번왕국 이전에 지어진 거대한 성터 유적이 발견되었다. 신화로만 전해지던 상웅국이 드디어 실체를 드러낸 것이다. 가루다강의 은빛 성채(The Silver Castle of Garuda Valley)라는 뜻의 '궁륭은성(穹隆銀城)'이라 불리는 이 유적은 해발 4400미터의 산 정상에 약 10만 제곱미터 넓이에 120여기의 대형 건물을 세운, 글자 그대로 하늘에 지은 도시였다.

그렇다면 상웅국 사람들은 어디에서 기원했을까. 첫번째 실마리는 상웅국의 종교로 티베트 지역에 불교가 들어오기 전부터 존재하던 토착 신앙인 '본'(Bon)이다. 본교는 이 지역으로 유입된 불교와 결합하여 티베트불교의 기반이 되었다. 상웅국의 불교사상을 집대성한 책인 『상웅대장경(象雄大藏經)』은 총 170권으로 이루어진 대작이다. 100여년 전에 티베트를 답사한 서구의 학자들도 『상웅대장경』의 존재를 알았지만, 고대 상웅 문자로 쓰인 단편적인 기록만 본 것일 뿐이어서 그 실체가 제대로 밝혀지지 않았다. 다행히 2014년부터 번역 작업이 시작되어 그 내용이 조금씩 알려지고 있다. 『상웅대장경』은 지금으로부터 400~500년 전에 쓰인 것이라 고대 상웅문화의 모습을 알기에는 다소 한계가 있다. 하지만 그 안에 담겨 있는 가장 이른 본교의 흔적에 놀랍게도 고대 페르시아는 물론 인도와 유라시아 각 지역의 문화들이 고스란히 녹아 있음이 밝혀졌다. 러시아의 티베트 학자 브로니슬라프 쿠즈네초프(Bronislav

Kuznetsov)에 따르면 본교의 최고신은 근동에서 발생한 조로아스터교 계통의 신인 아후라 마즈다(Ahura Mazda)라고 한다.

『상응대장경』은 이미 불교가 들어온 뒤에 쓰인 것이니, 이것만으로 지난 3500년 동안 티베트에 무슨 일이 있었는지를 파악하기는 어렵다. 그렇다면 직접 그 지역을 연구해야 할 텐데 웅가리 지역은 워낙 사람의 접근이 어렵고 인도와의 국경 지역인 탓에 방문조차 쉽지 않은 상황이었다. 그러다 최근에 서부 티베트 지역 발굴이 시작되면서 약 2500년 전부터 이 지역에 중앙아시아의 유목민족인 사카 계통 사람들이 이주했음이 밝혀졌다. 수많은 고고학 발굴이 그렇듯 이번에도 홀연히 그 모습을 드러냈다. 연구의 출발은 상웅국이 멸망한 이후 11세기부터 17세기까지 존재했던 또다른 은둔국가 구거(古格)왕국이었다. 구거왕국은 17세기에 포르투갈의 선교사가 방문하기 전까지 서방은 물론 중국에서도 그 존재를 몰랐을 정도로 베일에 싸인 국가였다.

1999년 구거왕국을 조사하던 고고학자들이 주변의 무덤을 발견해 발굴한 결과 유목민들의 동검이 출토되었다. 계속된 조사를 통해 그 일대에 중앙아시아 사카문화의 영향이 강한 적석묘(돌무지무덤), 황금 동물장식, 암각화 등도 다수 발견되었다. 사카문화 사람들은 키르기스스탄과 카자흐스탄 지역에서 크게 번성했던 고대 페르시아 계통이다. 중앙아시아의 사카 계통 사람들이 파미르 고원지대를 따라 티베트 서부로 이동해 상웅국을 세웠고, 일부는 남서쪽의 인도 북부로 퍼져 사카족이 되었다. 석가모니가 태어난 나라

상웅국의 암각화. 상웅국 사람들이 유라시아 유목민이었음을 보여주는 증거다. (출처: 西藏文物管理委员会『西藏岩画艺术』, 四川人民出版社 1994)

로 알려진 샤키야족 왕국의 샤키야족(석가족釋迦族)이 이들 유목민족의 일파라는 설이 유력한 배경이 여기에 있다. 더욱 놀라운 점은 이 지역에서 약 3500년 전 최초로 유목경제가 등장했다는 것이다. 이는 신화로만 전해지던 상웅국의 시작 시기와 대체로 일치한다. 물론 상웅국이 전설처럼 인구가 1000만명에 달하는 거대한 제국은 아니었고, 여러 부족들이 연합하다가 토번왕국이 침략하던 즈음에는 꽤 거대한 국가로 발전했던 것 같다.

고원지대의 유목민들이 만들어낸 또다른 문명

상웅국을 만든 사카문화는 티베트에서 그치지 않고 높은 산맥을 따라 더 남쪽인 윈난성과 쓰촨성, 더 나아가 태국과 베트남의 북부 산악 지역까지 확산되었다. 유라시아 유목민이 사용하는 청동기와 동물장식이 이 지역에서 다수 발견된 것이 그 증거다.

유라시아의 유목민이 무더운 동남아의 밀림 지역까지 이동한 배경은 무엇일까. 지도상으로만 보면 도저히 가능할 것 같지 않은 원거리 이주와 교역은 고원지대에 거주하던 유목민들의 생계와 관련 있다. 야크, 노새, 산양같이 고원지대에서만 서식하는 유목동물을 키우며 살던 사카족은 자신들이 키우는 동물이 살 수 있는 환경과 비슷한 산악 지역을 찾아다닐 수밖에 없었고, 그들의 생활습관이 이방인들은 쉽게 다닐 수 없는 산속에, 어느 누구도 모르는 교류의 길을 만들었다. 티베트고원을 중심으로 이루어진 험난한 산악지대 교류는 근대 이후 차를 실어 나르는 교역 루트로 이어졌는데 이를 '차마고도(茶馬古道)'라고 부른다. 차마고도는 3500년 전 고원지대 사람들이 만들어낸 문화의 산물이다.

한편 티베트 문명이 한반도 북부 및 만주와 관련이 있다는 가설도 있다. 실제로 돌로 만든 무덤, 동검, 토기 등 티베트 지역에서 발견된 유물들은 우연으로 보기 힘들 정도로 만주 일대의 비파형동검 문화와 유사하다. 1980년대 중국의 저명한 고고학자인 퉁언정

(童恩正)은 티베트에서 만주에 이르는 아치형의 거대한 산맥을 따라 문화교류가 있었다는 반월형 전파대 이론을 제기했다. 하지만 퉁언정은 톈안먼 사건 이후 중국 정부의 압박을 피해 미국으로 망명한 탓에 더이상 연구를 지속하지 못했고, 다른 학자들도 여기에 별 관심을 두지 않았다. 시간이 흘러 21세기 들어 유라시아 각 지역에서 발굴이 활발해지고, 지역 간의 교류가 우리의 상상보다 훨씬 광범위하게 이루어졌음이 밝혀지면서 그의 가설이 여러 학자들에 의해 재검토되고 있다. 티베트를 포함한 유라시아 고원지대 사람들 간에 원거리 네트워크가 형성되었을 가능성이 크다. 앞으로 주목해야 할 연구 주제다.

나치즘과 오리엔탈리즘에 이용된 티베트

고고학계에서 티베트에 대한 새로운 연구를 내놓는 지금도 티베트는 여전히 현대 정치의 각축장이다. 중화인민공화국의 성립 이후 중국 정부는 티베트를 탄압하고 있고, 서양을 중심으로 이를 반대하는 시민운동도 활발하다. 하지만 20세기 초반까지 티베트는 중앙아시아의 패권을 다투던 제국주의 국가들의 싸움터였고, 실제로 많은 티베트인들이 그들에 의해 학살당했다는 사실은 잘 모르는 것 같다. 영화 「인디애나 존스: 레이더스」(1981)에서는 주인공인 인디애나 존스 박사(해리슨 포드 분)가 히말라야 산속의 술집에서 나치와 경쟁하며 유물을 뺏는 장면이 나온다. 이는 단순한 허구가 아니라 당시의 현실을 반영한 이야기다.

초기 티베트의 연구자로 추앙받는 이탈리아의 주세페 투치 (Giuseppe Tucci)는 극렬한 무솔리니 추종자였고, 스웨덴의 탐험 가 스벤 헤딘(Sven Hedin), 러시아의 화가 니콜라이 레리흐(Nikolai Rerikh) 등 대부분의 서구인들이 인종주의에서 자유롭지 않다. 티 베트를 신성시하고 국가 통치에 이용했던 대표적인 사람은 역시 아돌프 히틀러였다. 히틀러의 나치는 꽤나 진지하게 티베트의 신비 스러운 힘을 믿었다. 이러한 그의 성향은 그가 화가 출신이라는 점 과 함께 1923년에 나치를 태동시킨 맥주홀 폭동에 참여했던 디트 리히 에카르트(Dietrich Eckart)의 영향이 절대적이었다. 히틀러의 측 근 중 오컬트(신비주의)에 빠져 있던 독일의 정치가 하인리히 힘러 (Heinrich Himmler)도 티베트로 탐험대를 파견하여 티베트인을 조사 했다.

그 배경에는 20세기 초반에 서양에서 유행한 우생학과 인종주 의가 있다. 그들은 '순수한' 유럽인을 찾아야 했다. 열등한 타민족 과 섞이지 않은 고대의 우월한 사람들이 산악 지역에 모여 있다고 생각했고, 서구의 인류학자들은 경쟁적으로 파미르고원과 티베트 고원을 탐사했다. 그들이 그렇게 오매불망하던 아리안족의 기원설 이 얼마나 허무맹랑한지는 굳이 설명할 필요가 없을 듯하다. 상식 적으로도 산속에 고립된 '단일민족'이 자기들끼리만 종족을 유지 했다면 근대 유럽의 왕족이나 고대 이집트 왕족들처럼 유전적인

1936년 독일 탐험대가 티베트에서 현지 주민을 계측하는 장면.

문제를 겪으며 자연스럽게 멸종했을 것이다.

　나치의 패망과 함께 '순혈' 아리안족을 찾는 이야기는 더이상 나오지 않는다. 대신 그들이 티베트에서 했던 경험이 극도로 미화되어 서양에 전해졌다. 지금도 티베트에 대한 수많은 문헌들은 대부분 명상이나 신비한 체험 위주이며 정작 티베트의 고대역사와 고고학에 대한 순수한 연구는 거의 없다. 이런 모든 상황이 지난 시절 서구 열강들이 티베트에서 벌인 만행을 숨기고 커가는 중국을 견제하기 위한 장치로 사용된다는 느낌도 강하게 받는다.

중국과 인도의 갈등을 해결할 실마리

1950년대 중국의 티베트 침략 이후 달라이 라마를 비롯한 티베트인들이 망명하여 지속적으로 티베트 독립운동을 펼치고 있다. 2006년 중국과 티베트를 잇는 2000킬로미터의 칭짱철도가 개통하면서 티베트는 빠르게 본래의 모습을 잃어가고 있다. 특히 21세기에 중국과 인도가 거대한 나라로 성장하면서 두 나라 사이에 긴 티베트는 새로운 국면을 맞고 있다. 티베트가 가진 문화적 의의보다는 중국과 인도의 국경 지역에 있다는 지정학적 위치 때문에 두 대국 사이의 갈등의 축으로 새롭게 떠오르고 있다. 21세기가 되어서도 티베트가 가진 진정한 문명사적 의의를 탐구하려는 노력은 요원해 보인다.

인도와 중국은 티베트 서부의 카슈미르 국경분쟁으로 대립하며 서로가 티베트를 자신의 역사라고 주장한다. 2019년 10월 세계 인구의 4분의 1을 차지하는 인도와 중국의 두 정상이 힌두교 사원에서 만나 화해의 제스처를 취하는 듯했다. 하지만 코로나19 바이러스가 창궐하는 2020년 6월부터 10월까지 인도와 중국의 분쟁 지역인 아크사이친에서 심각한 유혈충돌이 벌어져서 양국의 군인 수십 명이 전사했다. 인도와 중국 간 국경분쟁의 역사는 인도가 영국의 식민지였던 19세기 중후반 '그레이트 게임'의 일환으로 티베트를 두고 영국과 러시아가 경쟁하던 시절까지 거슬러 올라간다.

그리고 21세기가 되면서 주인공이 중국과 인도로 바뀌었다.

티베트 고대문명은 이제까지 서양 사람들이 아시아를 바라보는 오리엔탈리즘(제국주의적 관점에서 바라보는 동양편견주의)의 상징이었다. 또한 21세기에는 중국과 인도라는 새로운 문명 충돌의 상징이 되었다. 이 문제를 풀기 위한 실마리가 바로 상웅 문명에 있다. 고대 상웅 문명은 고대 중원과는 다른, 히말라야를 중심으로 일구었던 또다른 문명임이 밝혀졌다. 중국 고대 인도사 연구자 탄청(Tan Chung)은 중국 쓰촨 지역 고대문명인 싼싱두이(삼성퇴)문화와 인도는 히말라야를 중심으로 한 새로운 문명이라고 보았다.* 마찬가지로 고대 티베트도 지금의 국경 프레임을 씌워 판단할 필요가 없다. 우리와 완전히 다른, 해발 3000~4500미터의 고원 지역에서 살던 문명으로 있는 그대로 바라보는 것, 그것이야말로 편견 없이 티베트를 알아가는 첫걸음이 될 것이다.

티베트 이전에 존재했던 상웅국은 그동안 우리가 알지 못했던 티베트 문명의 기원을 보여주는 획기적인 자료다. 티베트 사람들의 기원은 중국도 인도도 아닌 고원지대를 따라 유목을 하던 사람들이었다. 그들은 '위대한' 독일 나치의 기원인 순혈민족도 아니었고,

---

* 탄청은 자신의 책 *Himalaya Calling: The Origins Of China And India*(Wcpc 2015)에서 싼싱두이와 하라파(Harappa)를 비교하며 중국 중원과는 다른, 히말라야산맥을 중심으로 인도와 서남 중국이 하나의 문명(Himalaya Cultural Sphere)을 이루었다고 보았다. 싼싱두이가 인도와 중국 문명 모두에 속한다고 본 것이다. 그의 주장이 맞고 틀리고를 떠나서, 현재의 국경에 근거해 과거를 바라보아서는 안 된다는 점에서 주목된다.

은둔의 외톨이도 아니었다. 높은 산맥을 따라 중국 신장웨이우얼 자치구보다 훨씬 넓은 지역에 살면서 동서를 이어주던 또다른 문명의 개척자였다. 다행히 학계에서는 현대 국가의 국경으로 그들을 규정짓지 말고 티베트를 하나의 문명으로 보려는 움직임이 강하다. 그렇다 해도 아직 대부분의 연구가 7세기 이후 티베트의 불교에만 한정되어 있는 실정이다. 티베트에 씌워진 편견들을 걷어내고 잃어버린 상웅국에 대한 연구를 이어가는 것이 티베트의 진면목을 밝히는 시작이 될 것이다.

황금의 나라를 찾아서

스키타이를 비롯한 유라시아 유목민의 황금은 전세계적으로도 잘 알려져 있다. 러시아에서 해외 전시를 주로 하는 대표적인 황금 유물이기 때문이다. 이 스키타이의 황금 유물은 지금은 역사의 한 페이지가 되어버린 소련 시절인 1991년에 한국 국립중앙박물관에 전시되기도 했다. 한소수교 1주년을 기념해 마련한 전시회였다. 예르미타시 박물관이 소장한 황금을 중심으로 203점을 전시했는데 냉전의 시대였던 당시로서는 상당한 파격이었다. 이 전시회는 한달이 좀 넘는 전시 기간 동안 15만명 가까운 사람이 찾아 큰 호응을 거두었다. 공교롭게도 전시회가 폐막하고 한달 후에 소련은 공식적으로 해체되었다. 소련과 한국의 처음이자 마지막 순회 전시가 된 셈이다.

한국에서는 몇년에 한번씩 카자흐스탄, 우크라이나 등 러시아뿐 아니라 다양한 나라에서 기획한 황금 유물전이 심심치 않게 열린다. 도대체 유라시아 어디에 황금의 나라가 있기에 이렇게 많은 황금 유물전이 열리는 것일까.

표트르 대제가 지켜낸 시베리아의 황금 유물

시베리아 초원에서 살던 유목민들이 남긴 황금이 세계적으로 알려진 데에는 제정러시아를 근대화하고 유럽의 강국으로 발전시킨 표트르 대제(1672~1725)의 역할이 결정적이었다. 그는 20대 후반인 1698년 네덜란드에 사절단으로 파견되어 유럽의 문물을 보았고, 이때 막 서양에서 생기기 시작한 박물관들도 처음 접했다. 당시 코사크인들은 시베리아로 가 경쟁적으로 황금을 찾아다녔다. 사금이 풍부한 강을 찾는 사람도 있었지만, 사람들은 곧 초원에서 더욱 손쉽게 황금을 찾는 법을 알아냈다. 바로 유목민들의 쿠르간을 도굴하는 것이다. 그들은 황금 유물을 꺼내고 시신에 붙어 있는 금장식들을 떼어냈다. 이미 17세기 말부터 서양의 골동품 시장에는 시베리아에서 나온 유물들이 거래되고 있을 정도였다. 사실 시장에 나온 시베리아 유물은 일부에 불과했고, 더 많은 유물들이 금화로 만들어져서 모스크바의 궁정으로 실려 갔다.

시베리아에서 세금으로 받아오던 금화가 유목민의 무덤에서 나

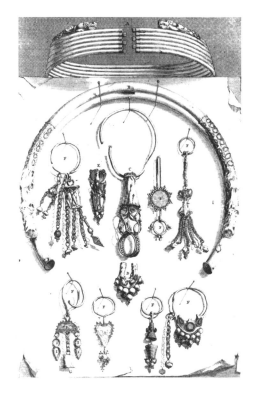

니콜라스 비천(Nicolaas Witsen)의 *Noord en Oost Tartarye*에 수록된 타타르인의 황금 유물 그림. '표트르 대제 시베리아 컬렉션'을 그린 것으로 유럽에 최초로 시베리아의 황금 유물을 알린 계기가 되었다. 이 책의 초판은 1692년에 출간되었으나 이 그림은 비천 사후인 1705년에 새롭게 증보된 책에 포함되어 있다.

왔다는 것을 알게 된 표트르 대제는 시베리아의 전역에 다음과 같은 명령을 내린다. "신기하게 생긴 돌, 사람이나 동물의 뼈, 옛 명문이 새겨진 석비, 예사롭지 않은 옛날 무기, 그릇 등 오래되고 범상치 않은 유물들을 헌상할 것" 그리고 "무덤을 도굴해서 금제 유물들을 훔친 자는 사형에 처한다."

차르의 칙령에 놀란 시베리아의 총독 마트베이 가가린(Matvey Gagarin)은 사방의 고분을 도굴해 모은 황금 유물을 몇차례에 걸쳐서 표트르 대제에게 헌상했다. 시베리아 초원에서 발굴된 최고급 황금 유물들이 차곡차곡 궁궐에 쌓였고, 지금의 유명한 예르미타시 박물관의 '표트르 대제 시베리아 컬렉션'이 되었다. 1991년 한국으로 나들이를 온 '스키타이 황금전'은 표트르 대제의 컬렉션을 기반으로 한 것이다.

표트르 대제의 칙령으로 시베리아의 각 도시마다 황금을 도굴하는 자는 엄벌에 처한다는 공문이 붙었다. 하지만 실제로는 시베리아 곳곳에 황금이 묻혀 있다는 것을 차르가 인정한 꼴이었으니, 도굴은 더 심해졌을 것 같다. 18세기 중반에 시베리아를 답사한 역사가 밀레르에 따르면 그의 조사대가 가는 곳마다 황금 유물을 구매하겠냐며 호객행위를 하는 사람들이 있었다고 한다.

러시아와 우크라이나의 황금 유물 쟁탈전

1991년의 전시회가 끝나고 20년이 지난 2011년 겨울, 한국에서 예술의 전당 기획으로 '스키타이 황금문명전'이라는 제목의 또다른 전시회가 기획되었다. '스키타이 황금전'이나 '스키타이 황금문명전'이나 제목이 거의 비슷하니 같은 스키타이 황금이라고 생각할 수 있지만 실상 완전히 다른 유물들이다. 스키타이문화는 하나의 민족이 아니라 우크라이나 초원에서 중국 만리장성 일대로 이어지는 넓은 지역의 사람들이 일군 문화를 통칭한다. 2011년에 한국에 온 황금 유물은 우크라이나 국립중앙박물관 소장품으로 그리스의 역사가 헤로도토스가 이야기한 '진짜' 스키타이족의 유물이었다. 우크라이나 최고의 국보로 지정된 황금 2점을 제외한 나머지는 모두 진품으로 총 260점의 황금 유물이 전시되었다. 당시 나는 이 전시회의 자문과 해설을 맡아 전시 준비에 함께했다. 전시를 준비하는 내내 이 멋진 유물들이 내 눈앞에 있다는 것이 믿기 어려웠다.

도대체 어떤 로비를 했기에 한 나라를 대표하는 국보급 황금 유물들이 이렇게 많이 한국에 올 수 있었는지 궁금했다. 나중에 알고 보니 우크라이나 측의 적극적인 제안 덕이었다고 한다. 실제 스키타이문화의 상당 부분은 지금의 우크라이나에 속한다. 1991년 옛 소련으로부터 독립한 이후 우크라이나는 스키타이문화의 '원조'를 자처했고, 더 나아가 러시아의 최초 통일국가인 키예프공국의 수도가 현재 우크라이나 수도인 키예프라는 것을 내세워 러시아 문화의 정통성이 우크라이나에 있음을 강조한다. 이 전시회로 스키타이의 황금이 시베리아가 아니라 우크라이나가 원조라는 점이 한국인에게 얼마나 어필이 되었는지는 모르겠다. 여하튼 우크라이나의 이런 적극적인 행보 덕분에 우리는 서울에서 편하게 스키타이의 황금을 볼 수 있는 기회가 되었으니, 피차 이득이 아니었을까.

스키타이 황금 유물의 원조 논쟁을 둘러싼 러시아와 우크라이나의 분쟁은 2014년에 제대로 터졌다. 2014년 3월 크림자치공화국이 우크라이나로부터 독립을 선언하고 공화국 주민들의 투표를 통해 러시아와 합병하게 된 것이다. 러시아가 크림반도를 합병하면서 우크라이나와 준전시 상태로까지 이어졌다. 그런데 공교롭게도 바로 한달 전 크림반도의 스키타이 황금 유물이 네덜란드 암스테르담에 있는 알라드피어슨 박물관에서 전시 중이었다. 간단히 말해, 유물이 네덜란드로 갈 때는 우크라이나 소속이었지만, 전시회가 끝나자 러시아 소속이 된 것이다. 러시아는 원래 유물의 소장자인 박물관으로(결국 러시아로) 반환해야 한다고 주장했고, 크림반도와 러시아의 병합을 인정하지 않는 우크라이나는 키예프로 반환해야 한다고 맞섰다. 네덜란드는 일단 반환을 미뤘고, 이 문제는 러시아와 우크라이나 간의 국제 소송으로 이어졌다. 2016년 12월 1차심에서는 우크라이나 측에 반환하라고 판결했다. 하지만 이 유물을 직접 발굴하고 소장해온, 이미 러시아의 소속이 된 크림반도의 고고학자들이 다시 소송을 제기했다. 이에 2019년 러시아 측의 항소가 받아들여져서 우크라이나 측으로 반환하기 위해서는 새로운 준비가 필요하다는 결정이 내려졌다.

사실 크림반도의 스키타이 유물 공방전은 따로 책을 하나 써도 될 정도로 아주 복잡한 문제다. 공식적으로 러시아와 크림반도의 병합은 전쟁과 같은 폭력이 아니라 주민투표라는 방법으로 이루어졌고, 실제로 크림반도의 주민은 러시아인들이 다수를 차지한다. 그러니 전쟁으로 빼앗긴 유물은 본국에 다시 반환해야 한다는 헤이그문화재보호협약*과는 관계가 없다. 또한 크림반도의 스키타이 황금을 발굴하고 보존한 사람들도 러시아인들이기 때문에 유물을 관리할 사람이 누군지도 문제가 된다. 지금의 우크라이나에는 크림반도의 황금 유물을 발굴하거나 관리할 수 있는 사람이 없다. 반면 발굴 시점을 기준으로 하면 크림반도의 스키타이 고분은 현재 러시아와는 전혀 관계없는 우크라이나의 영토에 있었고, 우크라이나의 세금과 주권으로 발굴된 것이라는 입장도 만만치 않다.

상황은 많이 다르지만 굳이 일제강점기의 한국으로 비유해보자면, 일제강점기에 일본이 한국의 유물을 해외에 보내 전시회를 했다가 한국이 독립을 한 경우 정도가 될 것 같다. 비슷한 사례조차 찾기 어려운 크림반도 스키타이 황금 유물 사건은 지금까지도 해결될 기미조차 보이지 않는다. 많은 학자들은 러시아와 우크라이나 사이의 국가적인 대타협이 일어나지 않는 한 이 문제가 쉽게 해결되지는 않을 것이라고 본다. 지금도 크림반도의 황금 유물은 네덜란드에 있다. '방황하는 네덜란드인'이 아니라 '방황하는 스키타이의 황금'이 된 것이다.

---

* 제2차 세계대전 후 문화재 파괴를 막기 위하여 1954년에 체결된 조약. 전쟁 등 폭력적인 방법으로 문화재를 탈취할 수 없게 방지하는 것이 주요 내용이다.

카자흐스탄의 홍보대사 '황금인간'

2018년에는 카자흐스탄 문화체육부가 기획한 순회 전시가 한국을 방문했다. 국립중앙박물관에서 열린 '황금인간의 땅, 카자흐스탄'이 그것이다. 1970년에 발견된 사카문화(카자흐스탄과 중국 신장 등 실크로드에서 기원전 8~3세기에 꽃피운 대표적인 황금문화) 이식 고분 유적 중 도굴되지 않은 무덤에서 발견된 황금인간 유물을 중심으로 한 전시회였다. 카자흐스탄 측은 전시회 대관료를 요구하지 않는 대신 전시회의 포맷을 자신들이 뜻대로 하겠다는 조건을 제시했다. 카자흐스탄이라는 나라의 문화적 수준을 세계적으로 알리기 위해 국가 차원에서 기획된 전시로 스키타이 황금문화의 종주국이 카자흐스탄이며, 진정한 초원 문명의 출발점임을 세계에 알리기 위한 목적이 있었기 때문이다. 실제 이 전시회는 일본, 중국, 러시아, 터키 등 세계 다양한 곳에서 개최되었다.

이 전시회가 한국에서 열리기 얼마 전인 2018년 10월 다소 뜬금없는 논문이 하나 발표됐다. 작성자는 카자흐스탄이 독립한 이후 약 30년간 카자흐스탄을 통치한 초대 대통령이자 카자흐스탄의 국부로 칭송받는 누르술탄 나자르바예프(Nursultan Nazarbayev) 대통령이었다. 때는 30년의 통치를 마무리하며 자진 퇴임하기 직전, 즉 퇴임 후를 대비한 유훈인 셈이다. 「위대한 초원의 일곱가지 주제」라는 제목의 이 논문은 카자흐스탄이 국가적 차원에서 반드시 연구

이식 고분에서 발견된 황금인간. 전세계를 다니며 카자흐스탄의 홍보대사 역할을 톡톡
히 하고 있다.

해야 할 카자흐스탄 역사의 주제 일곱가지를 열거하고 있다. 한 국가의 대통령이 권좌에서 물러나면서 여러가지 신경 쓸 일이 많을 텐데 하필 자국의 고대사를 연구하라는 지침을 내렸다니 선뜻 이해하기 어렵다.

그 배경에는 스키타이 황금문화를 앞세워 신생국가인 카자흐스탄을 유라시아를 대표하는 나라로 자리매김하려는 의도가 있다. 전통적으로 중앙아시아 실크로드의 중심은 히바(Khiva)-사마르칸트(Samarkand)-타슈켄트(Tashkent)를 연결하는 우즈베키스탄이었다. 우즈베키스탄이 소련으로부터 독립하기 전까지 그 주도권은 소련에 있었고, 독립국가연합으로 바뀐 뒤에는 러시아가 가져갔다. 그 헤게모니를 카자흐스탄이 가져오려는 것이다. 이식 고분에서 출토한 화려한 황금인간은 과거의 유물이 아니라, 찬란한 카자흐스탄의 미래를 상징하는 역할을 맡게 됐다. '황금인간'이 전세계를 다니며 '황금의 나라' 카자흐스탄을 널리 알리는 홍보대사가 된 셈이다.

세계 각국을 돌면서 황금 유물을 전시하는 것은 비단 유라시아만의 일은 아니다. 과거 우리도 한국전쟁 직후 비슷한 전시회를 미국과 유럽 일대에서 거행했다. 황금이라고 하는 누구나 좋아하는 유물을 앞에 놓고 그와 더불어 우리나라의 오랜 역사와 다른 유물들을 함께 소개하는 포맷이다. 전시회를 기획하는 입장에서 보면 솔직히 황금만큼 사람의 이목을 끄는 것이 없다. 그렇기에 신생국가들이 자국을 세계에 알릴 때 어디든 '황금의 나라'가 될 수밖에 없는 것이다.

1957년부터 1959년까지 '한국미술 5천년 전(展)'이라는 제목으로 미국 8개 도시를 순회하는 전시회가 열렸다. 이때에 신라의 금관을 비롯한 193점의 유물이 전시되었다. 당시는 한국전쟁이 끝난 지 4년밖에 안 된 시점이다. 제대로 된 유물 포장법이나 보존 기술도 없던 시절에 프로펠러 비행기로 수십일 걸려 미국으로 유물을 운송했다. 지금 같으면 도저히 상상할 수 없는 일이다. 그리고 '한국미술 5천년 전'은 1960년대에는 유럽으로, 1970년대에는 다시 미국으로 계속 이어졌다. 신생국가인 한국의 존재를 세계에 알리고자 했던 열망이 고스란히 느껴진다. 전시 유물에는 반드시 황금 유물이 포함되어야 했다. '황금의 나라'라고 하는 상상력은 중세 이래 서양 사람들의 로망이었고, 이러한 홍보는 주효했을 것 같다. 하지만 돌이켜보면 한국이라는 나라의 인지도를 올리는 데에는 성공했을지 몰라도, 문화재 보호 관점에서 본다면 사고의 위험에 노출되고 유물에 흠이 갈 수밖에 없는 그러한 전시가 옳았는지는 극히 의심이다.

황금의 나라, 그 실체는

21세기에도 각국이 스스로를 '황금의 나라'라고 칭하게 만든 스키타이의 황금문화는 실제로 어떠했을까. 황금인간들이 살던 유라시아의 초원에는 정말 황금이 넘쳤을까? 결론부터 말하면 다들

짐작하겠지만 발에 채도록 황금덩어리가 길에 널려 있거나 사방에 넘쳐나는 나라는 없다. 실제로 유목민들은 대개 강에서 사금을 캔 것이지 황금 광산을 채굴한 것이 아니다. 스키타이 시대(기원전 8~3세기) 시베리아 초원의 족장들은 온몸과 말의 장식을 황금으로 둘러서 마치 황금인간으로 보이기도 한다.

황금인간은 겉으로는 화려해 보여도 우리가 상상하는 호화로운 삶과는 거리가 멀었다. 그들은 말을 타고 다녀야 하기 때문에 몸에 지니는 무기와 의복의 무게를 최대한 가볍게 해야 했다. 그래서 옷을 장식하는 황금도 최대한 얇게 펴서 몸에 바르는 식으로 치장했다. 만약 우리가 집을 소유할 수 없고, 집 안을 꾸밀 가구들도 살 수 없다면 우리는 번 돈을 과연 어디에 쓸까. 아마 차를 사고 몸을 꾸미는 데 쓰지 않을까? 초원의 사람들이 황금장식을 좋아한 것도 같은 이유다. 그들은 일정한 거처 없이 떠돌아다녔기에, 무겁고 거추장스러운 물건은 소유할 수 없었다. 대신 자신들이 타고 다니는 말과 자신의 몸을 꾸미는 데 모든 재화를 소비했다. 게다가 금을 가공하는 데에는 넓은 공간도 필요하지 않고, 금은 연성과 전성이 강하기 때문에 적은 양으로 많은 장식을 만들어낼 수 있다. 초원을 계속 이동하는 유목민들에게는 아주 적당한 금속이었을 것이다. 황금이 많다 한들 주렁주렁 달고 전쟁에 나가면 목숨을 잃기 십상이다. 그래서 실제 무덤에서 발견되는 황금장식 중 상당수는 실제 살면서 단 것이 아니라 사후에 무덤에 넣기 위한 용도였다.

정작 황금문화로 유명한 알타이의 고원지대 같은 곳의 무덤을 발굴하면 황금으로 장식한 옷 안쪽에서 누더기를 덕지덕지 기운 바지나 셔츠가 흔히 발견된다. 집이 없으니 옷장도 있을 리 없고, 단벌 신사로 평생을 살았을 테니 당연한 결과다. 무덤 옆에 놓인 나무쟁반이나 그릇들도 생전에 수십번은 고쳐서 사용한 흔적들이 발견된다. 족장이든 일반 무사든 예외는 없었다. 어쩌면 요즘 유행하는 '미니멀 라이프'의 원형이라고 봐도 좋지 않을까?

유목민들은 다른 부족들을 정복할 때에 반드시 적의 무덤을 파괴하고 도굴했다. 전쟁에서 이겨도 정복해야 할 도시나 요새가 없기 때문에 유목민들이 모이는 장소인 조상들의 무덤을 파괴했던 것이다. 무덤 속에서 황금 유물이 나오면 전리품으로 나누어가졌다. 그 과정에서 황금 유물들이 사방으로 전해지며 잘못된 황금의 나라 전설을 부추겼다. 그렇게 수천년간 사람들의 마음을 설레게 했던 황금의 나라 이야기는 특별할 것이 없다.

인류의 역사에 황금이 등장한 이래 수천년이 지났건만, 황금은 여전히 인간의 영원한 욕망이고 꿈이다. 사람들은 언제나 황금이 차고 넘치는 땅을 꿈꾸어왔다. 유라시아 초원의 유목민들이 사용했던 황금이 널리 알려지게 된 계기이기도 하다. 하지만 조금만 깊숙이 그 황금의 실상을 들여다보면 우리의 기대와는 많이 다르다는 것을 알게 된다.

변함이 없는 것이 있다면 황금을 둘러싼 인간의 욕심뿐이다. 엘도라도, 지팡구(일본), 알타이, 그리고 미국의 샌프란시스코* 같은, 사람들이 꿈꾸어온 '황금의 나라'는 대항해시대 이후 신대륙의 발견, 골드러시로 이어지는, 일확천금을 일구던 시대에 등장했다. 21세기인 지금도 유라시아의 패권을 두고 벌이는 정치적 분쟁의 중심에 여전히 황금이 있다. '황금의 나라'라는 타이틀을 차지하기 위한 유라시아 여러 나라들의 경쟁을 보면 19세기에 벌어진 골드러시와 크게 다를 바가 없어 보인다. 고고학 자료는 우리에게 말한다. 우리가 상상하는 황금의 나라는 어디에도 없으며, 다만 황금에 대한 인간의 탐욕과 집착, 냉혹한 정치는 언제나 어디에나 있다는 것을.

* 미국 서부 지역에서 골드러시가 한창일 때 샌프란시스코의 근처인 새크라멘토에 금광이 형성되었고, 당시 많은 중국인들이 몰려들었다. 이에 사람들은 이 지역을 금산이라 불렀다. 이후 호주 멜버른에서도 금광이 발견되어 중국인들이 몰려가면서 호주의 금광과 구별하기 위해 샌프란시스코를 구금산(舊金山)이라고 부르게 되었다. 지금도 여전히 중국에서는 샌프란시스코보다 구금산이라는 명칭을 더욱 선호한다.

냉전의 벽을 뛰어넘어 풀어낸
마야 문명의 비밀

고대문명의 신비를 발견하는 이야기라면 당연히 현장을 누비며 활약하는 장면을 떠올린다. 하지만 모든 고고학자가 그런 혜택을 누린 것은 아니다. 시대의 한계로 연구실에서 평생 과거의 유물을 연구하여 세계적인 발견을 한 사람도 있다. 바로 중남미의 마야 문자를 해독한 소련 학자 유리 크노로조프(Yuri Knorozov)를 두고 하는 얘기다. 크노로조프는 마야의 유적과 실물 자료는 보지 못한 채 평생을 좁은 골방에서 오로지 문헌 자료만 수천번 반복해 보면서 대서양 건너 머나먼 중남미의 마야 문명을 풀어냈다. 이집트 문자를 해독한 프랑스의 장프랑수아 샹폴리옹(Jean-François Champollion)에 비견해도 부족함이 없다. 게다가 크노로조프는 냉전의 시대에 살았다는 이유로 소련과 서방세계로부터의 편견과 질시를 견뎌야 했다. 고립을 뛰어넘어 세계적 연구 업적을 이룬 그의 생애는 다시 고립의 시대를 살아가야 하는 우리에게 더욱 새롭게 다가온다.

스페인 침략으로 파괴된 마야 문명

마야는 원래 현재 중남미에 사는 원주민들이 자신들을 지칭하는 말이다. 역사적으로 마야 문명이라고 하면 보통 기원전 1500년부터 스페인 정복 이전까지 약 3000년간 멕시코 동남부와 과테말라 등 유카탄반도를 중심으로 번성했던 대표적인 신대륙 문화를 말한다. 고대 마야의 문명은 70여개 이상의 대형 도시를 중심으로 발달했다. 특히 우리나라 삼국시대에 해당하는 고전기(250~900년)가 전성기였다. 티칼, 코판, 팔렝케 등 우리가 흔히 보는 대부분의 마야 유적이 이때 만들어졌으며, 대형 도시는 인구가 10만명에 이를 정도였다. 이후 멕시코 지역의 아스테카(아즈텍)문명이 성장하면서 그 세력은 약화되었지만, 여전히 그들만의 종교와 정치를 결합한 독특한 문명을 지켜왔다.

하지만 16세기 초 스페인의 침략으로 마야 문명은 초토화되었다. 이교도라는 이유로 마야인들은 학살당했고, 그들이 남긴 수많은 유적들은 잿더미가 되었다. 1649년 마야의 마지막 도시가 멸망하면서 수천년을 이어온 마야 문명은 사람들에게 완전히 잊혔다.

약 200년이 지난 뒤에 고고학자들이 다시 마야의 유적을 발견했지만, 정작 그들이 남긴 글자를 해독할 수는 없었다. 스페인이 마야와 관련된 유적과 책들을 철저하게 파괴했기 때문이다. 마야 문명 당시에는 수천권이 넘었을 것으로 추정되는 마야의 달력과 책들은 현재 고작 세권(또는 네권)이 남아 있을 뿐이다.

그나마 마야의 문자를 연구할 수 있는 유일한 단서는 16세기에 이 지역에서 포교활동을 했던 디에고 데 란다(Diego de Landa) 신부가 쓴 『유카탄 보고서』였다. 란다 신부는 이 책에서 마야인들의 다양한 풍습과 함께 몇개의 문자들을 소개하고 그 뜻도 적어놓았다. 역설적으로 란다 신부는 마야 문명의 가장 악랄한 파괴자였다. 그는 마야인들이 집에 감추어둔 마야 달력을 찾아내 불태웠다. 마야인들에게 달력은 농사를 짓는 데에 반드시 필요한 보물과도 같았다. 우상숭배라는 이름으로 불태워지는 달력을 보며 졸지에 삶의 터전을 잃은 마야인들은 울부짖었다. 그리고 란다 신부는 마야인들을 개종을 거부하는 자들이라며 산 채로 불태워 죽이는 만행도 저질렀다. 그의 악행이 얼마나 잔인했던지 다른 신부의 고발로 그는 교황의 재판에 회부되었다.

『유카탄 보고서』는 재판정에 선 란다 신부가 마야인들의 심각한 우상숭배 현실을 알려 자신을 변호하기 위해 썼던 보고서였다. 잔인한 파괴를 합리화하기 위해 쓰인 란다 신부의 자료가 그의 손에 의해 사라진 마야 문명을 밝히는 유일한 자료가 되고 말았으니 너무나 아이러니하다. 란다의 보고서도 그나마 원본은 사라졌고

18세기에 요약한 사본만 남아 있을 뿐이었다. 그뒤 마야 문자에 대한 자료가 턱없이 부족한 상태에서 그들의 문자는 해독할 수 없는 언어로 남아 있었다.

전쟁이 빼앗아간 평범한 삶

1952년 세기의 미스터리인 마야 문자를 해독한 사람은 뜻밖에도 소련에서 나왔다. 그해 만 30세가 된 유리 크노로조프였다. 마야 문자를 해독한 당시 크노로조프는 제2차 세계대전의 여파로 몇년을 군대에서 보냈고, 피난 생활을 하면서 뒤늦게 학부를 졸업한 것이 학력의 전부인 소련의 무명 학자였다. 소련에서 공부한 탓에 마야와 관련된 교육은 전혀 받지 않았고, 오로지 책 몇권만을 가지고 순수하게 독학으로 이뤄낸 엄청난 업적이었다. 그의 놀라운 업적만큼이나 그의 삶도 영화 속 주인공처럼 극적이다.

크노로조프는 지금의 우크라이나 지역인 하리코프에서 태어났다. 그는 어려서부터 그림과 바이올린에 천재적인 재능을 보였다. 그가 열살이 되던 해에 스탈린 시절 잘못된 정책으로 러시아의 대표적인 곡창지대인 우크라이나에서 300만명 가까운 사람들이 기아로 사망하는 '우크라이나 대기근'이 발생했다. 그는 본인이 심각한 영양실조에 걸린 것은 물론, 주변 지인들이 기아로 비참하게 죽어가는 것을 목격한 일로 평생 트라우마에 시달렸다. 시련은 여기

마야 문자를 세계 최초로 해독한 소련 학자 유리 크노로조프. 좁은 골방에서 오로지 문헌 자료만 가지고 마야 문자의 비밀을 풀어냈다.

에서 끝나지 않았다. 하리코프대학에 입학하여 공부를 시작하자마 제2차 세계대전이 발발했고, 폴란드와 인접한 하리코프는 곧바로 독일의 지배를 받게 된다. 그는 독일군의 징집을 피해 몇년을 숨어 살았다. 피난 기간 동안 살던 집은 사라졌고 결혼을 약속했던 여자 친구도 독일군에 희생당했다.

크노로조프는 구사일생으로 목숨을 건져 모스크바로 올 수 있었지만, 독일이 몇년간 지배했던 점령지 출신이라는 이유로 소련 사회에서 독일의 부역자로 의심받았다. 전쟁 중에 모스크바대학으로 적을 옮겨 공부하면서 크노로조프는 시베리아의 샤머니즘에 관심이 두었다. 하지만 스탈린 치하에서 점령지 출신이라는 꼬리표는 그를 계속 따라다녔고 대학원 입학까지 거부당했다. 진로를 찾지 못한 그는 레닌그라드의 민속학박물관에 취직했다. 그리고 민속학박물관에서 우연히 마야 문자는 해석이 불가능하다는 독일 학자의 논문과 마야에 대한 책 몇권을 접하게 된다. 제2차 세계대전 당시 소련군이 베를린에서 노획한 독일의 자료들이었다고 한다. 서양의 일부 책에서는 크노로조프가 베를린 전선에 참전했다가 책을 훔쳤다는 식의 설명도 있는데, 이는 사실과 다르다. 실제 크노로조프는 모스크바 근처에서 통신병으로 근무했다. 아무튼 러시아에 내에서 연구자로서의 앞길이 막힌 그가 아무도 모르는 마야 문자 연구에 매달린 것은 어쩌면 시대가 강요한 선택이었는지 모른다.

민속학박물관의 좁은 방에서 숙식을 하며 마야 문자의 해독에 몰두하던 은둔의 시간에 그는 공교롭게 옆방에서 일하던 젊은 학자와 교유를 할 수 있었다. 바로 러시아 역사의 유라시아 사관을 수립한 전설적인 학자 레프 구밀료프(Lev Gumilyov)다. 지금은 새로운 러시아를 주창하는 푸틴의 시대를 이끌어나가는 사상적 기초를 이룬 사람으로 높이 평가받지만, 당시 구밀료프는 스탈린의 심한 탄압을 받아서 7년의 수용소 생활을 한 직후라 마땅히 갈 곳이 없었다. 그러던 차에 민속학박물관에서 받아주어 그곳에서 근무했던 것이다. 비슷한 처지의 두 사람은 금방 친해졌다. 민속학박물관에서 구밀료프는 유라시아 역사를 집필하고, 크노로조프는 마야 문명의 비밀을 풀 연구를 했다. 둘의 교유 기간은 그리 길지 않았는데 구밀료프가 1949년에 사상범으로 체포되어 두번째로 수용소에 끌려갔기 때문이었다. 크노로조프는 다시 혼자가 되었고, 본인도 언제 끌려갈지 모른다는 불안감에 시달렸다.

이 짧은 교유의 시간에 크노로조프는 구밀료프의 어머니이자 소련의 국민시인인 안나 아흐마토바(Anna Akhmatova)를 만난다. 아흐마토바는 아들의 친구인 크노로조프에게 베레모를 선물했고 크노로조프는 평생 외출할 때마다 그 베레모만 썼다고 한다. 그 모습은 그가 늘그막에 멕시코와 과테말라를 방문했을 때의 사진에도 남아 있다. 뛰어난 능력을 지닌 사람이 살기 힘들었던 스탈린 시절 베레모를 자신을 지켜주는 유일한 방호구로 생각했을지도 모르겠다.

잠시 옆길로 새자면, 구밀료프는 두번째 수용소 생활을 겪고 기적적으로 살아 돌아왔다. 어머니인 아흐마토바가 변절을 하고 스탈린과 당에 대한 찬양시를 쓴 덕분이었다. 이 일로 아흐마토바는 살아생전은 물론 죽어서까지도 변절자라는 비판을 받았다. 더 안타까운 것은 정작 구밀료프 자신은 그 내막을 모른 채 어머니를 변절자라고 오해해 돌아가실 때까지 만나지 않았다고 한다. 구대륙 유라시아의 역사에 새 지평을 연 구밀료프와 신대륙의 새 역사를 쓴 크노로조프의 세기적인 만남은 아이러니하게도 지식인에 대한 탄압이 극에 달했던 스탈린 시대가 낳은 비극으로 탄생할 수 있었다.

세계적으로 인정받다

크노로조프가 마야 문자에 대한 연구를 시작할 때 그의 손에는 제2차 세계대전 당시에 소련 병사가 독일에서 가져온 책 세권과 란다 신부의 보고서가 전부였다. 빈약한 자료의 한계를 크노로조프는 타고난 재능으로 돌파했다. 크노로조프는 양손잡이였기 때문에 마치 거울에 비춘 것처럼 정반대로 글씨를 쓸 수 있었다고 한다. 게다가 그림에 소질이 있어서 복잡한 그림 같은 마야 문자를 보는 눈썰미도 남달랐고, 수학적인 머리가 비상했다.

그는 이런 천재성을 기반으로 기묘한 그림처럼 생긴 마야 문자들의 위치와 특징을 머릿속에서 수학과 통계로 재조합해냈다. 2년간의 연구 끝에 그는 마야 문자가 뜻을 전하는 표의문자와 음을 전하는 표음문자가 섞여 있다는 것을 밝혀냈다. 한국어로 비유하면 한자의 음을 빌려서 쓰는 이두나 향찰과 유사하다. 우리도 삼국시대에 한자가 도입되어 일부 한자는 한국어의 특성을 반영해 표음문자화되었고 그런 한자를 조사나 접속사로 썼다. 마찬가지로 마야 문자는 얼핏 보면 복잡한 그림투성이지만 사실은 수백년간 문자를 사용해가면서 상형문자에서 점차 알파벳과 같은 표음문자로 바뀐 것이다. 당시 중남미에서는 미국과 서방의 학자들이 돌에 새겨진 다양한 마야 문자를 새롭게 발굴한 상태였다. 하지만 크노로조프는 그 새로운 발견을 알 턱이 없었다. 오로지 란다 신부의 자료와 남아 있는 마야의 책 세권으로만 글자를 풀어냈으니 그의 연구는 놀라움 그 자체라고 할 만하다.

그는 연구를 시작한 지 2년 뒤인 1951년 지인에게 보낸 편지에 '드디어 마야 문자를 해독할 수 있게 되었소! 마야 문자는 상형문자라는 게 밝혀졌으니, 이제 우리 쪽이 연구의 주도권을 잡게 되었네!'라고 적었다. 하지만 1952년 소련과학원(현 러시아과학원)은 또다시 그의 대학원 입학을 불허했다. 크노로조프는 출신 성분을 세탁하기 위해 스탈린 사상을 배우는 야간학교에 등록할 정도로 열의를 보였지만 또 한번 좌절을 맛봐야 했다.

학부 졸업이 학력의 전부였던 크노로조프는 1952년 「중부 아메리카의 고대 문자」라는 애매한 제목의 18면짜리 작은 논문을 발표했다. 그는 일부러 논문 제목에 '마야'라는 단어를 넣지 않았다. 냉전의 장벽 건너편을 대표하는 신대륙의 '마야'라는 단어가 점령지 출신의 그에게 불이익으로 작용할까봐 걱정했기 때문이다.

그의 조용한 발표는 곧 국제적으로 큰 반향을 일으켰다. 멕시코에서도 즉각 번역해 소개했고 소련의 정부와 학계도 높이 평가했다. 냉전 시절 신대륙을 연구한 그의 업적이 사회주의의 우수함을 선전하는 데에 도움이 된다고 판단했던 것 같다. 크노로조프는 이 논문 덕에 그렇게 염원하던 대학원에 입학할 수 있었고, 3년 뒤에 박사논문을 발표했다. 하지만 크노로조프 본인에게는 박사논문의 발표가 거의 목숨을 거는 일에 가까웠다. 점령지 출신인데다가 그의 연구는 당시 소련을 적대시하는 신대륙과 관련된 것이었기 때

/
크노로조프가 수없이 반복해 본 마야의 책 세권 중 하나.

문이다. 또한 마야를 국가로 인정하지 않으며 마야인들에게는 문자가 없었다고 선언한 엥겔스의 주장에 반하는 것이기도 했다. 그는 수용소에 갈 각오를 하고 신변을 정리한 뒤에 박사논문 심사장에 나갔다. 그의 발표는 단 3분 30초만에 끝났다. 소련 내에는 마야 문자 전공자가 없었기 때문에 설명을 하려면 엄청나게 많은 시간과 자료가 필요했을 텐데, 그는 자세한 것은 논문을 읽어보라는 부탁과 함께 결과만을 짧게 발표했다. 내용을 자세하게 발표했다가 자칫 당에 반하는 내용이 들어가서 비판의 빌미를 줄까 두려웠던 것이다.

그의 걱정과 달리 발표를 마친 박사논문 심사장에서 놀라운 반전이 일어났다. 소련과학원은 그에게 박사학위가 아니라 그보다 한 단계 높은 국가박사(러시아와 유럽 일부에만 있는 독특한 학위로 대체로 대학의 정교수에 해당함)를 수여하는 놀라운 파격으로 보답했다. 이후 크노로조프는 비교적 안정된 환경에서 연구를 할 수 있었지만, 해외를 나가는 것은 여전히 허락되지 않았다. 그는 자신의 연구실에서 고립된 생활을 계속했다.

한편 크노로조프의 성공에 미국 학계는 극도의 거부반응을 보였다. 당시 마야 연구를 주도하던 고고학자 에릭 톰프슨(Eric Thompson)은 마야 문자가 실제 문법을 지닌 글자가 아니라 마치 '이모티콘' 같이 그때그때의 느낌을 표현한 것이기 때문에 각 상황에 대한 맥락을 모르는 한 의미를 해독할 수 없다고 생각했다. 자신의 평생 업적이 부정당하게 되자 톰프슨은 크노로조프의 연구를 인정하지 않았고 마야를 제대로 모르는 사람이 내린 경솔한 결론이라며 맹렬히 비판했다. 톰프슨과 미국 학계의 반응은 1950년대 미국에서 매카시즘의 열풍이 불며 소련을 극도로 적대시하던 사회적 분위기와도 일정 정도 관련이 있었을 것이다.

톰프슨은 또다른 저명한 마야 전문가인 예일대학의 마이클 코(Michael Coe) 교수에게 편지를 보내 누가 맞는지 확인해달라고 부탁했다. 그리고 그 발표를 2000년에 해달라고 했다. 코 교수는 2000년 새해에 그의 편지를 공개하며 다음과 같은 말을 남겼다. "에릭, 아쉽지만 당신이 틀렸소. 우리는 모두 크노로조프의 해석을 따라서 마야를 연구하고 있다오." 실제로 1970년대 이후에 모든 마야 문자의 해석은 크노로조프의 방법에 기반해 하고 있다. 그 결

마야 문자가 새겨진 비석. 300~500년경 제작된 것으로 비의 신 차크를 표현했다.

과 현재 마야 전문가들은 전체 마야 문자의 80퍼센트 가까이 해석한다고 자부한다. 이 모든 결과는 전적으로 크노로조프의 연구에 의지하고 있다.

크노로조프의 업적이 세계적으로 인정받는 데에는 보이지 않는 도움도 있었으니, 그의 연구를 미국에서 적극적으로 소개해준 러시아계 여성 두명이 바로 그들이다. 그중 한명이 마이클 코의 부인인 소피 도브잔스키 코(Sophie Dobzhansky Coe)이다. 20세기 유전학의 개척자로 알려진 우크라이나 출신의 미국 진화생물학자 테오도시우스 도브잔스키(Theodosius Dobzhansky)의 딸인 소피는 러시아어로 된 크노로조프의 책과 논문을 영어로 번역했다. 그녀의 번역본을 본 마이클 코는 크노로조프의 추종자가 되었고, 이후 미국 내의 편견을 바꾸는 데에 큰 역할을 했다.

또다른 이는 크노로조프와 같은 러시아 출신의 이민자이자 여성 고고학자인 타티아나 프로스쿠리아코프(Tatiana Proskouriakoff)다. 제정러시아 시절 시베리아 톰스크에서 태어난 타티아나는 미국으로 건너와 건축학과를 졸업했지만, 여성이라는 이유로 직업을 얻을 수 없었다. 대신에 건축과 그림의 탁월한 재능을 발휘하여 마야 탐험대의 보조 역할을 하며 수많은 마야 문자를 발견했다. 타티아나는 펜실베이니아대학 박물관에서 수많은 발굴 조사를 하고 말년에는 하버드대학 피바디 박물관에서 근무하며 크노로조프의 방법을 계승하여 수많은 마야 문자를 해독해냈다. 타티아나는 여성이라는 한계로 고고학계에서 '히든 피규어'로 살 수밖에 없었지만 지금은 세계 고고학계의 개설서에 소개될 정도로 마야 문자 연구의 일인자로 인정받으며, 제1세대 여성 고고학자로 칭송받고 있다.

미지의 땅에 대한 멈추지 않는 열정

크노로조프에게는 이러한 세계적인 명성이 사실 먼 나라 이야기였다. 박사논문 발표 직후 단 한번 덴마크에서 열린 학술대회에 사흘간 참석한 것을 제외하면 35년간 여전히 연구실에서만 연구를 이어갔다. 어떤 이유에서인지 소련은 그의 출국을 계속 금지했다. 수많은 나라에서 그를 초청했지만 구소련 시절 내내 그는 외국으로 나갈 수 없었다. 결국 1990년이 되어서야 그는 해외여행을 하게 되었는데 크노로조프를 국민적 영웅으로 모시는 과테말라의 대통령이 직접 초청한 국빈급 방문이었다. 이때는 크노로조프가 마야 문자를 해독한 지 거의 40년이 다 되었고, 몸도 극도로 쇠약해진 상태였다. 그럼에도 그는 비틀대면서 기어이 티칼 피라미드를 올라가서 평생 책으로만 보았던 고대 마야인들의 흔적을 만났다. 1995년에는 멕시코를 방문하여 팔렌케, 야시칠란(Yaxchilan) 등 주요 유적도 보았다.

하지만 너무 늦었다. 그는 연로했고 소련이 패망한 직후 노학자의 삶은 그리 편하지 못했다. 1999년 그는 상트페테르부르크에서 병에 시달리다 홀로 숨진 채 발견되었다. 뒤늦게 이 소식을 접한 멕시코 대사관의 도움으로 장례도 간신히 치렀다. 멕시코에서는 3미터에 달하는 유리 크노로조프의 동상을 세우고 그를 국민적 영웅으로 모시고 있다.

크노로조프는 시대의 한계로 책상에 앉아서 마야를 연구했지만, 이후에도 연구를 멈추지 않았다. 특히 말년에는 신대륙으로 건너간 아메리카 원주민들의 기원지를 밝히기 위해 지금도 쉽게 가기 어려운 쿠릴열도와 사할린섬을 조사했다. 그는 사람들이 1만 5000년 전 아메리카로 건너갔다는 통설 대신에 약 4만년 전에 아시아 대륙에서 신대륙으로 사람들이 건너갔다고 보았다. 물론 그의 견해는 아직 증명되지 않았다. 하지만 미지의 세계에 대한 그의 지치지 않는 열정은 후대의 귀감이 되고 있다. 2020년 7월 『네이처』에는 3만년 전 멕시코의 동굴 유적인 추키우이테(Chuquihuite)에서 최초 미국인의 흔적이 발견되었다는 내용이 실렸다. 이 새로운 발견이 증명되기 위해서는 앞으로 더 많은 연구가 뒷받침되어야 하겠지만, 다시 한번 크노로조프의 통찰력에 감탄하게 된다.

수많은 핸디캡을 딛고 그가 마야 문자 해독에 성공할 수 있었던 이유는 다른 나라의 문화를 차별 없이 보고, 인류의 보편성에 눈길을 주었기 때문이다. 18세기 이후에 서양의 수많은 학자들은 크노로조프보다 훨씬 더 좋은 조건에서 연구하면서 새롭게 발굴된 마야 문자도 가지고 있었다. 하지만 그들은 마야의 언어도 발전할 수 있다는 데까지는 생각이 미치지 못했다. 반면 크노로조프의 천재성은 마야의 문자가 세상의 다른 글자와 마찬가지로 수백년간 발달해왔다는 단순한 진리를 발견한 데 있었다. 처음에는 복잡한 상형문자로 시작해 점차 변해갔을 것이라는 문자의 보편성이 마야의 문자에도 적용된다는 너무나 당연한 발상 말이다. 흔히 고대 언어를 해독한다고 하면 우리가 사전에서 단어를 찾듯 정확한 참고 자료가 있을 거라 생각하기 쉽다. 하지만 실상은 다르다. 문자는 시간이 흐르면서 끊임없이 변한다. 15세기에 세종대왕이 만든 훈민정음과 지금의 한국어는 엄청난 차이가 있다. 마야 문자 역시 다를 이유가 무엇인가.

미지의 땅과 그 안의 사람을 알아간다는 것은 그들을 정복하여 얻은 전리품을 박물관에 채우는 것을 의미하지 않는다. 크노로조프는 편견 없이 문화의 보편성을 이해하는 것이 중요하다는 점을 연구 결과로 몸소 증명했다. 지난 1년 사이 전염병으로 인해 세계 각국은 다시 고립되고 있다. 이러한 고립의 시대에 냉전이라는 물리적 장벽을 넘어 세계적인 업적을 이룬 크노로조프의 연구가 우리에게 시사하는 바는 너무나 자명하다.

4

분쟁과 약탈의
고대사

수천수만년 전 옛날 사람들의 이야기는 지금의 우리와 전혀 관계가 없을까? 고고학은 제국주의 열강이 약소국을 식민지로 만들고 문화재를 강탈하면서 발달한 근대 이후의 학문이다. 서구 각국의 박물관을 가보면 수많은 나라에서 들여온 차고 넘치는 세계적인 유물에 압도되곤 한다. 그들은 부끄러움도 없이 식민지에서 가져온 전리품을 자랑스레 전시함으로써 과거의 영광을 재현하고자 한다. 반면 식민지였던 나라들에게도 고고학은 유용하다. 신생국가들은 독립 이후 자신들이 만든 나라의 정체성을 홍보하기 위해 문화재와 역사를 적극 활용한다.

　고대사와 고고학은 19세기에 그랬듯 21세기에도 여전히 각 나라에서 너무나 중요한 주제로 다뤄진다. 그 이유는 바로 미지의 역사, 잘 모르는 지역을 이용해 자국의 정치적 이데올로기를 투영하고 선전할 수 있기 때문이다. 동아시아에서도 과거사는 현대 국가들의 분쟁의 씨앗이다. 동북공정과 일대일로 정책으로 대표되는 중국의 역사 만들기, 일본이 한국 지배를 합리화하기 위해 만든 임나일본부설 등 고대사는 마치 그리스 신화에 나오는 도적 프로크루스테스가 침대 길이에 맞춰 나그네의 다리를 자르듯 각국의 입맛에 맞게 재단되고 있다.

　물론 이런 이야기는 과거에 대한 환상을 무너뜨리고, 듣기에 따라 거북할 수도 있다. 하지만 미지의 땅을 편견 없이 이해하기 위해서는 우선 현대 국가들이 씌워놓은 색안경을 벗어야 한다. 미국의 인디애나 존스에서 일본의 임나일본부까지 미지의 고대를 둘러싼 씁쓸한 이면들을 살펴보자.

인디애나 존스로 재탄생한
미국의 실크로드 약탈자

전세계적으로 유명한 고고학자의 이름을 하나만 대보라고 하면 누가 가장 먼저 떠오르는가? 주저 없이 '인디애나 존스?'라고 답하는 사람이 있을지도 모르겠다. 이 대답에 '인디애나 존스가 진짜 고고학자였어?' 하며 놀라지 마시길. 그는 영화 속 주인공일 뿐이다. 그렇다고 실제 고고학자와 전혀 관련이 없는 것은 아니지만 말이다. 그 이유는 차근차근 설명하기로 하자.

영화의 대중적인 인기에도 불구하고 고고학계에서 평가하는 인디애나 존스는 그리 우호적이지 않다. 지나치게 서구 중심적인데다가 제국주의 국가의 약탈을 합리화하는 캐릭터이기 때문이다. 인디애나 존스에는 제국주의가 발흥하던 20세기 중반까지 서구에서 일반적으로 통용되었던 고고학자의 이미지가 압축적으로 표현되어 있다. 대체로 10여명 이상의 실제 고고학자들이 그 안에 녹아 있다고 알려져 있다. 그중에서도 가장 강력한 영향을 주었던 인물로 꼽히는 이는 랭던 워너(Langdon Warner)다. 랭던 워너는 미국인 최초로 실크로드를 탐험해 유명해졌고 대중적인 인기를 얻었다. 태평양전쟁 당시에는 일본 고고학 전공자로 활약해 일본에서 그는 지금까지도 일본의 문화재를 지켜낸 영웅으로 대접받는다. 하지만 랭던 워너의 실상은 알려진 것과는 많이 다르다. 인기 영화에 가려진 20세기 서구 고고학자들의 실제 모습을 랭던 워너를 통해 되짚어보자.

미국의 때늦은 실크로드 탐사

20세기 초반 중국 신장 일대의 실크로드는 그야말로 서구 고고학자들의 각축장이었다. 중앙아시아를 두고 100여년간 벌어진 영국과 러시아의 '그레이트 게임' 이후 실크로드에 본격적으로 탐험가들이 등장하기 시작했다. 러시아에서는 니콜라이 프르제발스키(Nikolai Przheval'skii)가, 이에 맞서 서유럽에서는 스웨텐의 스벤 헤딘과 영국의 오렐 스타인(Aurel Stein)을 비롯한 여러 나라의 실크로드 탐험가들이 실크로드 유적 발굴에 뛰어들었다.

그리고 한참 늦은 1923~25년 미국도 실크로드 탐험에 나섰다. 미국의 실크로드 탐험대는 하버드대학의 고고미술사 교수인 랭던 워너가 이끌었다. 워너는 일본의 미학자 오카쿠라 덴신(岡倉天心)을 사사한 일본 전문가였지 실크로드 전문가는 아니었다. 하지만 하버드대학 부설 박물관인 포그 박물관에서 실크로드의 유물을 채우기 위한 예산을 편성했고, 이에 워너는 당시 서구의 탐험가들이 가장 많이 모여들어 유물을 가져간 간쑤회랑의 둔황(敦煌, 돈황)석굴(막고굴)을 목적지로 정했다.

워너 탐험대는 여러모로 운이 좋지 않았다. 20세기 초반부터 둔황은 실크로드의 보물창고로 소문이 자자했다. 영국, 독일, 프랑스, 러시아 등의 탐험대가 경쟁적으로 둔황 일대에 찾아왔고, 들고 갈 수 있는 유물 대부분을 가져가버렸기 때문에 남아 있는 것이 거의 없었다. 뒤늦게 경쟁에 뛰어든 워너 탐험대는 유물이 없으니 벽화라도 뜯어가기로 했다.

실크로드의 벽화는 서양 탐험대 이전부터 끊임없는 수난을 겪었다. 누군가 금칠을 한 벽화에서 금만 긁어가기도 했고, 불교를 믿지 않는 위구르인들이 우상숭배라며 벽화를 파괴한 적도 있다. 러시아의 백군들은 심지어 벽화에 낙서를 하기도 했다. 하지만 벽화에 손상을 가하는 것과 벽화를 뜯는 건 차원이 다르다. 게다가 더 큰 문제는 워너 탐험대에게 벽화를 떼어내는 기술이 없었다는 데 있다. 그들은 검증되지 않은 수법으로 무리하게 벽화 26점을 떼어냈다. 그 결과 극히 일부의 벽화만 남았다. 하버드 미술관의 설명에 따르면 현재 여섯개 굴에서 떼어온 11점의 벽화가 남아 있는데, 그나마도 절반 가까이는 상태가 굉장히 좋지 않다고 한다.

문화재를 보존하고 지켜야 할 고고학자가 문화재 파괴에 앞장섰으니 이는 최악의 발굴 참사라고 해도 할 말이 없다. 워너 탐험대는 벽화를 뜯은 흉측한 흔적과 함께 실크로드 최악의 탐험대라는 지워지지 않는 오명을 남겼다. 물론 워너의 입장에서도 할 말은 있다. 다른 실크로드 탐험대들이 문서를 비롯해 들고 갈 수 있는 유물을 다 털어갔으니 워너 탐험대만 비난하는 것이 그들의 입장에서는 억울할 수 있다. 비유하면 대도(大盜)들이 다 털어간 후 뒤늦게 들어간 좀도둑이 모든 죄를 뒤집어쓴 격이다.

워너 탐험대는 자신들에게 쏟아지는 비판에 중국 정부가 조직적으로 탐험대를 방해했고 조력자인 줄 알았던 중국인 동료는 사실 스파이였다고 항변했다. 하지만 이마저도 실제와 많이 달랐다. 워너 사후 공개된 자료에 따르면 당시 미국에 호의적이었던 중국 정부는 워너의 발굴에 제대로 협조했으며 워너가 지목한 중국인 동료인 베이징대학의 천완리(陳萬里) 교수도 상당한 도움을 주었던 것으로 밝혀졌다.

사실 워너의 조사대를 방해한 것은 중국 정부가 아니라 현지 주민들이었다. 천완리가 쓴 조사 보고서에 중국 최고의 역사가 구제강이 쓴 서문을 보면 현지 주민의 방해로 원하는 뜻을 이루지 못해 유감이라고 밝히고 있다. 워너 탐험대의 근본적인 문제는 제대로 된 현지 정보가 없었던 데에 있다. 당시 신장의 실크로드는 거듭된 전란과 기근으로 사람들이 굶어죽을 정도인데다 수십년간 이어진 약탈로 외부인에 대한 주민들의 반발이 거셌다. 이런 현지 상황에 대한 이해와 준비 없이 감행한 탐험이었으니 주민들이 곱게 볼 리가 없지 않은가. 그럼에도 중국 정부의 방해를 구실로 내세우며 거짓말을 한 것은 아마도 자신들의 실패를 변호하기 위해서였던 것 같다.

고고학자의 시그니처가 된 랭던 워너

객관적으로 볼 때 실패에 가까운 성과를 낸 워너 탐험대였지만 유럽의 각축장으로만 여겨졌던 실크로드 발굴에 미국이 도전장을 냈다는 사실만으로도 미국 사회에 큰 반향을 불러일으켰다. 워너의 모험을 담은 책 『중국으로 가는 길고 오래된 길』(*The Long Old Road in China*)은 대중들에게 큰 인기를 얻었다. 워너의 시그니처 사진이라고 할 만한, 페도라(중절모)를 쓰고 실크로드에서 발굴을 하는 모습은 세상의 어떤 고고학자보다 인디애나 존스와 닮았다. 워너의 여정 또한 중국과 티베트가 배경인 「인디애나 존스」 1편, 2편의 여정과 비슷하다. 현지 중국인의 방해, 유적지 근처의 굶주린 농민들, 주인공인 미국 유명 대학의 교수가 유물을 미국으로 가져오는 스토리 등 영화에 표현된 여러 클리셰 역시 워너의 탐험과 상당히 유사하다.

랭던 워너뿐만 아니라, 20세기 중반까지 세계의 여러 고대문명을 탐험하던 서양 고고학자 모두가 인디애나 존스의 모델이라고

랭던 워너(왼쪽)와 인디애나 존스(오른쪽). 페도라를 쓴 인디애나 존스는 고고학자를 상징하는 시그니처 이미지가 되었다.

해도 과언이 아니다. 수많은 서양의 인디애나 존스가 누린 화려한 성공 뒤에는 희화화되고 폄하된 식민지 사람들, 그들에게 약탈당했던 현지인들이 있었다. 그들이 활동하던 시기에 한국 역시 일본인의 문화재 약탈을 속절없이 당하고만 있었으니, 이는 곧 우리의 모습이기도 하다. 만약 당시 서양인의 관심이 실크로드가 아니라 한국이었다면 아마 고구려의 고분이 도굴되고 신라의 석굴암도 무사하지 못했을 것이다.

제2차 세계대전이 끝나고 '헤이그협약'이 체결된 이후 더이상 인디애나 존스와 같은 사람은 등장하지 않았다. 현실 사회에서 인디애나 존스는 솔직히 말해 고고학을 빙자한 범법자일 뿐이다. 하지만 최근까지 영화의 속편이 제작되는 등 서양 고고학자에게 씌워진 레이더스(raiders, 약탈자) 이미지를 미화하는 일은 여전히 계속되고 있다.

교토를 지킨 '워너 리스트'의 실체

실크로드에서는 약탈자의 대명사로 낙인찍힌 랭던 워너지만, 바다 건너 일본에서 랭던 워너는 일본의 문화재를 원자폭탄의 위협에서 지켜낸 사람으로 유명하다. 그는 일본 전공이라는 전문성을 살려 제2차 세계대전 중 미군에서 기념물, 미술품, 기록물 전담반으로 활동했다. 이들은 일본, 독일, 이탈리아 등 적국의 문화재를 관리하기 위해 조직된 특수부대로 흔히 '모뉴먼츠 맨'(Monuments Men)이라고 불렀다. 그들의 이야기는 「모뉴먼츠 맨: 세기의 작전」(2014)이라는 영화로도 만들어진 바 있다.

워너는 일본의 중요 문화재 151점을 정리한 '워너 리스트'를 작성했다. 그 목록으로 상부를 설득해 미군이 원래 핵을 투하하기로 결정했던 교토가 투하 직전 제외되었고, 그 덕에 천년고도 교토가 지금의 모습을 유지할 수 있었다고 한다. 독일의 '쉰들러 리스트'

를 연상케 하는 극적인 스토리로 전후 일본은 워너를 신격화했고, 1955년에 교토와 가마쿠라시에 그의 추모비를 세우기까지 했다.

하지만 워너 교수의 영웅적 미담은 상당 부분 만들어진 것이다. 제2차 세계대전 말기 소련의 동아시아 진출이 가시화되자 미국은 이미 패색이 짙어진 일본 본토에 원자탄을 투하해서 전쟁을 빨리 종결지으려는 계획을 세운다. 미군이 설정한 원폭 투하 도시의 조건은 인구 100만명 이상에 공업이 발달한 도시였다. 1940년 기준으로 일본에서 인구 100만명 이상의 도시는 도쿄, 오사카, 나고야, 교토다. 그중 도쿄는 일왕이 있으므로 그곳을 겨냥하여 폭격할 경우 분노한 일본인들이 어떤 극단적인 반발을 할지 모른다는 판단 하에 배제되었다. 반면 교토는 별로 폭격을 한 적이 없었기 때문에 상대적으로 방공시설이 없을 것으로 예상되어 유력한 후보지로 떠올랐다. 지금은 세계문화유산이 17개나 있는 교토지만 당시 미군 수뇌부 인사 중 교토가 역사도시라는 것을 아는 사람이 거의 없었다.

실제 교토의 폭격을 막은 사람은 당시 전쟁장관(Secretary of Wars, 현 육군장관)인 헨리 스팀슨(Henry Stimson)이었다. 스팀슨은 전쟁 전 교토에서 근무한 경력을 바탕으로 대통령과 면담까지 하는 노력 끝에 핵폭탄 투하 2주 전에 교토를 극적으로 명단에서 제외할 수 있었고, 대신 나가사키가 선택되었다. 앞서 원폭 투하 도시 조건에서도 언급했듯 히로시마나 나가사키는 둘 다 애초에 고려 대상 도시가 아니었다. 그럼에도 잔혹한 운명이 그 두 도시를 선택하고야

말았다.

그렇다면 랭던 워너가 작성한 리스트는 무엇일까. 그것은 폭격 방지용이 아니라 미국이 일본 본토에 상륙하여 적국의 문화재를 접수할 때를 대비한 목록이었다. 모뉴먼츠 맨의 가장 큰 역할은 전쟁의 포화 속에서 유물들을 지켜내고 보존하는 것이다. 실제로 이런 전문가들의 헌신적인 노력으로 많은 유물들이 살아남은 것도 사실이다. 하지만 그 이면에는 제2차 세계대전 당시 상대국의 유물을 전리품으로 얻기 위한 국가 간 치열한 경쟁이 있었다. '워너 리스트'는 적국의 도시를 접수한 뒤 가장 귀중한 유물만을 골라 노획품으로 가져가기 위해 작성된, 전쟁을 앞세워 합법적인 약탈을 하기 위한 자료였던 셈이다. 우리가 잘 아는 하인리히 슐리만 (Heinrich Schliemann)이 발굴한 트로이의 황금 유물도 베를린 침공 시 소련의 모뉴먼츠 맨이 미국을 따돌리고 먼저 노획한 까닭에 현재 러시아에 있다. 미국은 전쟁 직후 핵폭탄 투하에 따른 일본 여론의 악화를 막기 위해 '워너 리스트'라는 신화를 만들었다. 일본의 문화재를 접수하기 위한 목록을 작성한 사람이 지일파 이미지로 둔갑하여 널리 선전되고 기념비까지 세워졌으니 참으로 아이러니한 일이 아닐 수 없다.

이렇듯 인디애나 존스로 대표되는 20세기 서구 고고학자들의 행위는 미화되고 선전되어왔다. 지금도 하버드대학 박물관에는 워너가 실크로드에서 가져온 보살상이 주요 전시품으로 소개되고 있다. 그러나 그 아름다움에 대한 설명만 있을 뿐 워너 탐험대가 했

랭던 워너가 둔황에서 훔쳐온 관음보살상. 하버드대학 박물관의 주요 전시품 중 하나다.

던 활동의 자세한 경위는 빠져 있다. 반면 둔황 막고굴에는 워너 일행이 떼어낸 벽화의 흔적이 그대로 보존되어 서양인들이 실크로드 유물을 약탈한 대표적인 예로 전시되고 있다.

인디애나 존스의 모델이 되었던 워너의 실제 활동은 대중들이 생각하는 신나는 모험이 가득한 고고학이라는 이미지의 이면에 감추어진 진실을 잘 보여준다. 그 멋지고 용감한 캐릭터는 오랫동안 동양에 대한 편견을 드러내는 오리엔탈리즘, 전쟁으로 희생되는 식민지, 약탈된 유물 등 어두운 면을 감추는 역할을 해왔다. 인디애나 존스는 어쩌면, 서구 열강의 제국주의가 마지막으로 남긴 일그러진 히어로일지도 모른다.

일본의 자기모순적 역사관과 기원 찾기

일본이 한국을 다른 나라와 다르게 대해온 건 어제오늘 일이 아니다. 같은 제2차 세계대전의 패전국이지만 주변국에 대한 태도에 변함이 없는 독일과 비교해보면 일본의 태도는 더욱 이해가 가지 않는다. 일본은 미국과 서구 국가에는 지나치게 저자세로 일관하면서, 피해 당사자인 한국과 중국에게는 극도의 반감과 혐오감을 표시한다. 일본의 모순적인 태도 뒤에는 19세기 말부터 시작된 일본의 동아시아 침략과 문화재 침탈 사업이 있다.

일본은 자신들을 대륙에서 내려온 천손민족으로 자처해왔다. 한국을 식민지로 만든 건 자신들의 '고향'을 식민지로 만든 것이라는 논리를 내세운다. 한국을 넘어 만주를 거쳐 중국까지 침략하면서 일본 민족의 북방기원설로 이를 정당화하려 했다. 일본은 한반도를 자기들의 고향인 동시에 열등한 식민통치의 대상으로 봤다. 지난 100여년에 얽힌 일본인의 왜곡된 한국관은 이런 자기모순적 역사관의 산물이다.

미개한 한국인, 위대한 일본인

영화 「인디애나 존스」의 배경인 20세기 초반은 제국주의 국가들이 경쟁적으로 세계 각국의 문화재를 약탈하던 시기였다. 메이지 유신 이후 서구 문물을 받아들이던 일본도 제국주의 고고학에 적극적으로 관여했다. 일본은 한국을 정식으로 침탈하기 훨씬 전인 1899년부터 한국의 문화재를 조사하기 시작했다. 원래 일본의 한반도 조사 목적은 일본인의 기원을 찾기 위한 것이었다. 당시에 활동하던 대표적인 학자가 도쿄대학 교수이자 도리이 인류학 연구실을 세운 도리이 류조(鳥居龍藏)다. 일본에서도 시골이었던 시코쿠의 도쿠시마현 출신인 그는 정규 학교를 제대로 다녀본 적이 없음에도 도쿄대학 교수가 된 입지전적인 인물로 알려져 있다. 그의 성공 비결은 바로 일본 군국주의에 적극 부흥한 데에 있었다. 19세기 말부터 그는 청일전쟁의 전쟁터였던 랴오둥반도를 비롯해 타이완, 오키나와, 시베리아까지 사방으로 무자비하게 진출하던 일본군을 따라다니며 현지를 조사했다.

도리이는 각 지역의 원주민을 조사하여 열등한 집단과 우월한 집

조선총독부의 요청으로 한국을 조사하기 위해 경복궁 근정전 앞에 선 도리이 류조(가운데 서 있는 사람)와 그 일행.

단을 구분하고 그 안에서 대륙을 건너온 일본인의 기원을 찾고자 했다. 일본이 제국주의를 등에 업고 섬에서 벗어나 아시아 대륙 각지를 차지하는 데에 국민적 흥분이 고조되던 당시였기에 그의 자료는 크게 주목을 받았다. 도리이는 일본이 한국을 식민지로 만들자마자 1910년 조선총독부의 사이토 마코토(齋藤實) 총독을 만나 한국에서 일본 민족의 기원을 찾는 조사를 도와달라고 설득했다. 그의 6년에 걸친 한반도 조사는 그렇게 시작되었다.

그가 한국에서 주목한 것은 함경도 지역의 석기와 한반도 전역에 분포한 고인돌이었다. 함경도 지역의 석기에 관심을 가진 것은

'미개한' 토착 한국인을 찾기 위해서였다. 고인돌에 주목한 이유는 반대로 미개한 토착 한국인들 사이에서 살았던 '위대한 일본인' 조상을 발견하리라 기대했기 때문이다. 도리이는 영국의 스톤헨지와 유사한 고인돌을 만든 사람들은 미개한 토착 한국인과 다른 사람일 거라고 생각했다. 한반도의 고인돌이 일본 규슈 일대에서도 발견되었기 때문에 고인돌을 추적하면 '위대한 일본인'의 루트를 찾을 수 있다고 본 것이다.

도리이의 생각에는 당시 일본 제국주의가 갖고 있던 모순이 잘 드러난다. 원래 서구에서 식민지는 머나먼 아프리카나 근동 지역의, 문명개화가 아주 늦은 지역을 차지하는 것이 일반적이었다. 하지만 한국은 일본과 역사를 함께한 이웃이었고, 무엇보다 일본은 전통적으로 대륙의 선진문화가 한국을 통해 일본으로 들어왔다고 여겼다. 게다가 일본인은 스스로를 본토의 원주민들과는 다르며 대륙에서 건너온 우월한 도래인들의 후손이라고 생각했으니, 곧 한반도는 일본인의 기원지이기도 했다. 그런 한반도를 식민지로 만들어버린 것은 피부 색깔이나 외모가 아예 다른 사람들이 사는, 멀리 떨어진 대륙을 식민지로 만들었던 서양의 식민지 정책과는 근본적으로 다르다. 상황이 이러하니 한반도를 식민지로 만든 일본으로서는 이를 역사적으로 어떻게 합리화할지가 큰 고민이 아닐 수 없었다.

조선총독부는 도리이의 한반도 연구에 기반해 북한의 낙랑군과 남한의 임나일본부를 강조함으로써 식민지 이데올로기를 완성했다. 간단히 설명하자면, 한반도에 살고 있는 토착 한국인은 태생적으로 미개했는데, 북부는 기원전 108년 한무제가 설치한 낙랑군으로 대표되는 중국 문명이 한반도를 개화시켰고, 남부는 4세기 후반 가야 지역에 임나일본부가 설치되어 비로소 문명화되었다는 것이다. 결국 한국은 다른 나라의 식민지가 되어야만 문명의 세례를 받을 수 있다는 논리로 일제의 강점을 합리화했다. 지금도 혐한 세력이 한국을 얼토당토않게 비하하는 논리는 이때부터 시작된 것이라 해도 과언이 아니다.

일본에서 도리이에 대한 평가는 이중적이다. 그를 학문적으로 평가하기 전에 우리가 기억해야 할 점은 그가 일본 군국주의의 발흥을 최대한 활용한 군국주의 신봉자였다는 사실이다. 1920년대 러시아 혁명의 혼란을 틈타 일본군이 시베리아를 침략했을 때 도리이는 '시베리아 출병은 인류학, 인종학 및 고고학에 대한 귀중한 기여다!'라며 감격했다고 한다. 그는 일본군이 한반도, 중국, 오키나와, 타이완, 몽골, 사할린 등을 침략했을 때 함께 다니며 현지인들의 역사와 민속 자료들을 가장 먼저 수집하는 혜택을 얻었다. 그가 다녔던 지역은 세계적으로도 거의 알려진 곳이 아니었기 때문에 발표할 때마다 그 반향도 적지 않았다. 하지만 도리이의 영광은 오래가지 못했다. 일본의 패망과 함께 그는 제국주의의 어용 인류학자로 낙인찍혀 조용히 생을 마감했다. 그럼에도 그는 대륙의 꿈을 잊지 않겠다며 자신이 죽으면 고향 도쿠시마에 북방식 고인돌 무덤을 만들어 묻어달라는 유언을 남겼다고 한다.

고인돌을 형상화한 도리이 류조의 무덤. 일본 제국주의 어용학자였던 그는 한반도를 조사하며 일본 민족의 기원을 찾고자 했다.

일본에서 한동안 금기시되었던 그의 이름은 1980년대 이후 일본의 경제부흥에 힘입어 그 영향력이 동아시아 전역으로 확대되면서 부활했다. 일본에서는 심지어 그의 연구를 신격화해 '도리이학(鳥居學)'이라고 부르며, 그를 따르는 연구자들도 많아지고 있다. 국내에도 도리이가 남긴 조사 자료를 높이 평가하며 분석하려는 시도가 있다. 물론 그가 남긴 사진과 여러 자료의 학술적인 의미를 무시할 수는 없다. 하지만 이웃 나라를 '미개인' '변방'으로 매도하여 제국주의의 정책에 적극적으로 가담한 점에 대한 엄중한 평가가 반드시 선행되어야 한다.

일본 제국주의에 가담한 학자가 어찌 도리이 한명뿐이겠는가. 아마 당시 일본 정부의 지원을 받아 활동한 대부분의 고고학자가 거의 비슷했을 것이다. 일본이나 한국 학계 일각에서는 그들이 처한 시대 상황상 어쩔 수 없었으며, 개인의 품성이나 학문적인 업적은 우수하다는 식으로 합리화하려는 움직임이 있다. 그러나 식민지 시절 한국과 만주에서 활동했던 모든 일본 어용학자들이 예외 없이 가치중립을 내세웠음을 잊어서는 안 된다.

어용학자를 바라보는 서양의 관점은 상당히 비판적이다. 예를 들면 지금까지도 서양에서는 학문 연구에 있어 나치에 부역했던 학자들의 이름을 언급하는 것 자체가 금기시되며, 그들의 이름은 오로지 비판을 위해서만 인용된다. 이러한 냉정한 평가는 그 사람들의 개인적 능력이나 성품과는 전혀 관계가 없다. 제국주의 고고학의 폐해는 그들이 성격 피탄자거나 연구가 부족했기 때문이 아니라, 그들의 관점을 암묵적으로 따라가는 연구 경향이 결국 수천만 명을 고통에 빠뜨렸기 때문이다.

금석병용기와 북방문화론

일제는 1920년대부터 한반도를 벗어나 만주와 중국 일대로 세력을 확장하기 시작했고, 그에 따라 일본 제국주의 고고학자들이 한반도를 바라보는 관점도 변화했다. 바로 '금석병용기'와 '북방문화론'이 등장한 것이다.

금석병용기(金石竝用期)는 원래 유럽과 유라시아 고고학의 용어로 신석기시대와 청동기시대 사이에 존재했던 시기를 말한다. 말

그대로 쇠붙이와 돌을 병용하던 과도기라고 보면 틀리지 않다. 하지만 일제는 이 용어를 한반도에 도입하면서 한국인은 제대로 된 청동기나 철기를 쓰지 못한 열등한 민족이라는 의미로 곡해해서 사용했다. 쉽게 말하면, 석기-청동기-철기로 이어지는 발전 단계 없이, 한반도의 바닷가에는 빗살무늬토기로 대표되는 신석기시대 문화에 머문 사람들이, 내륙의 산과 평야에는 청동기를 거의 사용하지 않거나 장식용으로 일부 사용한 민무늬토기 문화에 머문 사람들이 문명을 이루지 못한 채 동시에 살았다는 뜻이 된다. 석기시대에 뜬금없이 중국과 일본에서 건너온 철과 청동을 같이 사용하게 되었다는 의미로 금석병용기라는 이름을 붙인 것이다.

금석병용기설을 두고 일본 학계에서는 일제강점기에 한국의 선사시대에 대한 연구가 제대로 되지 않아서 그랬다고 변명한다. 하지만 일제강점기의 자료를 찾아보면 일본 학자들의 주장은 다분히 고의적이다. 일제의 고고학자들도 이미 빗살무늬토기와 민무늬토기가 서로 다른 시대라는 것을 충분히 알고 있었다. 다름 아닌 일본 내의 고고학 자료가 이를 증명한다. 1920년대에 일본 고고학자들은 일본 고대사에 대해 신석기시대인 조몬시대가 먼저 있었고, 그다음 민무늬토기를 사용하던 한반도 도래인이 일본열도로 건너가 청동기시대인 야요이문화가 시작되었다고 보았다. 신석기시대와 청동기시대의 차이를 정확하게 알고 있었던 것이다. 일본 청동기시대의 기원인 한반도에서 청동기시대와 신석기시대가 한데 섞여 나온다는 주장은 한반도를 무시하기 위해 일부러 그랬다고밖에 볼 수 없다. 이렇듯 일제가 짜놓은 금석병용기 틀은 해방 이후에도 한국 고대사 연구에서 30여년간 영향을 끼쳐, 한국 문화의 자체적인 발전을 부정하는 타율성과 정체성론의 기반이 되었으니 그 폐해가 적지 않다.

한반도의 고대문화가 동아시아의 북방 지역에서 기원했다고 보는 북방문화론 역시 일제강점기에 일본 학자들이 처음 제기했다. 일본인의 기원을 한반도를 넘어서 북방 만주 지역까지 넓히기 위함이었다. 이 주장의 배경에는 1920년대부터 노골화된 일본의 만주와 중국 침략 정책이 있다. 자신들이 침략해야 할 만주, 몽골, 시베리아 같은 미지의 땅이 일본인의 기원지라는 주장을 역사적인 복선으로 깔아 일본의 대륙 침략이 자신들의 옛 땅을 회복하려는 것이라는 억지 논리를 만든 것이다. 북방문화론도 일본 패망 후까지 이어져 북방 유라시아의 우월한 기마민족이 말을 타고 일본열도로 내려와 고훈시대의 주인공이 되었다는 기마민족설로 자리매김했다.

정작 일본의 현지인은 미개하다고 치부하고 '위대한 일본인' 조상이 있다고 주장하는 논리는 일부 우리가 가진 한반도에 대한 인식과 별반 다를 바 없다. 최근까지 한국에서도 '북방 유라시아는 원래 우리의 영토'였다며 근거가 빈약한 주장이 떠도는데, 그 뿌리는 일본 군국주의가 주장하던 침략의 논리와 일맥상통한다. 고대에 사람들이 교류하고 공존했던 사실을 현대 국가의 영토로 치환시켜 논하는 것은 오히려 고대 한국 문화의 진정한 의미를 퇴색

시키려는 일본 군국주의의 논리에 암묵적으로 동조하는 것일 뿐이다.

일본의 끊임없는 자기부정과 합리화

일본의 한국 경제제재로 한일 갈등이 노골화되던 2019년 8월, 일본 기업 DHC의 회장이 자사 유튜브 채널을 통해 '일본인의 조상은 시베리아에서 건너온 유럽인'이라고 주장했다는 내용이 보도되었다. 이 뉴스는 한국의 반일감정 고조와 맞물려 국내에서도 크게 이슈가 됐다. 일부 일본인들의 주장이긴 하지만, 메이지유신 이래 북방기원설과 유럽기원설을 외치던 100여년 전의 환상에서 아직도 벗어나지 못했다니 참으로 믿기 어려웠다. 굳이 시베리아에 사는 서양 계통의 사람들을 찾는다면 유럽이 아니라 위구르나 튀르크 계통이라고 보는 게 맞는다(1부 '우리 역사 속의 서양인' 참조). 물론 그런 배경을 알고 하는 주장이라기보다는 그저 '한국도 싫고 중국도 싫다, 우리 일본인은 너희들과 다르다'라는 일본인의 유치한 생떼일 뿐이다.

일본은 자신들의 '기원지'를 끊임없이 바꾸어왔다. 전통적으로 일본은 한국과 중국 등 아시아의 대륙문화를 자신들의 기원으로 보았다. 그후 한반도를 식민지로 만들자 곧바로 기원지를 북방 지역으로 바꿨다. 더 나아가 메이지유신에 성공하고 '탈아입구'를 외치면서는 공공연히 유대인의 자손 또는 서양인의 자손이라고 떠들기 시작했다.

실제로 일본이 서양인 후예설을 만들기 위해 꽤나 구체적으로 공을 들이고 있다는 것은 메이지 천황의 초상화 변천을 보면 쉽게 알 수 있다. 초상화에 가필을 해 천황을 서양인처럼 묘사했다. 심지어 홋카이도의 원주민인 아이누인들도 서양인 계통이라고 주장하며 자신들이 유럽 출신임을 강조한다. 실제로 아이누인 자체는 일본의 남쪽에서 살다가 북쪽으로 올라간 사람들이기 때문에 굳이 따지자면 태평양 연안의 원주민 외모에 더 가깝다.

일본인의 자기 기원에 대한 인식은 '기원지'와 '식민지'로 요약할 수 있다. 자신들이 배워야 할 문화는 제대로 된 근거도 없이 무작정 일본인의 기원지로 떠받든다. 그러다 침략하고 식민지를 만든 순간부터 기원지로 떠받들던 지역은 '미개하고 열등한 사람들의 땅'으로 둔갑한다. 그 과정에서 일본인의 기원지가 수도 없이 바뀌었다는 사실은 이 주장의 얼마나 비루한지를 말해줄 뿐이다. 물론 기원지 주장이 학문적인 수준에서 논의되거나 증명된 것은 절대 아니다. 하지만 정치적으로 이용되고 사회적으로 확산되면서 근거 없는 주장이 마치 사실인양 반복되고 있다. 일본이 지금도 공공연히 자행하는 주변 국가를 향한 거침없는 편견과 멸시, 그리고 일본에서 비정상적으로 유행하는 혐한 서적이나 혐중 서적 현상은 최근에 갑자기 등장한 것이 아니다. 일본인들에게 뿌리 깊이 박혀 있는 그릇된 역사인식에서 기인한 것이다. 일본의 자기모순적 역사관은 150년 전 일본이 한국을 침략하면서 본격적으로 시작되었다고 해도 과언이 아니다.

임나일본부, 일본이 만들어낸 모순된 역사

최근 삼국 중심의 역사로 인해 소외되어왔던 신비의 나라 가야에 대한 관심이 뜨겁다. 가야 역사는 우리에게 생소하지만, 가야의 유물은 동시대의 삼국 못지않게 풍부하다. 그럼에도 우리가 가야를 낯설게 느끼는 배경에는 20세기 초부터 가야를 일본 침략의 합리화 도구로 사용했던 식민지 역사 연구가 있다. 가야의 의미를 부풀려 강조하는 경향은 일본 학계에서 시작되었다. 이런 분위기가 일본이 주장하는 임나일본부 논쟁이 일조한 것도 사실이다. 원래 임나(任那)는 가야의 별칭이다. 일제는 『일본서기(日本書紀)』에 가공되어 기록된 임나일본부를 들어, 모든 가야는 곧 일본의 식민지였다고 왜곡했다. 그리고 일제강점기 내내 일본의 한국 지배를 합리화하기 위해 임나일본부를 이용했다. 지금도 일본에서는 표현만

약간 바뀌었을 뿐 여전히 임나일본부의 망령을 주장하는 사람들이 존재한다.

한국 역사에서 4세기 초부터 7세기 중엽까지를 '삼국시대'라고 부른다. 명칭이 상징하듯 우리 학계는 가야의 의미를 축소하고 신라의 일부로 생각하는 경향이 강했다. 가야에 관한 자료가 한국보다 일본에 더 많은 탓에 한국인 연구자도 적은 편이다. 우리나라 삼국시대의 변방이었던 가야를 실증하는 수많은 유물이 발견되고 세상에 알려지는 것은 학자로서 무척 반가운 일이다. 하지만 그전에 가야가 우리 역사에서 제대로 평가받지 못했던 이유를 먼저 짚고 넘어가는 것이 순서일 터이다. 우리 역사에서 가야를 간과했던 까닭은 무엇일까.

조선총독부는 왜 가야에 집착했을까

쇼군이 각 지방 세력에게 영지를 나누어주고 각자 통치하던 바쿠후(幕府, 막부) 체제는 19세기 말 일본의 메이지유신으로 종말을 맞았다. 이와 함께 일본에서는 서양의 식민지 개념을 본떠 한반도를 식민지로 만들기 위한 정한론(征韓論)이 대두했다. 일본열도 안에서 1000년 가까이 바쿠후 체제로 살던 그들이 갑자기 바다 건너 한국을 식민지로 만들려니 표면적인 명분이 필요했다. 그래서 꺼내 든 것이 『일본서기』에 기록된 임나일본부다. 일본이 한반도 남부에는 일본의 식민지인 임나일본부가 존재했고, 한반도 북부에는 중국의 식민지인 낙랑이 존재했다는 것을 근거로, 한반도는 태생부터 중국과 일본의 식민지였다는 주장을 한 것은 앞서 설명했다.

일본의 학자들은 한반도 남부 지역에서 그들의 명분을 입증할 자료를 찾기 위해 전력을 다했다. 가장 먼저 성공한 사람은 도쿄제국대학를 갓 졸업한 조선사 연구자 이마니시 류(今西龍)였다. 그는 일제강점 이전이던 1907년 경상남도 김해의 봉황대 언덕에 있는 김해 패총(김해 봉황동 유적)을 발견했다. 패총에서는 한국의 삼국시대에 해당하는 일본의 야요이시대 후기부터 고훈시대까지인 약 3~7세기에 사용했던 토기와 유사한 것들이 함께 출토되었다. 김해는 현해탄을 두고 일본을 바라보는 지역이니 교역은 자연스러운 일이었을 것이다. 하지만 일본 학자들은 이것을 곧바로 『일본서기』에 기록된 임나일본부가 실제 존재했음을 증명한다고 단정했고, 이후 30여년간 수많은 일본 학자들이 김해 패총을 조사했다.

일제의 고고학자들은 자신들의 조사를 한국 침략을 정당화하는 이데올로기로 적극 활용했다. 1909년 일제의 고적조사를 담당한 야쓰이 세이이치(谷井齊一)는 그해 조사가 끝난 후 개최된 강연회에서 다음과 같이 자신의 발언을 마무리했다. "신공황후에 의해 신라와 백제, 임나는 우리(=일본)를 종주국으로 섬기게 되었다. 그 후 남한은 우리의 손을 떠났지만, 1200년이 지나 드디어 한반도 전체가 우리의 보호국이 되었다."

한국에서 활동하던 일본 고고학자들의 속마음을 이만큼 잘 드

1922년 김해 패총을 조사하는 일본인들. 여기서 출토된 토기들을 곡해해 임나일본부
가 실재했다는 증거로 삼았다.

러내는 구절은 없을 것 같다. 그의 강연록은 한일합방 직전에 『가
라모미지(韓紅葉)』라는 제목의 대중서로 출간되어 일본인들 사이에
서 널리 읽혔다. 일본 학계에서는 당시 일본 고고학자들은 선한 의
도를 가지고 연구했다는 주장을 반복한다. 하지만 생각해보라. 그
들은 조선총독부 소속으로 조선총독부 예산으로 움직이던 사람
들이다. 일본 제국주의와 떼려야 뗄 수 없는 관계다. 조선총독부는
역사를 끌어와 그들의 지배논리를 설명하고 선전하려 했다. 1915년
에 개관한 조선총독부 박물관(국립중앙박물관의 전신)에서 주요 전시
를 '임나와 낙랑'으로 삼았던 데서도 여실히 드러난다.

/ 1931년 현지 조선인을 앞세워 가야 고분(창녕 제117호분)을 파헤치는 모습. 일제는
가야의 역사를 끌어와 식민지배의 정당화에 이용했다.

　　조선총독부의 전방위적인 한국 고대사 정책은 인류학에까지 손
길이 미쳤다. 당시 서양 제국주의의 영향을 받은 일본 인류학자들
은 한국인의 형질을 조사해 북조선계와 남조선계로 나누었다. 이

를 바탕으로 일본인들은 천손의 단일민족이지만 한국은 중국과 일본의 영향으로 이루어진 혼종이라 결론 내렸다. 최근까지도 한국인의 생김새를 설명할 때 북방계와 남방계라는 용어를 쓰는 경우가 종종 있는데, 이는 일제 이후 관습적으로 쓰이는 용어일 뿐 형질인류학계에서 공식적으로 인정한 것은 아니다.

왜 일제는 한국에 대한 제국주의 욕망을 특별히 가야에 투사했을까. 이는 가야가 일본과 인접한 지역이라는 지리적 특징도 있지만, 한국에 가야에 대한 문헌 기록이 너무나 적게 남아 있는 이유가 크다. 가야는 점진적으로 신라와 통합되었기 때문에 한국 자료에는 제대로 남아 있지 않다. 중국의 문헌에도 삼한에 대한 기록은 있지만 '가야'라는 나라는 등장하지 않는다. 유독 『일본서기』에서만 가야를 자세하게 서술하고 있다. 『일본서기』는 일본에서 가장 오래된 역사서로 공인되어 있지만, 자기 나라를 찬양하기 위해 한국과 관련된 많은 부분들을 왜곡하거나 과장했다. 다시 말해, 가야에 대한 기록은 많지만 가야의 역사를 그대로 담은 역사서는 아니다. 게다가 외국 학자들이 난해한 『일본서기』를 제대로 해석하기란 쉽지 않다. 메이지유신 이후 정한론이 대두하면서 가야는 이래저래 일본 침략의 상징으로 이용되기 좋은 조건이었던 셈이다. 지금도 한국사를 연구하는 일본 사학자 중 한국의 삼국시대, 그중에서도 특히 가야를 연구하는 사람이 많은 이유도 이러한 연구 경향이 이어진 탓이다.

임나일본부에서 기마민족설로

가야는 영토 확장 정책 대신 교역 네트워크를 강화함으로써 작지만 강한 나라들의 연맹으로 남았다. 일제강점기 일본 학자들은 각자의 소국을 유지하며 연맹을 했던 가야에 강대국 이미지를 덧씌우고자 했다. 임나일본부설에 큰 영향을 미쳤던 도쿄대학 쓰다 소키치(津田左右吉) 교수는 「임나강역고(任那疆域考)」에서 가야에 임나일본부가 있었다는 점을 언어로 증명하려고 했다. 그리고 그의 뒤를 이은 스에마쓰 야스키즈(末松保和)는 임나가 전라도 일대까지 널리 확산되어서 한반도 남부 전체를 지배했다는 '한반도 남부 경영론'으로 확대했다. 한반도 남부는 일본의 식민지가 되면서 문명으로 개화했다는 주장을 했으니 가야를 거대한 나라로 보는 것이 한국의 식민지 경영에 도움이 되었을 것이다.

일제강점기에 시작된 가야에 대한 왜곡은 제2차 세계대전 이후 기마민족설로 이어졌다. 도쿄대학 명예교수이자 고고학자 에가미 나미오(江上波夫)는 기마민족설을 제기하며, 4세기에 쑹화강 중류의 기마민족이 한반도를 거쳐서 일본열도를 정복했다고 설명한다. 이 설에 따르면 북방의 유목전사가 세운 일본의 야마토 국가는 동아시아를 뒤흔드는 강력한 군사력을 지녔고, 따라서 한반도 남부를 정복할 수 있는 국력을 지니고 있었다는 논리로 이어진다. 즉 기마민족설은 변형된 임나일본부설인 셈이다. 한국에서도 막연하게 가야의 기마민족설을 주장하기도 하는데, 이 주장이 나온 실제 배경에 주의할 필요가 있다.

'가야' 하면 흔히 철이 떠오른다. 가야는 철을 사방과 거래하면서 동아시아 교역의 중심으로 설 수 있었다. 그리고 가야의 무덤에서 쇠로 만든 갑옷(판갑)은 물론 화려한 마구가 발견되니 군사강국이라는 생각이 들 수 있다. 하지만 실제 기마문화로 강국을 이루어 북방 유라시아를 호령한 흉노나 선비족과 비교하면 상황이 사뭇 다르다. 정작 북방 유목국가에는 판갑이 없었으며, 마구도 가야처럼 화려하기는커녕 오히려 아주 단순하다. 게다가 가야가 있었던 지역은 험난한 산과 강으로 둘러싸여 있어 말이 달릴 만한 평원도 없다. 가야에서 발견되는 판갑과 마구는 정복에 사용된 것이 아니라 지배자의 권위를 높이기 위한 도구였을 가능성이 더 크다.

가야 세력은 지리산 자락을 따라서 전라도 일대로 퍼졌다. 이를 지도에 표시하면 가야의 영토가 아주 넓어진 것처럼 보여 가야를 거대 국가로 판단할 소지를 제공한다. 하지만 가야로 새롭게 편입된 남원이나 장수 같은 지역은 사람들이 쉽게 접근하기 어려운 산악지대다. 그러니 가야로 편입된 전라도 지역도 거대한 정복사업의 결과라기보다는 토착민들이 주축이 되어 가야 연맹에 참여했다고 보는 것이 합리적이다. 지리산 자락에 있는 이 지역의 가야 무덤에서는 가야 물건뿐 아니라 백제 왕족들이 가장 아끼던 귀중품들도 나왔다. 가야에 편입은 되었지만 독자적으로 백제와도 밀접한 사신 관계를 맺었다는 뜻이다. 가야를 연구하고 새롭게 조망한다고

/
가야 대성동 고분의 모습. 북방계 유물이 다수 출토되었다.

해서 곧 가야가 강력한 나라였음을 증명해야 하는 건 아니다. 역사 기록이 부족하다는 이유로 가야를 폄하하는 것도 문제지만, 구체적인 비판이 결여된 채 거대한 나라로 보려는 것은 자칫 일제의 논리로 빠질 수 있으니 또한 주의해야 한다.

새로운 가야사 연구를 위하여

일제의 임나일본부설이 초래한 또다른 피해는 우리 역사 안에서 가야가 소외되어버리는 계기가 되었다는 데에 있다. 가야가 일본의 식민지 정당화에 이용되어왔고, 가야와 관련한 많은 역사 기록을 일본에 의존할 수밖에 없으니 일제가 만든 프레임을 벗어난 다양한 시각의 연구가 어려웠다.

최근 오랜만에 가야에 대한 관심이 많아지며 과거 가야 연구의 어려움에서 벗어날 기회를 잡았다. 식민지 시대의 가야 연구에 대한 냉철한 비판을 통해 우리 안에 남은 일제 잔재를 없애야 한다. 아울러 세계사의 보편성에 근거해 가야의 특성을 평가하는 자세가 필요하다. 그런 점에서 가야를 세계문화유산으로 등재시키려는 움직임은 그간 베일에 감추어져 있던 가야를 알리는 가장 좋은 수단이 될 수 있다. 하지만 막연하게 가야의 고분이 크고 유물이 풍부하다는 이유만으로는 부족하다. 금관가야와 대가야를 비롯해 각 가야들이 연맹의 크기에 비해 고분의 규모가 크고 유물이 풍부한 것은 사실이다. 하지만 세계적으로 보면 가야보다 더 눈에 띄는 유적과 유물들이 너무나 많다. 동북아시아만 해도 북방 유라시아나 중원에는 가야의 것보다 규모도 훨씬 크고 황금 유물이 대량으로 발견되는 고분들이 셀 수 없이 많다. 가야의 소중함은 무덤의 크기나 유물의 숫자가 아니라 그들만의 특별한 삶에 있다. 가야는 세계사적으로도 무척 독특한 나라다. 나라들이 서로 정복하여 통일하지 않았지만, 그들은 경제적으로 번영을 누렸고 웬만한 나라 못지않은 거대한 고분도 만들었다. 가야가 있었던 경상도 일대에는 유독 고대의 언어 흔적과 각 지역의 사투리가 잘 남아 있다. 그 기원을 가야에서부터 시작한 오랜 전통으로 보는 언어학자들이 많다.

　작지만 부유했으며 사방과 교역하며 자신만의 문화를 꽃피웠던 가야의 진면목을 되살리기 위해서는 먼저 가야가 지난 세월 어떻게 왜곡되어왔고, 그에 대한 우리의 대응은 어땠는지 돌아보는 데서 시작해야 한다. 성급하게 짧은 기간에 가야에 대한 역사적 사실을 바꾸려하기보다는 지난 세기를 돌아보며 가야가 우리 역사 안에서 소외될 수밖에 없었던 이유를 알아내는 것이 더 중요하지 않을까.

중국이 홍산문화에 열광하는 이유

역사에 조금이라도 관심이 있다면 만주의 신석기시대를 대표하는 홍산문화를 들어보았을 것이다. 홍산문화는 중국 고고학계의 뜨거운 감자다. 중국이 홍산문화에 열광하는 이유는 무엇일까. 1990년대 이후 중국은 다원일체론에 의거해 홍산문화가 중화 문명이 북방 만주 지역으로 확장된 대표적인 증거라며 널리 홍보하고 있다. 그 이전에는 몽골과 만주를 침략한 일본의 제국주의 고고학자들이 홍산 유적을 조사했다. 최근 우리나라의 일부 전문가들은 홍산문화가 고구려와 밀접한 공통성을 지니고 있다고 주장하며 한국 고대사와 연결시키기도 한다.

우리에게는 홍산문화가 선사시대를 둘러싼 국가 간 역사분쟁의 대명사로 알려져 있지만, 사실 홍산문화는 국가가 성립되기 전 옥기 제작과 제사로 문명을 열었다는 세계사적 의의를 지니고 있다. 만주, 초원, 그리고 중국의 교차지대에서 5000년 전에 발달했던 홍산문화의 이면에 복잡하게 얽힌 현대 동아시아의 정치적 상황을 알아보고, 홍산문화의 의의를 제대로 짚어보자.

일본 제국주의의 상징이었던 홍산문화

홍산문화는 약 5500~5000년 전 지금의 네이멍구 츠펑시를 중심으로 존재했던 신석기시대 묘화다. 홍산의 한자인 '紅山'(홍산)과 츠펑의 한자인 '赤峰'(적봉)은 모두 '붉은 산봉우리'이라는 뜻이니 사실 홍산과 츠펑은 같은 산을 다르게 표현한 것이라 볼 수 있다. 두 지명 모두 츠펑시의 동쪽을 아우르는 거대한 붉은 산맥에서 유래했다. 허허벌판의 평원 가운데에 불쑥 솟아 있는 산은 수백 킬로미터 떨어진 곳에서도 보일 정도다. 그러니 이 붉은 산 일대는 선사시대부터 이 지역의 중심지 역할을 했을 것이다. 그 주변에는 발견되는 다양한 시대의 유적이 이를 실증한다.

홍산문화가 처음 알려진 것은 일본 제국주의 시기 대륙 침략과 관련 있다. 1920년대 광범위하게 만주 일대를 답사하던 일본 학자들이 츠펑시 일대의 홍산 유적이 있다는 것을 확인한 뒤, 1930년대에 들어 일본 관변단체 동아고고학회(東亞考古學會)가 본격적인 발굴을 시작했다. 동아고고학회는 의화단운동에 개입한 일본이 중

츠펑시의 유원지에서 바라본 훙산의 모습. 붉은 산봉우리가 뚜렷이 보인다.

국으로부터 받은 배상금으로 운영하던 단체로, 일본의 만주 침략에 발맞추어 그들이 새롭게 차지한 땅의 유물 조사를 담당했다. 솔직히 말이 좋아 유물 조사지 제대로 된 조사라기보다는 유물을 모으는 데 급급한 엉터리였다.

일본의 훙산문화 조사는 우리와도 관련이 있으니, 일제강점기에 만주의 조사를 주로 도맡았던 이들이 바로 경성제국대학의 교수들이었다. 그들은 일본군과 함께 훙산 유적을 답사했고, 거기에서 출토된 토기들을 경성제국대학으로 가져왔다. 발견 당시에 그들은 이 유물이 훙산문화 것인지도 전혀 몰랐다. 하긴 '훙산문화'라는 말도 아직 없던 때였다. 경성제국대학에 남겨진 유물들을 재발견한 건 내가 서울대 대학원에서 공부하던 1994년이다. 당시 나는 도서관 6층에 세 들어 있던 서울대 박물관이 독립 건물로 이사하는 일을 보조하고 있었다. 그때 일제강점기에 모아둔 유물들을 운반하다 우연히 붓글씨로 '적봉' 혹은 '홍산'이라고 써놓은 붉은색의 토기 편들을 발견했다. 이 유물들은 2009년 내가 책임자로 참여한 서울대 박물관의 프로젝트를 통해 정식 보고하면서 그 실체가 알려졌다.

구계유형론에서 다원일체론으로

중국 고고학계에서 홍산의 선사시대 유적을 본격적으로 조사한 사람은 량쓰융(梁思永)이다. 그는 중국 근대의 대표적인 사상가이자 교육가인 량치차오(梁啓超, 양계초)의 아들로도 유명하다. 량치차오는 5남 4녀를 두었는데, 다들 중국 최고 인텔리로 꼽히며 근대 중국에서 맹활약했다. 그중 가장 유명한 이는 첫째 아들 량쓰청(梁思成)으로 중국의 대표적인 건축가이자 건축사학자이다. 그의 부인이 중국 최초의 여성 건축학자이자 시인인 린후이인(林徽因)으로, 이 부부는 지금도 많은 중국인들의 사랑을 받고 있다. 한편 둘째 아들 량쓰융은 하버드대학에서 고고학을 전공했다. 그는 중국 최초로 근대 교육을 받으며 고고학을 전공한 학자로 꼽힌다. 량쓰융의 손에서 상나라 은허와 허우강(後岡, 후강)유적, 룽산문화 등이 발견되었다. 그의 업적 중 잘 알려지지 않은 하나가 바로 홍산문화

조사다. 량쓰융은 미국에서 석사를 마치고 중국으로 돌아온 직후인 1930년, 26세 젊은 나이에 자신이 조사할 첫번째 발굴지로 네이멍구 츠펑 일대를 선택했다. 만주 일대는 마적이 들끓는 지역이고, 당시에는 페스트까지 창궐해 안전을 보장받을 수 없던 상황이었음에도 량쓰융은 그 지역을 샅샅이 조사했다. 아마 자신의 박사논문 주제로 츠펑 일대의 신석기시대를 생각했던 것 같다.

하지만 그의 조사 이후 일본이 본격적으로 만주를 침략하면서, 량쓰융은 더이상 홍산문화 유적을 조사할 수 없었다. 량쓰융 대신 동아고고학회 소속 고고학자들이 홍산 유적을 가로채 조사에 나섰기 때문이다. 지금도 한국과 일본의 많은 문헌에는 량쓰융의 이야기는 빠진 채 일본인들이 처음 조사한 것처럼 서술된 경우가 많다. 하지만 당시 일본 학자들은 홍산 유적을 조사할 때 수천년간 쌓인 층위를 제대로 구분하지 않고 뒤죽박죽 파헤쳐 홍산문화를 밝혀내지 못했다.

이런 저간의 사정 때문에 멈췄던 연구는 일본의 패망과 이어진 국공내전을 거쳐 중화인민공화국이 설립된 후에야 재개할 수 있었다. 중국 고고학자들은 량쓰융의 뜻에 따라 가장 먼저 일본의 손에 망가진 츠펑의 홍산 유적을 조사했다. 그 결과 이 지역에 신석기시대 문화와 청동기시대 문화가 있었음을 확인했다. 바로 홍산문화와 샤자뎬하층문화다. 이로써 홍산문화는 중국인들에게 일본 제국주의에 유린되었던 역사를 딛고 일어난 자부심을 상징하는 유적이 되었다. 하지만 안타깝게도 정작 조사가 시작될 무렵 량쓰융은 이미 건강이 좋지 않은 상태였다. 결국 그의 동료인 인다(尹達)가 그 연구를 마무리했고, 량쓰융은 1954년에 49세를 일기로 세상을 떠났다. 중국이 홍산문화 연구에 목을 맨 이유에는 일본 제국주의가 가로챘던 그들의 신석기시대 연구에 대한 반발, 그리고 일찍 세상을 떠난 량쓰융에 대한 아쉬움이 있었다.

중국 독립의 상징이었던 홍산문화는 1960~70년대 문화혁명과 1980~90년대의 개혁개방을 거치면서 중국 민족주의의 상징으로 거듭났다. 홍산 유적이 중국 최고의 유적으로 자리매김하는 데는 베이징대학 교수인 쑤빙치(苏秉琦)의 역할이 절대적이었다. 사실 그의 역할만 제대로 알아도 홍산문화에 대한 중국인들의 의중을 파악하기에 어려움이 없다고 해도 과언이 아니다.

1966년부터 1976년까지 중국 문화혁명 기간은 지식인들의 암흑기였다. 어떠한 정규교육도 불가능했고, 수많은 유적들이 홍위병에 의해 파괴되었다. 쑤빙치는 문화혁명이 끝나고 복권된 1970년대 중반 각 지방의 문화가 서로 영향을 주고받으며 공동으로 발전해나갔다는 구계유형론(區系類型論)을 내세웠다. 중원뿐 아니라 만주, 신장, 광둥성 등 중국 변두리 지역의 고대문화도 중요하니 골고루 연구를 하자는 뜻이었다. 중국은 하나의 문화가 아니라 다원적이라는 점을 강조한 그의 주장은 문화혁명 이후 초토화된 학계에서 폭넓은 지지를 받았다.

홍산문화가 다시 관심을 끌게 된 것도 바로 중국의 변방도 연구하자는 쑤빙치의 뜻을 이어받은 그의 제자들이 중원 지역이 아

/
중국 고고학의 최고 권위자로 추앙받는 쑤빙치 교수. 홍산문화를 중국 문명의 기원이라고 주장했다.

닌 츠펑 일대의 변방 지역을 조사하기 시작하면서부터였다. 하지만 1980년대 이후 개혁개방을 앞세운 중국의 정책과 함께 홍산문화는 그 의미가 변질되었다. 각 지역에 다양한 문화가 존재한다는 구계유형론은 한족 중심의 중국 문명을 강조하는 다원일체론(多元一體論)으로 바뀌었다. 다원일체론은 마치 여러 지류의 물길이 하나의 큰 강으로 합쳐지듯 현재 중국 영토 안에 있는 모든 문명이 중화 문명이라고 하는 큰 문화로 이어진다고 본다. 다원일체론이 겨냥하는 지역은 주로 티베트, 신장, 몽골, 만주와 같이 최근에 중국의 영토에 편입된 곳들이다. 이 주장에는 변방의 여러 문화가 결국 중화 문명의 일부라는 논리를 뒷받침하려는 정치적인 의도가 깔려 있는 셈이다. 그러한 관점에 보면 만주 일대에서 중원의 유물과 흡사한 옥기와 채색무늬토기가 다수 출토된 홍산문화가 다시 주목을 받은 건 자연스러운 수순이었다.

현대 중국 고고학의 대표적인 학자인 궈다순(郭大順)은 이 흐름을 이어받아 1995년 요하문명론(遼河文明論)을 제기했다. 그리고 때마침 랴오허강 일대에서 새로운 홍산문화가 발견되었다. 보통 랴오닝 지역은 랴오허강을 기준으로 서쪽은 랴오시, 동쪽은 랴오동이라고 부른다(엄밀히 말하면 그 기준은 랴오허강 근처에 있는 이우뤼산醫巫閭山이지만 대체로 랴오허강을 경계로 생각한다). 하지만 요하문명론에서 주로 언급하는 지역은 랴오허강에서도 가장 서쪽 지류에 속하는 네이멍구 동남부의 츠펑시 일대다. 이 지역은 전통적으로 만주에 포함되기는 해도 베이징에서 직선거리 340킬로미터로 변방보다는 중국의 중심에 더 가깝다. 또한 중원과 초원 지역 문화가 교차하는 지역으로, 랴오허강으로 상징되는 만주 지역 전체를 대표한다고 보기는 어렵다.

그럼에도 중국 학계는 홍산문화의 채색무늬토기와 옥기에 주목해 만주 지역이 중원문화로 흘러가는 다원일체론을 증명한다고 보았다. 중국에서 본다면 북방의 다른 지역으로 이어지는 연결고리인 츠펑의 홍산문화야말로 다원일체론을 선전할 좋은 계기였을 것이다. 굳이 '요하'라는 지역명을 사용해 '요하문명론'이라 이름붙인 것도 중원과의 관련성이 높은 홍산문화를 만주 지역 전체를 대표하는 상징으로 내세우려는 의도였는지도 모르겠다.

이후 다원일체론에 포함되는 지역은 계속 늘어나고 있다. 양쯔 강 유역의 량주문화에서도 옥기가 발견되면서 다원일체론에 추가 되었고, 2010년대 이후에는 백두산 일대도 '장백산문화론'이라 불 리며 중국의 문명 재편 과정에 포함되었다. 중국의 이런 역사 만들 기는 홍산문화의 재발견에서 출발했다 해도 크게 틀리지 않다. 아 이러니하게도 일본의 제국주의에 대항하기 위해 촉발된 홍산문화 에 대한 중국인의 관심이 지금은 반대로 중국의 팽창주의적 역사 관을 여는 단초가 된 셈이다.

고대에서 현대로 이어진 중국의 홍산문화 사랑

홍산문화가 중국인들의 마음을 사로잡은 결정적인 계기는 그곳 에서 출토된 옥기였다. 전통적으로 중원문화에서 사용된 여러 옥 기들과 아주 유사했기 때문이다. 옥기는 뉴허량 유적은 물론 여러 홍산문화의 신전과 무덤에서 빠지지 않고 등장하는 대표적인 유 물이다. 특히 C자형으로 굽어진 형태의 용 모양 옥기는 주둥이가 뭉툭해서 마치 돼지코를 연상케 해 '돼지모양 용'이라는 뜻의 옥저 룡(玉猪龍)이라고 불린다. 물론 용이건 돼지건 어디까지나 후대 사 람들이 붙인 이름이다. 옥저룡의 모습이 마치 태아와 유사해 부활 하는 생명력을 상징하기도 한다. 중국인들의 홍산문화 사랑은 정

량다이촌에서 발견된 옥저룡(왼쪽)과 옥저룡을 모티브로 만든 후허하오터 지하철 손잡이(오른쪽).

말 대단하다. 중국을 대표하는 화샤은행(華夏銀行)의 로고는 옥저룡을 모티브로 한 것이다. 2020년 2월에 중국 네이멍구자치구의 구도인 후허하오터(呼和浩特)에 개통된 지하철의 손잡이 역시 옥저룡 모양이다.

5000년 전 홍산문화의 옥기가 어쩌다 지금까지 이어지는 중국인의 옥기 사랑과 이어졌을까. 그 실마리가 얼마 전 발굴되었다. 중원의 산시(陝西)성 동부 지역인 한청(韓城)시에 위치한 춘추시대 초기의 대형 무덤인 량다이(梁帶)촌 무덤 유적이다. 그중에 특히 제27호라고 명명된 무덤에서 순장한 말과 마차를 묻은 차마갱(車馬坑), 수많은 양의 청동기와 옥기가 출토되었다. 그리고 '예공이 만들었다'는 의미인 '芮公作'(예공작)이라는 글씨가 새겨진 청동기도 나왔다. 학자들은 이 청동기를 통해 무덤의 주인공이 당시 이 지역에서 번성했던 제후국인 예국의 왕인 예환공(芮桓公)임을 밝혀냈

다. 역사서로만 전해지던 나라인 예국의 실체가 실제 모습을 드러
낸 것이다.

한편 예환공의 무덤 근처에는 그의 부인들 것으로 보이는 무덤
도 있었다. 그중 하나인 제26호 무덤에서 청동기 23점과 귀부인을
치장한 옥기 500여점이 출토되었다. 옥기들 중에는 예환공 시절보
다 2000년이나 앞선 시기인 홍산문화의 옥저룡도 있었다. 더 신기
한 것은 홍산문화의 옥기뿐 아니라 양쯔강 유역의 량주문화 옥기
도 발견되었다는 사실이다. 이 무덤의 주인공이 수천년 전의 옥기
를 다양하게 모아서 자신의 곁에 두고 사용했다는 뜻이다. 홍산문
화와 량주문화는 중국 신석기시대를 대표하는 양대 산맥으로 북
쪽에 홍산문화가 있다면 남쪽은 량주문화가 있다고들 한다. 그러
니 홍산문화와 량주문화의 옥기가 둘 다 출토되었다는 점에서 제
26호 무덤의 주인공이 모아놓은 옥기 컬렉션은 상상을 초월하는
시공간을 포함하고 있는 셈이다. 이 정도의 시간차는 비유하자면
구한말의 무덤을 발굴했더니 비파형동검이 나온 격이다.

예국 사람들이 살기 전 적어도 2000년 전에 만들어진 신석기시
대의 옥기가 도대체 어떻게 예국시대까지 사용될 수 있었을까. 옥
기는 수천년이 지나도 처음 만들었을 때의 색이나 품질이 거의 변
하지 않는다. 그러니 잘만 보존하면 수백년을 두고 교류, 증여, 구
입 등으로 이어지며 계속 사용할 수 있었을 것이다. 다만 무덤에서
물건을 꺼내 자신의 몸을 치장하는 것은 사실 흔한 풍습은 아니
다. 옛 무덤에서 나오는 물건은 대개 안 좋은 기운이 있다고 생각

하는 것이 일반적이기 때문이다. 종합해보면 예환공의 부인 중 한 명이 샤먼일 가능성이 크다. 이런저런 신령한 물건을 몸에 지니는 사람들은 주로 점을 치는 샤먼들이기 때문이다.

제26호 무덤이 있는 산시성 한청시에서 홍산 유적, 량주 유적까지는 각각 약 1000킬로미터 정도 떨어져 있다. 그렇다면 춘추시대에 명품 옥기들이 사방에서 유통되었을 가능성도 생각해볼 수 있다. 홍산문화와 같은 명품 옥기 제작 기술이 대대손손 전해졌고, 당시의 사람들도 그런 옥기를 만들어 썼던 것은 아닐까. 중국에서 홍산문화를 중화 문명의 기원 중 하나로 보는 주요한 근거가 바로 홍산문화의 옥기에 있다. 홍산문화의 옥기와 유사한 유물이 중국에서 많이 발견되는 이유가 아마도 홍산문화의 옥기를 적극적으로 수집하던 전통이 춘추시대부터 존재했기 때문인 것 같다. 신령한 힘을 지닌 부적과 같은 용도로 사용되던 전통이 최근까지도 이어진 것이다.

민족주의와 글로벌 역사관 사이의 홍산문화

40년 전 홍산문화가 처음 발견되었을 때 중국의 학계와 사회는 열광했다. 그 이유는 수천년간 중국에서 널리 쓰인 옥과 유사한 너무나 '중국적인' 유물이 동북 지역에서 발견되었기 때문이다. 그러나 뒤집어보면, 다원일체론에서 중원 지역과 변방의 관계를 증명하는 것은 옥기가 유일하다. 그 이유를 달리 생각해볼 수도 있지 않을까? 동북 지역에서 옥기가 발견되는 현상은 청동기 보다 옥기를 좋아하던 동아시아 전역의 특징과 관련이 있다. 게다가 옥광산은 신장 지역의 허톈(和田), 그리고 랴오닝성의 슈옌(岫岩) 등 몇군데에 한정되어 있다. 그러니 옥을 채굴하고 가공하는 사람들은 마치 중세의 석공들처럼 먼 거리를 이동하며 활동했고, 옥기의 제작 기술과 전통이 중원 일대에 널리 확산되었을 것이다.

최근 홍산문화에서 발견되는 토기나 골각기(뼈로 만든 도구)가 바이칼과 몽골 일대의 영향을 받았음이 밝혀지고 있다. 밑바닥이 평평하고 두드려서 만든 토기, 날카로운 석기를 뼈에 끼워 쓰는 도구 등은 바이칼 지역에서 유행하던 것이다. 너무나 당연한 결과이기도 한 게, 홍산문화의 북쪽은 몽골 초원을 따라 바이칼 지역과 이어진다. 이 지역은 홍산문화뿐 아니라 그 이후의 유목문화가 유입되는 통로였다.

홍산문화는 세계사적으로도 큰 의의가 있다. 홍산문화가 발달한 5500년 전은 세계 문명의 역사에서 중요한 시점이다. 당시 온대 지역인 이집트, 메소포타미아, 인더스에서는 문명이 발달했고 초원 지역도 유목문화가 태동했기 때문이다.

홍산문화로 대표되는 동아시아 지역의 사람들은 청동기 대신 옥기를 만들고 거대한 제단과 무덤을 만들었다. 그들의 옥기와 비슷한 형태가 남쪽으로는 양쯔강 유역, 북쪽으로는 알래스카에서까지 발견되어 선사시대 문명교류에 새로운 시사점을 주고 있다. 비록 홍산문화는 청동기를 사용하지 않았지만 옥기와 제사를 기반으로 한, 세계 다른 지역과는 구분되는 동아시아만의 문명이 발달했음을 보여준다. 그러한 세계사의 중심에 있어야 할 홍산문화가 현대 제국주의와 국가의 이해에 희생양이 되고 있으니 너무나 안타깝지 않은가. 중국은 자신들의 영토를 합리화하기 위해 중화제일주의를 내세워 수많은 소수민족을 한족 중심으로 재편하고자 한다. 현대의 국가 통치에 홍산문화를 이용함으로써 홍산문화의 문명사적 의의를 크게 훼손하고 있다.

타이완의 역사가 쑨룽지(孫隆基)는 홍산문화를 중국 문명의 기원이라고 한 중국의 주장을 두고 '민족주의와 글로벌 역사관 사이에서 길을 잃은 대표적인 중국 문명 연구'라고 비판했다. 너무나 적절한 표현이다. 그렇다고 홍산문화를 한국의 것이라고 주장한다면 이는 중국의 길 잃은 논리에 면죄부를 주는 것과 다름없다. 한국과 중국을 둘러싼 역사 갈등의 핵심이 모든 동아시아 문명의 기원을 중국으로 보려는 데 있는 것은 맞다. 하지만 이를 극복하기 위한 대안이 홍산문화를 중국의 역사가 아닌 한국의 역사라고 우기는 것이 될 수는 없다. 5000년 전 신석기시대를 두고 21세기의 한국이나 중국과 같은 국적을 논하는 것은 의미가 없기 때문이다. 더욱이 홍산문화는 비슷한 시기 한반도 일대의 문화와는 차이가 아주 크다. 물론 한반도에도 홍산문화와 유사한 적석총이나 곡옥이 존재한다. 하지만 적석총은 지역과 시간의 차이가 크고, 곡옥은 홍산문화의 다채다양한 옥기와는 거의 관련성이 없다.

홍산문화는 일본 제국주의의 만주 침략, 그리고 그에 따른 중국의 건국과 민족주의 발흥의 와중에 등장했다. 1980년대 이후 중국의 역사인식은 홍산문화에 근거한 다원일체론 → 고구려를 둘러싼 동북공정 → 유라시아를 향한 일대일로로 팽창되어왔다. 이러한 역사분쟁의 시작점에 있는 홍산문화를 제대로 보기 위해서는 가장 먼저 현대 국가의 틀이라는 거품을 없애고 홍산문화의 세계사적 의의를 밝히는 것에서 시작해야 하지 않을까.

극동의 변방에서 터키의 기원을 찾다

유라시아의 반대편 아나톨리아반도의 강대국 터키는 우리에게 무척 친숙하다. 터키는 유럽과 근동 사이에서 강력한 군대로 주변을 호령한 오스만튀르크제국의 후손이지만, 우리에게는 피를 나눈 형제국이라는 이미지가 더 강하다. 사실 터키가 한국에 느끼는 형제애는 자신들이 유럽 동쪽 깊숙한 유라시아의 중심에서 기원했다는 역사인식에서 시작되었다. 실제로 현대 터키의 역사책 첫머리에는 알타이와 몽골에 있었던 유목제국 흉노가 등장한다. 지금의 터키는 유럽과 근동을 잇는 아나톨리아고원에 있지만, 자신들을 유라시아의 초원지대에서 살던 유목민의 후손으로 간주하기 때문이다. 터키는 7세기 알타이에 자신들의 이름으로 된 돌궐(튀르크)이라는 나라를 만들었고, 1071년에 셀주크튀르크가 동로마제국을 격퇴하면서 아나톨리아로 처음 진출하였다. 근동과 그리스 문명의 중심지였던 아나톨리아반도는 그 이전까지는 터키인들의 역사가 아닌 셈이다.

터키가 세계적인 그리스와 근동 문명을 마다하고 굳이 머나먼 알타이, 나아가 동아시아에서 자신들의 기원을 찾는 것은 역사적으로 중요한 계기가 있었다. 바로 제1차 세계대전의 여파로 오스만 튀르크가 멸망하고 지금의 터키가 들어선 사건이다. 신생국가 터키는 강력한 서구화 정책을 취하는 한편 머나먼 미지의 땅에 자신의 고향을 둠으로써 터키의 정체성이 서양으로 휩쓸리지 않도록 하는 양면 정책을 실시했다.

머나먼 극동 지역의 한국을 형제의 나라로 여기며 아낌없는 호감을 표시하는 것은 현대 유럽의 일부로 살면서도 정체성은 아시아에 두는, 그들의 이중적인 역사인식의 발로인 셈이다. 유라시아 동편에 자신의 기원을 둔 터키의 사례는 미지의 땅에 대한 동경과 고대사에 대한 역사인식이 현실의 치열한 일부분임을 생생하게 증명한다.

늦사랑에 빠진 고고학자가 발견한 돌궐

터키인의 조상인 튀르크인들은 중국의 역사에 '돌궐(突厥)'이라고 기록되어 있다. 그들은 4~5세기경에 알타이 고원지대에 살았다. 돌궐족은 그들이 복속하던 유연을 몰아내고 유라시아 초원의 패권을 장악한 돌궐제국(튀르크제국)으로 이어졌다. 역사 기록으로만 존재하던 돌궐제국의 실체가 그들의 문자를 통해 생생하게 우리에게 등장한 것은 약 150년 전 러시아의 고고학자들이 발견한 한 비문 덕택이었다. 2018년 5월 국립중앙박물관은 '칸의 제국 몽골'이라는 제목의 몽골 특별전을 개최했다. 화려한 황금 유물 사이에 거대한 비문의 탁본과 고(古)튀르크의 왕이었던 빌게 칸(Bilge Khan)의 석인상이 전시되어 있었다. 주의를 기울이지 않으면 그냥 지나치기 쉬운 이 두 전시품은 말로만 전해지던 터키인들의 최초 국가인 돌궐제국의 역사를 증명해준 획기적인 유물이다.

빌게 칸의 비석은 앞뒤로 각각 튀르크 문자와 한자로 글자를 새겼다. 비록 화려하지는 않지만 화려한 황금 못지않은 시베리아 최고의 고고학적 발견이다. 유목민이 만든 돌궐제국은 그들만의 문자 체계를 가지고 있었고, 그것을 한자와 함께 썼다는 것이 밝혀졌기 때문이다. 튀르크와 터키 연구를 한 단계 끌어올린 것으로 평가받는 이 위대한 발견을 한 사람은 러시아의 학자인 니콜라이 야드린체프(Nikolai Yadrinchev)다.

그의 발견 못지않게 그의 삶 역시 상당히 극적이다. 야드린체프는 19세기 후반 시베리아와 몽골 일대를 열정적으로 조사하고 있었다. 물론 당시의 많은 박물학자들과 마찬가지로 그 역시 고대 유적에 관심이 없는 것은 아니었다. 하지만 계몽가이자 역사가였던 그는 시베리아를 제정러시아로부터 독립시켜 스위스나 미국 같은 풍족한 낙농국가로 만들고 싶었다. 시베리아 조사는 그 가능성을 탐사하기 위한 목적이 더 컸다. 시베리아를 독립시키려는 그의 꿈은 실패했지만 예상치 못하게 튀르크 문자를 발견함으로써 결국 유라시아 역사에 그의 이름이 영원히 남게 되었다.

야드린체프는 1889년에 몽골의 오르콘강 상류를 조사하다가 위구르제국의 수도인 하라-발가스(Khara-Balgas, 오르두-발리크Ordu-Baliq라고도 부름)와 고튀르크 문자가 새겨진 비문인 '오르콘 비문'을 발견했다. 그가 발견한 정체불명의 글자는 생김새가 중세 북구에서 쓰이던 룬 문자와 유사하여 '예니세이강의 룬 문자'라고 불리기도 했다. 오르콘 비문이 발견되자마자 유럽의 모든 언어학자들이 경쟁적으로 달려들어 문자 해독에 나섰다. 그리고 1893년에 덴마크의 언어학자 빌헬름 톰센(Wilhelm Thomsen)이 최초로 그 뜻을 파악하는 데 성공한다. 그가 처음으로 해독한 단어는 신 또는 하늘을 뜻하는 '텡그리'(Tengri)였다. 튀르크 문자가 비교적 쉽게 해석될 수 있었던 이유는 튀르크 문자가 한글처럼 표음문자였으며, 돌궐제국의 사람들이 비문을 세울 때에 한 면은 튀르크 문자로 쓰고, 그 반대 면은 중국 한자를 썼기 때문이다.

야드린체프가 오르콘 비문을 발견하게 된 배경에는 사랑했던 아내와의 사별이 있다. 그는 나쓰메 소세키의 소설 『도련님』의 주인공처럼 자신의 이상을 좇던 열혈 운동가였다. 원래 시베리아의 큰 도시인 옴스크의 부유한 상인의 아들로 태어났지만 돈에는 관심이 없었고 대신 시베리아 독립운동에 뛰어들어 유형 생활을 했다.

돌궐제국의 역사를 증명해준 획기적인 발견을 한 러시아 학자 니콜라이 야드린체프(왼쪽)의 그가 몽골에서 발견한 튀르크 문자가 새겨진 오르콘 비문(아래).

유형을 마치고 돌아온 그는 신문사를 운영하며 대중운동을 하다가 자신의 일을 도와주던 열네살 어린 아델라이다라는 여인과 결혼했다.

　야드린체프는 결혼 후 딸도 얻고 다복한 생활을 했지만, 그 행복은 오래가지 못했다. 딸이 네살이 되던 해에 아내가 사망한 것이다. 야드린체프는 절망감을 이기지 못하고 술독에 빠져 알콜중독자가 되었다. 이에 보다 못한 그의 동료인 유명한 실크로드 탐험가 그리고리 포타닌(Grigorii Potanin)이 그에게 몽골 조사를 권유했다. 몽골의 푸른 초원은 야드린체프에게 새로운 삶의 동기를 부여했고, 오르콘 비문을 발견하는 천운도 얻었다. 하늘이 그의 사랑하는 아내를 데려가는 대신 세계적인 명성을 준 셈이다.

그의 극적인 인생은 여기에서 끝이 아니었다. 시베리아의 유명인사가 된 홀아비 야드린체프는 사별한 아내의 친구였던 알렉산드라라는 젊은 여의사에게 반했다. 야드린체프는 그녀를 자신이 일하는 알타이로 초청해서 청혼했다. 하지만 알렉산드라는 야드린체프를 단순히 존경할 뿐이라는 이유로 그의 애타는 구애를 거절했다. 절망에 빠진 야드린체프는 다시 알콜중독자로 돌아갔다. 그는 1894년에 알타이 바르나울시에서 알렉산드라에게 마지막 구애를 했고, 또다시 거절당하자 그녀가 보는 앞에서 아편을 마셔 자살시도를 했다. 놀란 알렉산드라가 급하게 응급처치를 했지만 결국 야드린체프는 그녀의 품에서 죽고 말았다. 터키의 역사를 여는 획기적인 발견을 한 세계적인 학자요, 시베리아 고고학의 개척자였던 야드린체프는 그렇게 너무나 허무하게 세상을 떠났다.

다행히도 인복이 많았던 그였기에 그의 친구들은 가십거리가 될 법한 그의 죽음을 비밀에 부치고 야드린체프의 명성을 유지하기 위해 노력했다. 야드린체프 죽음의 진실은 그를 아꼈던 친구들이 모두 세상을 떠난 뒤에야 비로소 알려졌다. 그의 외동딸인 리디아는 어려서 부모를 잃었지만 다행히 아버지의 훌륭한 재질은 이어받았다. 리디아는 아버지의 뒤를 이어 소련 시절 북극권의 원주민을 연구하는 민속학자로 활동했다. 그의 손자와 증손자들도 문필가로 활약하고 있다.

아타튀르크, 터키를 세우다

시베리아의 한가운데 위치한 알타이의 튀르크 역사가 20세기에 아나톨리아반도의 터키에 다시 등장한 데에는 터키의 국가 영웅 무스타파 케말 아타튀르크(Mustafa Kemal Atatürk, 케말 파샤라고도 불림)의 역할이 컸다.

본래 알타이에서 살던 튀르크의 일파였던 오스만튀르크는 서쪽으로 진출했다. 그리고 1453년 오스만튀르크의 메흐메트 2세가 마침내 콘스탄티노플을 함락시키고 동로마제국을 무너뜨리면서 터키인들은 현재의 아나톨리아반도를 중심으로 정착했다. 이후 오스만튀르크는 북아프리카와 유럽에 이르는 거대한 제국을 세웠다. 하지만 제1차 세계대전의 패망으로 오스만튀르크제국은 유럽의 여러 나라에 의해 공중분해될 위험에 처했다. 이때 제1차 세계대전의 영웅이었던 아타튀르크가 1923년에 지금의 터키를 건국했음은 잘 알려져 있다.

아타튀르크는 세속주의와 친서방주의를 표방하는 정책을 펼쳐 아랍을 탈피하는 동시에 유럽에 동화되고자 했다. 터키가 차지한 아나톨리아고원 일대가 거대한 지역임은 분명하지만 오스만튀르크 시절에 비하면 사실 너무나 작은 땅이었다. 그리고 아나톨리아반도마저도 아르메니아인, 쿠르드족을 비롯하여 터키와 쉽게 조화될 수 없는 다양한 민족들이 섞여 있었다. 세계주의를 지향하던 오스만튀르크제국 시절에는 튀르크를 중심으로 하는 다민족 사회가 무리 없이 유지될 수 있었다. 하지만 민족주의를 내세운 유럽의 국가들이 득세하는 분위기 속에서 유럽과 겨루며 근대화를 이루어야 할 신생국가 터키는 유럽의 다른 국가들이 그랬듯 터키인 중심의 민족국가를 표방할 수밖에 없었다. 유럽인들은 터키인을 '황인종' 또는 '2급 인간'이라며 차별했고, 터키 내부적으로도 다양한 민족들의 반발이 이어졌다. 이런 대내외적인 갈등 상황에서 신생국가 터키는 유럽과 동등하게 만드는 자신들만의 역사를 강조할 필요성이 커졌다.

다민족국가에서 민족국가로 거듭나는 시점에 아타튀르크는 유라시아 깊숙이 있는 미지의 땅에서 터키인이 기원했다는 내용을 담은 「터키 역사의 테제」(Türk Tarih Tezi)*를 발표한다. 1923년에 발표된 이 테제는 중앙아시아 초원에서 기원한 튀르크인들의 일파는 히말라야고원으로, 또다른 일파는 아나톨리아고원(현재의 터키)으로 와서 근동 문명의 한 축을 이루었다는 내용을 담고 있다. 그리고 유라시아 전역에 넓게 퍼져서 살고 있는 튀르크 계통의 사람들을 곧 터키의 일부로 보는 범투란주의를 정립했다. 미지의 거대한 영토를 터키의 역사에 포함시킴으로써 터키의 자존심을 세우고자 한 것이다. 당시는 서구 열강의 강세와 오리엔탈리즘의 등장으로 강대했던 오스만튀르크의 영광이 부정되는 시점이었다. 아타튀르크는 새로운 역사를 들고 나오면서 유럽인들과 구분되는 튀르크인의 정체성을 분명히 하는 동시에 유럽과의 동화를 지향하는 세속주의의 진행 과정에 터키인까지 유럽에 동화되는 것을 막고자 했다.*

한국이 터키의 이웃이 된 이유는

우리에게 터키는 형제의 국가로 기억된다. 40대 이상의 독자라면 2002년 한일월드컵의 한국-터키 간 3~4위전은 승패를 떠나 진한 감동으로 남아 있을 것이다. 그런데 정작 한국에서는 비행기로 12시간이나 걸리는 유라시아 반대편의 터키가 어쩌다 우리의 형제국이 되었는지는 잘 모르는 것 같다. 흔히 한국전쟁 때에 네번째로 큰 규모인 1만 4000여명 원조군을 파견했던 인연을 떠올린다. 한국전쟁 때에 터키 말고도 수많은 나라들이 원조를 하고 피를 흘렸지만, 터키만큼 형제애를 강조하지는 않는 걸 보면 좀 이상하지 않

* 1931년에 출간된 『터키 역사의 주류』(*Türk Tarihinin Ana Hatları*)라는 책이 바로 이 내용을 바탕으로 만들어진 것으로 알려져 있다.

은가.

사실 터키와 한국의 형제의식은 범투란주의라는 튀르크 계통의 역사에서 시작되었다. 터키가 자신들의 최초 국가로 간주하는 흉노는 고조선과 인접해 있었고 고구려 시기에는 돌궐이라는 이름으로 우리와 국경을 맞대고 있었다. 그러니 튀르크 계통의 사람들은 고대 한국으로 보자면 이웃한 형제 같은 나라가 된다. 이뿐이 아니다. 터키는 유라시아 전역에 있는 튀르크 계통의 사람들을 자신들의 형제 또는 같은 민족으로 간주하기 때문에 동부 시베리아 북극권에서 살고 있는 사하족까지도 자신들과 이어져 있다고 본다.

터키가 극동의 나라에 형제애를 느끼게 된 동기는 엉뚱하게도 한국이 아니고 일본이었다. 오스만튀르크가 위기에 처해 있던 1904년에 일어난 러일전쟁은 동양의 작은 나라인 일본이 유럽의 열강 러시아를 꺾어버린 대단한 사건이었다. 유럽의 변방에 위치했지만 머나먼 동방인 알타이에서 기원한 터키로서는 극동에 있는 일본의 약진이 큰 위로가 되었다. 이 일은 터키가 자신들이 유라시아의 초원에서 기원했다는 것을 자랑스럽게 내세우는 계기가 되었다. 실제로 형제국가라는 표현은 터키가 건국된 직후 일본이 세운 괴뢰국 '만주국'과 친선관계를 수립하면서 등장했다. 물론 한국의 입장에서 본다면 유쾌한 일은 아니다. 하지만 입장을 바꾸어놓고 본다면 터키와 이웃 국가지만 철천지원수처럼 싸우는 아르메니아(기독교 중심의 국가)와 아제르바이잔(이슬람 중심의 국가)의 미묘한 상황을 제대로 구분하는 한국인이 거의 없는 것과 비슷한 상황일 것이다.

이렇게 오스만튀르크제국이 무너진 이후 아타튀르크가 터키를 재건하고 그들의 국가를 보존하는 데에 유라시아 사관은 큰 역할을 했고, 그 사이에 형성된 극동에 대한 호감은 한국으로 이어졌다. 한국전쟁에 대대적인 파병과 원조로 한국을 진정으로 도와주며 형제국가가 되었다.

터키와 한국의 우호관계는 냉정한 국제관계 속에서 계속 이어나가야 할 중요한 외교 자산임은 분명하다. 그러나 수천년 전의 역사를 들어 현대 국가의 정당성을 확보하려는 20세기의 정치 상황이 그 이면에 있었음을 잊어서는 안 된다. 고대사를 끌어와 현대의 정치 정당성을 이야기하는 과정이 각국의 우호를 증진시키기보다는 주로 주변 국가와의 갈등이나 전쟁의 빌미로 작용하는 경우가 더 비일비재하기 때문이다.

히틀러는 게르만족의 기원인 아리안족이 티베트나 파미르고원 어딘가에 있을 것으로 생각했다. 히틀러가 저지른 유대인과 집시에 대한 인종청소는 다시 언급할 필요가 없을 것이다. 유대인 역시 중동에 이스라엘을 건국하는 과정에서 많은 이들이 피를 흘렸다. 유대인이 내세운 명분은 수천년 전에 기록된 『성경』이었다. 그리고 갈등은 지금까지도 지속되고 있다. 일본도 메이지유신 이후 정한론과 만선사관을 앞세우며 한반도와 만주를 침략하는 명분으로 삼았다. 이렇게 근대국가가 되면서 미지의 땅은 각국의 현실 지배를 위한 이데올로기에 이용되었고, 그를 위해서 적극적으로 고고학 자료를 사용했다.

　한국과 터키의 우호관계는 고대사의 인연이 현대의 우호로 이어진 드문 경우다. 그런 점에서 다른 정치적인 셈법과는 사뭇 다르다. 하지만 대부분의 나라에서는 고대 미지의 땅에서 벌어진 역사를 현대로 가져와 분쟁의 근거로 사용한다. 가장 바람직한 것은 이런 상황 자체가 사라지는 것이 아닐까. 수천년 전의 역사를 현대의 이해에 맞게 해석한다는 것 자체가 역사를 오해하고 재단하는 시작이 될 수밖에 없기 때문이다.

마약으로 쌓아올린 박물관

미국이나 유럽은 많은 사람들이 선호하는 여행지다. 그리고 이곳을 여행할 때 반드시 들어가는 여행 코스 중 하나가 박물관이다. 미국과 유럽의 박물관에는 세계의 보물들이 넘쳐난다. 대항해 시대를 거쳐서 최근 제국주의 시대까지 세계 곳곳을 누비며 각국의 유물을 자국으로 가져갔기 때문이다. 프랑스의 루브르 박물관이 그러하고 영국의 대영박물관도 마찬가지다. 그런데 정작 식민지를 만들지 않았던 미국의 여러 박물관에도 다른 나라의 유물이 많은 것은 좀 의아하다. 유럽을 이어 뒤늦게 부국이 된 미국의 박물관들 상당수는 약탈이 아닌 기업가들이 기부한 다양한 컬렉션을 기반으로 한다. 그렇다고 미국을 무작정 칭송할 것만은 아니다. 그들이 유물을 사 모을 때 사용한 부의 축적 과정이 올바르지 못한 경우도 많기 때문이다. 특히 최근에 미국을 대표하는 박물관 기부자인 아서 새클러 가문의 마약 스캔들이 폭로되어 세간의 관심을 끌고 있다. 화려한 부자의 고상한 취미에 감추어진 21세기 박물관의 실체를 살펴보자.

아시아 유물 수집의 '큰손' 아서 새클러

미국의 수도 워싱턴 D. C.에는 스미스소니언 박물관이 있다. 스미스소니언협회라는 미국 최대의 국영박물관재단 산하에서 관리하는 일련의 박물관들을 말한다. 스미스소니언 박물관은 박물관 하나가 아니라 워싱턴 기념비와 미국 국회의사당 거리를 사이에 두고 양쪽으로 11개의 박물관이 위치해 있어, 내셔널 몰(National Mall)이라고도 불린다. 그중 스미스소니언의 자연사박물관은 영화 「박물관이 살아있다」(2014)의 촬영지로도 유명하다.

동아시아에 관심이 많은 사람들이라면 동아시아의 미술품을 보관한 아서 M. 새클러 갤러리(Arthur M. Sackler Gallery)라는 이름도 익숙할 것이다. 미국 최대의 동아시아 미술품 수집가인 아서 새클러의 기부를 기념하여 명명된 이 박물관은 미국 내에서 한·중·일의 유물을 가장 많이 소장하고 있는 동아시아 연구의 보고다. 그런데 2020년 2월 학회 참석차 다시 워싱턴을 가보니 2019년 12월을 기점으로 아서 M. 새클러 갤러리라는 이름이 사라졌다. 아서

M. 새클러 갤러리와 또다른 기부자의 이름을 딴 프리어 갤러리
(Freer Gallery)를 통합해 '국립아시아미술관'(National Museum of Asian
Art)으로 재개관한 것이다. 얼핏 보면 단순한 박물관 조직 개편인
가 생각할 수도 있지만, 그 배경에는 최근 20년간 미국을 뒤흔들고
있는 거대한 마약의 스캔들이 있다.

아서 새클러는 러시아(벨라루스)의 유대인 이민자 출신으로 미국
브루클린의 빈민가에서 성장했다. 새클러 형제는 1950년대에 작
은 약품회사인 퍼듀 파마(Purdue Pharma)를 인수해 사업을 급성장시
켰다. 새클러 형제의 형인 아서 새클러는 마케팅을 담당하고 동생은
주로 약품 제조를 담당했다. 다만 아서 새클러는 사업보다는 예술
품을 모으고 평가하는 일에 더 보람을 느꼈고, 스스로를 문화재 수
집가가 아니라 큐레이터(박물관 학예사)라 자부할 정도로 전문 지식도
풍부했다. 실제로 그의 부에 문화재를 보는 안목이 결합되어 그는 타
의 추종을 불허할 정도로 많은 명품 예술품을 모았다.

그리고 말년에 아서 새클러는 미국에서 아시아 문화재 연구의 가
장 '큰손'으로 꼽힐 만큼 아낌없는 기부를 했다. 그 덕에 하버드대학,
프린스턴대학 등에 대학 박물관이 세워졌고 뉴욕 메트로폴리탄 미
술관과 구겐하임 미술관에도 아시아관이 만들어졌다. 새클러는 심
지어 중국에도 자신의 이름을 남겼다. 베이징대학 서문 근처에 위치
한 베이징대학 새클러 박물관도 1980년대에 새클러의 기부금으로
세운 것이다. 아서 새클러 덕에 미국의 세계적인 박물관을 가면 빠
짐없이 아시아의 명품을 볼 수 있고, 그중 상당수는 본국에서도 볼

최근 이름이 바뀐 국립아시아미술관(위)과 베이징대학 새클러 박물관(아래). 모두 아서 새클러의 기부로 탄생한 박물관이다.

수 없는 것들이다.

무엇보다 아서 새클러의 문화재와 박물관 사랑의 하이라이트는 워싱턴에 개관한 아서 M. 새클러 갤러리다. 아쉽게도 그는 개관 4개월 전인 1987년 5월에 죽었지만 미국을 대표하는 워싱턴 박물관 거리에 당당하게 그의 이름을 딴 박물관이 세워지면서 그의 이름은 영예롭게 영원히 기억되는 듯했다. 그리고 아서 새클러의 유지를 받은 새클러 가문의 자손들은 기부와 박물관 일에 종사하면서 부자 명문가로서의 명성을 이어갔다.

미국을 뒤흔든 마약 스캔들

하지만 그들의 명성은 오래가지 못했다. 균열의 시작은 1990년 대 중반 수백만명의 목숨을 위태롭게 하며 미국 전체를 뒤흔든 마약 스캔들이었다. 이 마약의 확산은 기존의 경로와도 사뭇 다르고, 그 피해 또한 막대했다. 다른 어떤 마약보다 중독성이 강한 헤로인 계인데다 미국의 중산층을 중심으로 급격히 확산되었기 때문이다. 2020년 넷플릭스에서 공개한 「죽음의 진통제」(The Pharmasist)라는 다큐멘터리는 평범한 중산층 백인 약사가 자신의 아들을 마약으로 잃은 과정을 다루고 있다. 그의 아들이 복용한 마약은 합법적으로 의사를 통해서 처방받은 약품이었다. 그의 아들 외에도 수많은 사람들이 같은 약을 처방받아 마약에 중독되었고, 속절없이 죽고 말았다.

마약이라고 하면 갱단이 개입되어 길거리에서 몰래 거래하는 것으로 생각했는데, 이제는 의사로부터 처방전을 받아 합법적으로 구입할 수 있다니 너무 놀라웠다. 이런 마약성 진통제를 만들어 대량으로 공급한 악덕 기업이 바로 아서 새클러의 가문이 소유한 퍼듀 파머다.

퍼듀 파머가 출시한 약품은 헤로인을 기반으로 만든 옥시콘틴이다. 1996년에 출시된 옥시콘틴은 약효가 12시간이나 지속되는, 헤로인보다 두배나 효과가 좋은 무시무시한 마약성 진통제였다. 이 위험한 약을 팔면서도 퍼듀 파머는 옥시콘틴이 전혀 의존성이 없으며 통증을 완벽하게 조절하는 기적의 약이라고 허위 광고를 했다. 또한 의사들이 이 약을 처방하도록 의사들을 대상으로 적극적인 마케팅을 펼쳤다. 퍼듀 파머의 로비력과 마케팅은 곧 수십만 미국인의 헤로인 중독으로 이어졌다.

옥시콘틴의 중독이 심각한 또다른 이유는 그 대상이 마약중독자가 아니라 평범한 중산층이었다는 것이다. 마약과는 전혀 상관없던 사람이 어느 날 사고를 당해 병원에서 옥시콘틴을 처방받아 먹는다. 그리고 부상에서 회복되어도 옥시콘틴이 없으면 살 수 없게 되고, 몇년 후에는 회복 불가능한 마약중독자가 되어 재산을 탕진하고 죽음에 이르는 것이다. 지금도 관련 기사나 다큐멘터리의 댓글을 보면 어이없게 중독자로 전락하여 가족을 잃은 사람들의 이야기가 넘쳐난다. 이제는 헤로인보다 100배나 강한 진통제인

펜타닐의 오남용이 심해지고 있다.

지금도 미국 사회를 병들게 하고 있는 마약 스캔들의 시작은 바로 새클러 가문의 부도덕한 사업이었다. 새클러 박물관의 화려한 유물과 아름다운 기부의 원천이 수십만명의 목숨이었던 셈이다. 옥시콘틴은 아서 새클러가 죽고 발매되었으니 그와는 관계가 없다고 생각할 수도 있다. 하지만 퍼듀 파머는 사업 초창기인 1950년대부터 의도적으로 의존성을 강화한 약을 만들어왔다. 또한 의사들에게 로비를 하고 외판원들에게 인센티브를 주는 마케팅 전략은 바로 아서 새클러의 머릿속에서 나온 것이다.

수많은 비판에 직면한 새클러 가문은 2019년 9월 파산신청을 하면서 아서 새클러의 명예만이라도 지키고자 했지만 미국인들의 분노의 불길은 쉽게 가라앉지 않았다. 그냥 조용히 지우기에는 역설적으로 아서 새클러가 박물관에 미친 영향이 너무나 컸기 때문이다.

화려한 유물에 숨겨진 욕망

새클러 가문의 악명이 널리 알려지면서 분노한 사람들이 박물관으로 달려갔다. 이에 새클러 가문으로부터 지원을 받던 박물관들이 하나둘씩 이 가문의 지원을 거부하고 새클러의 이름을 지우고 있다. 루브르 박물관은 기부자 명단에서 새클러 재단의 이름을 지우고 향후 지원을 받지 않기로 약속했다. 하버드대학도 박물관과 미술관을 통폐합하는 방식으로 새클러 박물관을 없앴다. 이 흐름에 스미스소니언 박물관도 동참하여 2019년 12월에 그 이름을 바꾼 것이다. 앞으로도 한동안 새클러의 이름은 금기시될 것 같다.

새클러 컬렉션은 동아시아 고대를 연구하는 사람들의 입에 가장 많이 오르내리던 로망과도 같은 존재였다. 나도 러시아 유학 시절 박사논문을 준비하면서 당시 갓 생긴 인터넷 서점 아마존을 통해 러시아과학원에서 받는 한달 월급에 맞먹는 돈을 들여 새클러 컬렉션의 책을 산 적이 있다. 그의 수많은 컬렉션 중 중국 오르도스 지역의 유목민이 남긴 청동기들을 모아놓은 도록은 박사논문을 쓸 때에 큰 도움이 되었다. 아마 고고학이나 미술사 전공자 중에서 나와 비슷한 경험을 가진 사람들이 적지 않을 것이다.

새클러의 공적을 깡그리 무시하고 이렇게 내쳐진다면 기부를 하려던 다른 사람들에게 부정적인 영향을 미치지 않겠냐는 우려의 목소리도 있다. 대부분의 기부자들이 기업가들일 텐데 솔직히 말하면 회사를 운영하면서 크든 작든 부정한 방법을 쓰지 않은 사람이 얼마나 있겠느냐는 말이다. 하지만 기부가 줄어드는 부작용이 아무리 크다 한들 가족을 잃거나 삶이 송두리째 망가진 수백만명의 고통에 비할 수 있을까. 그들이 호화로운 박물관에 새겨진 '새클러'라는 이름을 보며 느낄 참담함을 생각하면 너무나 마음이 아프다. 한편 박물관의 빠른 대처가 반가우면서도 의심의 눈초리를 거둘 수 없는 것 역시 어쩔 수 없다. 박물관에 소장된 유물의 상당수는 다른 나라를 침략하거나 불법적인 경로로 들어온 것이다. 새 클러의 일로 인해 박물관의 어두운 면들이 속속들이 드러나는 것을 원치 않는 사람이 분명히 있을 것이다. 어쩌면 각 박물관들이 빠르게 새클러의 이름을 지우고 있는 진짜 이유가 여기에 있는지도 모르겠다.

문화재계에서 유독 칭송받는 기부자들이 있다. 가산을 팔아 국보를 지켜낸 간송 전형필이 좋은 예이다. 그외에 알려지지 않은 개인 기부자들도 많다. 국립중앙박물관의 2층에는 수많은 기증자들의 유물 전시장이 있어서 각각의 사연으로 그들의 뜻을 기린다. 물론 모든 일이 다 그렇듯 선의의 기부자만 있는 것은 아니다. 문화재와 같은 공공사업에 열심인 사람들 중에는 명성을 얻고 출세하기 위해 문화재를 이용하는 사람들이 적지 않다. 특히 고고학과 문화재는 돈과 적절한 사업 감각만 있으면 비교적 접근하기 쉽다. 예컨대 트로이의 황금을 발견한 것으로 유명한 하인리히 슐리만은 거의 무학에 가까웠지만 부도덕한 군수사업으로 부자가 된 뒤 고고학자로 전환해 자신의 신분을 극적으로 바꾼 사람이다. 문명 연구에 큰 공헌을 했다는 세간의 평과 달리 그는 트로이의 발굴과 그 유물의 관리 과정에서 많은 무리수를 두었다. 또한 영국의 필트다운에서 발견된 화석 인류로 알려졌던 필트다운인(Piltdown)은 찰스 도슨이라는 아마추어 고고학자가 명성을 얻기 위해 위조한 것으로 밝혀지기도 했다.

유럽에서 새로운 고고학 유적과 유물을 직접 발굴하여 이름을 알리는 경우가 많다면 미국에서는 유물 수집과 박물관 설립으로 이름을 널리 알린다. 미국 로스앤젤레스의 게티 센터(The Getty Center) 설립에 기여한 장 폴 게티(Jean Paul Getty)가 좋은 예이다. 화려한 유물 컬렉션으로 유명한 폴게티 미술관의 명성과는 달리 기부자 폴 게티 개인은 괴팍한 구두쇠로 악명이 높았다. 손자를 인질로 잡고 돈을 요구하는 범인들에게도, 뇌종양에 걸려 죽어가는 아들에게도 그는 돈이 아까워서 쓰지 않았다. 자신의 집에 손님용 유료전화기를 설치할 정도였다. 폴 게티가 정당하게 부를 축적하기보다는 주변 사람을 사이코패스 급으로 괴롭혀 모은 돈을 기부했다는 사실이 알려지면서, 이제는 더이상 그를 선의의 기부자로 기억하지 않는다. 아서 새클러나 폴 게티의 기부는 오히려 자신의 악명을 더욱 각인시키는 결과로 이어졌다. 자신이 기증한 문화재와 이름을 새긴 박물관이 남아 있는 한 그들의 행동은 잊히고 싶어도 영원히 기억될 수밖에 없기 때문이다.

아서 새클러와 폴 게티의 이야기가 주는 메시지는 아주 명확하다. 훌륭한 예술품과 고고학 유물을 모은 공적이 결코 그들의 모든 행위를 정당화할 수는 없다. 관람객들의 경탄을 부르는 엄청난 박물관에는 유물을 둘러싼 정당하지 못한 사연들이 상당수 숨어 있을 것이다. 무작정 유물의 아름다움에 감탄하기 전에 세계 각국의 유물이 어떻게 이곳에 놓이게 되었는지를 되짚어보는 과정이 먼저여야 한다. 컬렉션의 역사가 고대의 역사 자체를 왜곡시키기도 하기 때문이다.

영화 「기생충」의 오브제로 풀어보는 테라 인코그니타

숨 가쁘게 달려온 이 책의 핵심 메시지는 미지의 땅에 살던 사람들은 미개한 야만인도 아니고, 또 이상향의 사람도 아닌 그저 우리와 똑같은 사람들이라는 것이다. 너무나 머나먼 미지의 땅과 역사에 열광하고 환상을 품는 것이 어떤 이들에게는 무척 낯설게 느껴질지도 모르겠다. 그래서 마지막은 좀더 친근한 매체인 영화를 통해 색다른 방법으로 이 책의 메시지를 전하고자 한다. 내가 선택한 영화는 최근 세계적인 돌풍을 일으킨 「기생충」(2019)이다. 고고학자의 관점에서 흥미로운 시사점을 발견했기 때문이다. 「기생충」은 이미 한국을 대표하는 세계적인 영화이기도 하고, 줄거리도 비교적 많이 알려져 있으니 미처 보지 못한 독자라면 영화를 먼저 살펴보아도 좋겠다.

고고학자의 입장에서 나는 「기생충」의 오브제에 주목했다. 첫번째 오브제는 박사장의 아들이 좋아하는 인디언(=아메리카 원주민)이다. 인디언 오브제는 영화 막바지에 모든 갈등이 파국을 맞을 때도 다시 등장한다. 두번째 오브제는 수석이다. 가난한 주인공 가족들이 애지중지하는 물건이지만 정작 영화에서는 수석의 의미가 명확히 밝혀지지 않아 설왕설래가 있었다. 세번째 오브제는 박사장의 아들이 그린 초상화다. 그림 하나를 두고 어머니와 가정교사는 각자 그럴듯한 해석을 하지만 마지막에 가면 완전히 다른 사람이었음이 밝혀진다. 물론 봉준호 감독은 전혀 의도하지 않았겠지만, 나는 「기생충」의 이 오브제들이 이 책을 준비하던 나의 생각과 너무나 잘 들어맞아 놀랐다. 그 이유를 하나씩 풀어보자.

인디언: 타인의 역사를 무시하며 즐기는 오락거리

이 책의 1부는 주변의 편견에 희생되었던 사람들을 다루었다. 동서양을 막론하고 사람들은 타인을 바라볼 때 그들의 미개함을 강조한다. 바로 미 대륙의 원주민들(통칭 인디언)처럼 말이다. 인디언 오브제는 「기생충」에서도 상당히 중요하게 등장한다. 극중에서 넘볼 수 없는 엄청난 부를 가진 박사장 집의 막내아들 박다송은 미대륙의 원주민인 인디언 놀이를 즐겨한다. 급기야 영화 마지막에 파국으로 치닫는 순간에는 아들뿐 아니라 박사장과 '기생충' 가족의 가장인 기택도 인디언 복장을 하고 서로를 죽이는 혈투를 벌인다. 「기생충」에 묘사된 인디언 놀이는 나에게 미개하다고 여기는 타인에 대한 멸시와 조롱을 적나라하게 표현하는 상징으로 다가왔다.

'인디언'이라는 말은 원주민을 향한 무지와 멸시를 포함하기 때문에 지금은 '미 대륙 원주민' 혹은 '아메리카 원주민'이라고 부른다. 신대륙으로 이주했을 때 자신들을 도와준 아메리카 원주민을 무참하게 학살한 미국인들은 죄책감을 무마하고자 다양한 인디언 캐릭터를 자신들의 문화에 적용시켰다. 야구팀, 오토바이, 응원전, 대학의 마스코트 등 수많은 대중문화에 인디언이 등장한다. 하지만 이는 인디언 말살에 대한 참회라기보다 대중문화로 희화한 것에 불과하다. 이런 문화를 지속적으로 비판하던 미국 사회에서는 최근 인디언 코스튬플레이를 하는 마스코트나 상표를 취소하고 있다.

배경이나 맥락을 무시한 채 타인의 문화를 왜곡하여 소비하는 현상을 인류학에서는 문화도용(cultural appropriation)이라고 한다. 예컨대 정글에 가서 현지인처럼 살아보는 서바이벌 TV 프로그램이나 아시아를 표현할 때에 국적불문하고 기모노가 등장하는 경우가 대표적이다. 문화를 소비하는 입장에서는 참신하고 재미있어 보일 수 있지만 그 대상은 대부분 자신들이 침략했거나 국력이 떨어지는 나라들이다. 과거 타인의 문화를 미개하다고 치부하며 스스로 우월감을 느끼고 만족하던 태도와 일맥상통한다.

스미스소니언 박물관의 아메리카 원주민 문화 전시. '인디언'을 대중문화의 대상으로
한 여러 예를 모아놓았다.

문화도용은 미지의 땅에서 발견된 다른 사람들의 유물을 평가
하는 것으로부터 시작되었다. 박물관에서 고대 유물을 보며 한번

이라도 '대체 어떻게 저런 도구들을 쓰며 살았던 거지'라고 코웃음을 친 적이 있는가. 「기생충」의 파티에 등장하는 인디언의 복장은 그런 현대인의 우월감을 드러낸다. 영화에는 박사장 가족이 멀쩡한 집을 놔두고 아메리카 원주민들이 사용했던 것과 비슷한 모양의 원추형 텐트에서 자면서 우리는 얼마나 다행인가라며 안도하는 장면이 나온다. 인디언 놀이를 하면서도 인디언을 무시하는 이중적인 마음은 고대 미지의 땅에서 살았던 사람들의 역사와 문화에 대한 우리의 인식과 크게 다르지 않다.

수석: 찬란한 과거를 기억하고 현재를 축복하는 유물

「기생충」에 등장한 여러 오브제 중 주인공 기택이 부자 친구로부터 선물 받은 돌덩어리인 수석의 존재는 좀 뜬금없어 보인다. 기택의 가족들이 전혀 쓸모없어 보이는 수석을 애지중지하는 모습이 영화 내내 등장하다가 결국 모든 시도가 실패로 돌아가자 하찮은 물건 취급하듯 물속에 던져버린다. 나는 수석이 기택의 가족들에게 일종의 부적과 같은 물건이었다고 생각한다. 하층민으로 추락한 주인공 가족들은 자신들이 원래 상류층이었고 수석이 그들을 다시 상류층으로 돌아가게 만들어줄 거라고 믿었다. 진품이건 위조품이건 사람들은 자기 조상의 물건을 가져다놓고 행복과 영원을 기원한다. 조상의 물건은 자신의 출신 성분이 위대하다고 스스로를 설득하는 도구가 된다. 즉 수석은 주인공 가족이 지금은 비록 비루하지만 알고 보면 하늘이 내린 집안(그것이 사실이든 만들어진 것이든)이라는 자부심으로 현실을 견디게 만드는 장치로서의 역할을 한다.

고대 중국인들은 조상으로부터 물려받은 제사그릇인 청동기로 스스로의 신분을 드러냈다. 상나라에서 시작된 청동 제사그릇은 주나라로 이어졌고, 종주국인 주나라는 주변의 여러 제후국들에게 제사그릇을 하사하는 방식으로 자신의 영향력을 유지했다. 각 제후국 역시 그 제사그릇을 대를 이어 전하며 자신의 신분을 지키는 수단으로 사용했다.

주나라의 청동솥은 이후 골동품으로 인기를 끌며 오랑캐의 침략을 받을 때마다 과거의 영화를 기억하는 장치로 등장한다. 12세기에 금나라의 침략을 받아 남쪽으로 옮긴 남송 때 주로 유행했고, 소수의 여진족이 다수의 한족을 다스리던 청나라 때도 성행했다. 청나라의 금석학은 공자가 활동하던 춘추시대의 청동그릇을 모으고 비석의 비문을 연구하는 등 자신들의 과거 영화를 반추하는 과정에서 발달한 학문이다. 그들이 사랑해 마지않던 고대 중국의 청동기는 힘의 상징이었다. 지금도 중국의 고급호텔에 가면 입구에 커다란 솥이 놓여 있는 것을 심심치 않게 볼 수 있다. 유물을 통해 과거의 영광을 떠올리며 현실을 위로받는 것은 서양도 마찬가지였다. 중세 암흑기 말기에 르네상스를 주도한 것은 바로 그리스와 로마의 유물을 발굴하여 감상하는 딜레탕티슴(dilettantisme, 옛

옛 물건을 평가하는 송나라 시대의 광경(「송인박고도宋人博古圖」).

것을 모으고 감상하는 행위)이었다.

　한국은 사정이 조금 달라서 과거의 유물을 모으고 감상하는 일
은 그리 많지 않았다. 조선시대는 성리학 중심의 사회였고 옛무덤
발굴을 터부시했기 때문이다. 대신 조선시대 말기에 다량으로 만
들어진 공명첩과 족보가 그런 유물의 역할을 했다. 「기생충」에서

반지하 집에 사는 기택의 가족들이 수석을 쓰다듬으며 애지중지하는 장면에서 나는 청나라 시절에 억압받던 한족이 골동품을 감상하며 위로받는 모습을 떠올렸다. 자연물에 자신의 과거를 투영하고, 그로부터 앞으로 좋은 영향을 받을 것이라 기대하는 모습은 여전히 변하지 않았다.

초상화: 우리는 보고 싶은 것만 본다

「기생충」에 등장하는 또다른 인상적인 장면은 박사장 집 거실에 걸려 있는 초상화다. 박사장의 아들 다송이가 그린 그림으로 한눈에 보아도 그로테스크하다. 이 초상화를 두고 사람들은 그린 사람의 의도와 관계없이 자신의 욕망을 투영해 서로 다른 평가를 한다. 우리가 과거를 바라보는 방식도 어쩌면 다송이가 그린 초상화를 보고 해석하는 것과 비슷할지 모른다. 바로 이 책의 4부는 과거 유물을 자신들에 맞게 해석하는 현대사회의 여러 군상을 다루었다.

고고학이라는 학문은 객관적인 과거를 지향한다. 새로운 유물이 발견되면 객관적인 과거의 역사에 조금 더 다가갈 것이라 기대한다. 하지만 유물은 현대인들에 의해 해석되고 평가될 수밖에 없다. 즉 고고학자는 객관적인 시각을 지향하지만, 고고학자의 시각은 그들이 속한 시대와 사회적 관계에서 결코 자유로울 수 없다.

그렇다고 고고학이 필요 없다는 말은 아니다. 우리가 과거의 역사와 유물을 바라볼 때 편견은 없는지, 현대의 관점으로 곡해하는 것은 없는지 끊임없이 경계해야 한다는 뜻이다.

「기생충」의 초상화 해프닝을 보면서 나는 엉뚱하게 경주 괘릉에 있는, 서양인을 연상시키는 이국적인 석인상이 떠올랐다. 어떤 사람들은 그를 중앙아시아의 소그드인이라고 하고, 어떤 사람들은 아라비아인, 페르시아인, 회족이라고도 한다. 각자 자신이 알고 있는 범위와 관점으로 인물상을 바라보고 해석하기 때문이다. 고구려인의 고분 벽화를 본 한국인은 그 안에서 만주 벌판을 달리던 고구려의 기상을 느끼는가 하면 중국인은 한나라의 영향을 강하게 받았다고 여기는 것과 마찬가지다.

각자의 입장에서 바라볼 수밖에 없지만 그것을 '어쩔 수 없는' 한계로만 치부해서는 안 된다. 사람들이 어떠한 관점에서 과거를 바라보고 미지의 땅을 바라보는가를 감안할 때에야 비로소 더욱 편견 없이 과거를 바라볼 수 있다. 「기생충」에서 다송이의 그림을 두고 전혀 관계없는 이야기를 하는 것은 사실 아이의 상황과 주변을 제대로 알려고 하지 않았기 때문이다. 나는 고고학을 현재라는 렌즈를 끼워서 과거를 바라보는 카메라에 비유하곤 한다. 객관적인 과거를 지향하지만 실제로 우리가 그렇지 못하다는 것을 인정하고 과거에 지속적으로 관심을 기울인다면 이 땅의 모든 역사가 놀랍도록 새로운 모습으로 다가올 것이다.

글을 마치며

닫히는 빗장을 다시 여는 느낌으로

저는 이 책을 쓰면서 움베르토 에코의 책들에서 강한 영감을 받았습니다. 특히 2015년에 출간된 『전설의 땅 이야기』는 미지의 땅으로 대표되는 신비감과 무지가 교차하는 역사에 대한 우리의 인식을 돌아보는 계기가 되었습니다.

이 책의 많은 부분은 2018년부터 2020년까지 『한겨레』에 연재했던 내용을 기반으로 했습니다. 절반 이상을 추가하고 다시 썼습니다만, 처음에 연재를 제안받았을 때에 그 제목을 '테라 인코그니타'(미지의 땅)로 정하고 이 책의 큰 골격을 잡았습니다. 막연하게 서양사에서만 등장하던 이 용어가 제 머릿속에 각인된 것은 시베리아 유학 시절이었습니다. 시베리아만큼 미지의 땅이라는 이미지가 강한 곳은 없을 것입니다. 알타이산맥을 비롯해 초원 각지에서 초원 유목문화 정수를 보여주는 유물들이 경쟁하듯 출토되고 있습니다. 그렇기에 러시아 사람들에게도 시베리아는 언제나 미지의 땅입니다. 그러다보니 여러 책에서 시베리아의 고대를 이야기할 때 이중적인 의미로 '테라 인코그니타'라는 표현을 종종 쓰곤 했습니다. 저는 시베리아뿐 아니라 세계 곳곳의 수많은 역사가 제대로 알려지지 못했다는 의미를 담아 연재 글의 제목을 '테라 인코그니타'로 정했습니다.

이 책의 시작은 2018년 중국 쓰촨성 청두에서, 마무리는 2020년 미국 필라델피아에서 했습니다. 첫 글을 쓸 때와 마지막 글을 쓰는 지금 세상은 완전히 바뀌었습니다. 미국은 락다운으로 도서관을 비롯한 모든 공공기관이 문을 닫았습니다. 급하게 빗장이 걸린 세계의 전환점에서 수많은 나라와 유적지를 다니면서 느꼈던 이야기와 자료들을 제대로 풀지도 못한 채 마무리를 짓게 되었습니다.

부족한 제가 이 책을 집필하는 데에는 많은 분들의 도움이 있었습니다. 먼저 저의 구상을 구체적으로 실현하는 기반을 만들어주신 한겨레 문화부 '책과 생각' 팀과 제 원고를 담당하여 많은 조언을 주신 이재성 부장님, 김지훈 기자님, 그리고 저를 추천해주신 이은혜 글항아리 편집장님께 감사드립니다. 그리고 2019년 뜨거운 신장 사막을 같이 답사하고 미국에서부터 연락하면서 수고스러운 편집을 맡아주신 창비 편집부 박주용 선생님께 감사드립니다. 1년 동안 엄청난 자료의 창고인 펜실베니아 대학교에서 연구년의 기회를 준 낸시 스타인하트(Nancy S. Steinhardt) 교수, 그리고 저와 함께한 가족들에게도 감사를 드려야겠네요.

많은 사람들이 다시는 이전의 세계로 돌아갈 수 없을 거라고 말합니다. 사실 인류의 역사를 돌아보면 지금처럼 지리적 한계를 넘어 사방을 자유롭게 돌아다니고 수많은 사람들과 접촉하던 시절은 거의 없었습니다. 대부분의 인류는 자신을 둘러싼 환경 속에서 고립되어왔던 것 같습니다. '미지의 땅'에 대한 관심과 탐구욕은 어쩌면 인류의 역사와 함께해온 영원한 화두였을 것입니다. 이 책을 쓰는 중 인류는 다시 고립이 되었습니다. 약간은 답답한 마음도 있지만 또 한편으로는 장벽 너머의 세계를 갈망하며 살아왔던 과거 우리의 모습에 조금은 가까워진 듯도 합니다.

실제로 코로나19 바이러스가 만든 장벽이 얼마나 지속될지는 아무도 모릅니다. 하지만 미지의 세계에 대한 우리의 열정은 결코 멈추지 않을 것입니다. 미지의 땅과 문화에 대한 열정은 새로운 땅에 대한 정복욕이 아니라 인류 공동의 자산에 대한 관심과 인간에 대한 사랑이어야 합니다. 우리에게 알려지지 않은 새로운 땅, 밝혀지지 않은 역사를 향한 저의 탐험은 앞으로도 계속될 것입니다.

참고문헌

이 참고문헌은 실제 참고한 여러 자료와 집필의 근거가 되는 필자의 연구 중에서 비교적 독자들이 쉽게 찾아볼 수 있는 문헌을 정리한 것이다. 다만 한국어 문헌이 없는 경우는 부득이 외국어 논문을 넣었다.

프롤로그

움베르토 에코 『전설의 땅 이야기』, 오숙은 옮김, 열린책들 2015.

정재서 역주 『산해경』, 민음사 1993.

1부 오랑캐로 치부된 사람들

1. 구석기시대, 문명이 싹트다

로빈 던바 『멸종하거나, 진화하거나』, 김학영 옮김, 반니 2015.

데이비드 라이크 『믹스처』, 김명주 옮김, 동녘사이언스 2020.

He Yu, Maria A. Spyrou et al., "Paleolithic to Bronze Age Siberians Reveal Connections with First Americans and across Eurasia," *Cell*, 181(6), 2020, 1232~45면.

2. 아메리카 원주민은 어디에서 왔을까

蔣祖棣 『玛雅与古代中国: 考古学文化的比较研究』, 中国社会科学出版社 1993.

Tabarev, A. V. "Dancing Shamans, Snakes and Drugs: On the Similar Motives in the Art of Ancient Cultures of the Far East and Northern Andes," *Intern. J. of South American Archaeology* 10, 2017, 35~39면.

3. 전염병을 이겨낸 신석기시대 사람들

Shen, Y. "Pneumonic Plagues, Environmental Changes, and the International Fur Trade: The Retreat of Tarbagan Marmots from Northwest Manchuria, 1900s −30s," *Frontiers of History in China*, 14(3), 2019, 291~322면.

朱永剛·吉平 「内蒙古哈民忙哈遗址房址内大批人骨遗骸死因蠡测: 关于史前灾难事件的探索与思考」, 『考古与文物』 5호, 2016, 75~82면.

4. 식인 풍습은 미개함의 상징인가

강인욱 「北匈奴의 西進과 신강성의 흉노시기 유적」, 『중앙아시아연구』
13호, 2008, 143~171면.

김택민 『난세의 극단 식인의 시절』, 신서원 2006.

이주노 『루쉰의 광인일기, 식인과 광기』, 21세기북스 2019.

성시정 「카니발리즘은 또 하나의 '오리엔탈리즘'인가?」, 『한국문화인류
학』 26권, 1994, 295~316면.

Maenchen-Helfen, O. J., *The world of the Huns: studies in their history and
culture*, Univ. of California Press 1973.

5. '악마의 자손'이라 불리던 사람들

김영진 『문학에 뛰어든 세계사』, 들녘 2018.

Veronika, Csáky, et al. "Genetic insights into the social organisation
of the Avar period elite in the 7th century AD Carpathian Basin,"
Scientific Reports 10, 2020, 1~14면.

6. 우리 역사 속의 서양인

강인욱 「국립중앙박물관 소장 로프노르 출토품과 선사시대 실크로드
동서문명의 교류」, 『국립중앙박물관 소장 로프노르 누란 출토품』, 국
립중앙박물관 일제강점기 자료 조사 보고 21집, 2016.

Kang, In Uk, "Early Relations of the Korean Peninsula with the Eurasian
Steppe," *Sino-Platonic Papers*, 2020, 301, 1~31면.

7. 일본열도의 진정한 주인

北大開示文書研究会『アイヌの遺骨はコタンの土へ: 北大に対する遺
　　骨返還請求と先住権』, 緑風出版 2016.

菊池俊彦『オホ―ツクの古代史』, 平凡社新書 2009.

「アイヌ遺骨返還で東京大と和解へ」, 『共同通信』2020.7.21.

Janhunen, J., "A Framework for the Study of Japanese Language
　　Origins," *Perspectives on the Origins of the Japanese Language*,
　　International Research Center for Japanese Studies 2003.

2부 우리 역사의 숨어 있는 진실, 그리고 오해

1. 공자는 동이족인가

王青「《管子》"发, 朝鲜之文皮"的考古学探索: 兼论东周时期齐国与海
　　北的贸易和交通」, 『东方考古』, 2014.

강인욱「완주 상림리 유적으로 본 동아시아 동검문화의 교류와 전개:
　　동주식검(東周式劍)의 매납과 청동기 장인의 이주를 중심으로」, 『호
　　남고고학보』54호, 2016, 4~25면.

안평친『공자 평전』, 김기협 옮김, 돌베개 2010.

2. 기자조선은 실제로 존재했을까

레프 구밀료프『상상의 왕국을 찾아서』, 권기돈 옮김, 새물결 2016.

심재훈「商周 청동기를 통해 본 夐族의 이산과 성쇠」, 『역사학보』

200호, 2008, 371~418면.

이성규 「중국사학계에서 본 고조선」, 『한국사 시민강좌』 49집, 2011.

3. 고대 중국인을 매혹시킨 고조선의 모피

강인욱 「고조선의 모피무역과 명도전」, 『한국고대사연구』 64호, 2011
　　243~84면.

박준형 「古朝鮮의 대외 교역과 의미: 春秋 齊와의 교역을 중심으로」,
　　『동북아역사논총』 2호, 2004, 63~95면.

小泉顯夫 『朝鮮遺蹟調査遍歷』, 六興出版 1986.

4. 상투를 틀었던 고조선 사람들

강인욱 「초기 고조선 네트워크의 형성과 비파형동검문화」, 『한국고고
　　학보』 106호, 2018, 46~75면.

김민구 「夫餘의 얼굴: 둥퇀-마오얼산 출토의 金銅 面具와 그 外延」,
　　『미술사논단』 38호, 2014, 7~38면.

5. 흉노가 애용한 우리의 온돌

강인욱 편저 『북방 고고학 개론』, 진인진 2018.

송기호 『한국 고대의 온돌』, 서울대학교출판부 2006.

카를 바이파코프 『카자흐스탄의 실크로드』, 최문정·이지은 옮김, 국립
　　문화재연구소 2017. (국립문화재연구소 홈페이지에서 다운로드가
　　가능하다.)

6. 신라인은 흉노의 후예인가

강인욱 「북방 유라시아 초원지역과 한반도 교류의 고고학」, 『한국상고
　　사학보』 100호, 2018, 51~76면.

정훈식 「金日磾 관련 논의의 현 단계와 새로운 이해의 방향」, 동양한문
　　학연구 52호, 2019, 183~206면.

이문기 「신라 김씨 왕실의 소호금천씨 출자관념의 표방과 변화」, 『역사
　　교육논집』 24호, 1999, 649~82면.

7. 신라의 적석목곽분 미스터리

강인욱 『유라시아 역사 기행』, 민음사 2015.

강인욱 「신라 적석목곽분의 기원과 북방문화론의 시작: 梅原末治와 江
　　上波夫에 대한 검토를 중심으로」, 『2017 Asian Archaeology 국제학
　　술심포지엄: 최신 발굴 자료로 본 유라시아의 고대문화』, 국립문화재
　　연구소 2017.

쓰데 히로시 『전방후원분과 사회』, 김대환 옮김, 학연문화사 2013.

3부 상상의 나라를 찾아서

1. 시베리아의 아틀란티스와 태양의 후예

백경욱 「플라톤의 역사철학: 아틀란티스 신화를 중심으로」, 『철학논총』
　　29호, 2002, 237~51면.

Зданович, Г. Б. & Батанина, И. М., Аркаим-"Страна город

ов”. Пространство и образы (Аркаим: горизонты иссле
дований). Крокус, 2007. (즈다노비치 외 『아르카임: 도시들의 나
라』).

데이비드 앤서니 『말, 바퀴, 언어』, 공원국 옮김, 에코리브르 2015.

2. 겨울 왕국은 어디에 있을까

강인욱 「三江平原 滾兎嶺·鳳林문화의 형성과 勿吉·豆莫婁·靺鞨의
출현」, 『고구려발해연구』 52호, 2015, 107~47면.

Пасецкий В. М., Русские открытия и исследования в
Арктике. Первая половина XIX в., Гидрометеоизда
т, 1984. (파세츠키, 『19세기 전반기 러시아인의 북극지역 발견과 연
구』).

3. 외계인으로 오해받은 편두 귀족들

金仁喜 「頭蓋變形과 巫의 通天意識」, 『동아시아고대학』 15호, 2007,
422~59면.

한진성·이혜진·신동훈·홍종하 「고대 동북아시아 편두 고인골의 연구
현황」, 『인문학연구』 44호, 2020, 47~83면.

Шведчикова, Т. Ю. (2010). Искусственная деформация
черепа человека: историография вопроса и совреме
нные аспекты исследования. In Человек и древност
и, 876~86면. (슈베드치코바 「인골의 인공적 변형: 그 연구의 흐름
과 최근 연구 경향에 대하여」).

4. 코로나를 쓴 샤먼

강인욱 외 『북방 유라시아 제사 고고학의 현황과 과제』, 국립전주박물
　관 엮음, 주류성 2018.

李零 「绝地天通: 研究中国早期宗教的三个视角」, 『法國漢學』 제6집,
　2002, 565~80면.

5. 티베트고원의 숨겨진 나라

강인욱 「중국 서남부 고원지역 차마고도 일대와 북방초원지역 유목문
　화의 교류」, 『중앙아시아연구』 18권 2호, 2013, 87~112면.

염운옥 「식민주의와 인종주의: 아리안 인종론과 영국, 인도, 그리스」,
　『역사학연구』 71호, 2018, 195~223면.

Barrowclough, D., *Digging for Hitler: The Nazi archaeologists search for an
　Aryan past*. Fonthill Media 2016.

6. 황금의 나라를 찾아서

국립문화재연구소 엮음 『카자흐스탄 초원의 황금 문화』, 2018.

N. V. 폴로스막 『알타이 초원의 기마인』, 강인욱 옮김, 주류성 2016.

"Museum must return Crimean treasures to Ukraine," *The Irish Times*
　2016.12.14.

7. 냉전의 장벽을 뛰어넘어 풀어낸 마야 문명의 비밀

Ершова, Г., Древняя Америка: полет во времени и про

странстве. Мезоамерика, ИП Карелин 2006.(갈리나 예르
쇼바 『고대의 아메리카』).

Кнорозов, Ю. В., Система письма древних майя (опы
т расшифровки), Издательство Академии наук СССР
1955. (유리 크노로조프 『고대 마야의 문자 체계』).

4부 분쟁과 약탈의 고대사

1. 인디애나 존스로 재탄생한 미국의 실크로드 약탈자

Jacobs, J., "Confronting Indiana Jones: Chinese Nationalism, Historical
  Imperialism, and the Criminalization of Aurel Stein and the Raiders
  of Dunhuang, 1899－1944." *China on the Margins*, eds. Sherman
  Cochran and Paul G. Pickowicz, Ithaca, NY: Cornell Univ. Pr. 2010,
  65~90면.

Jacobs, J., "Langdon Warner at Dunhuang: What really happened," *The
  Silk Road* 11, 2013, 1~11면.

2. 일본의 자기모순적 역사관과 기원 찾기

강인욱 「조거용장(鳥居龍藏)으로 본 일제강점기 한국 선사시대에 대
  한 이해」, 한국고고학전국대회 발표 자료집, 2010, 504~17면.

도리이 류조 『인류학자와 일본의 식민지 통치』, 최석영 옮김, 서경문화
  사 2007.

「"일본인, 아시아 유일한 유럽인" DHC 회장 인종주의적 망언도 했다」,
『한겨레』 2019.8.13.

3. 임나일본부, 일본이 만들어낸 모순된 역사

국립문화재연구소『1909년「朝鮮古蹟調査」의 기억:『韓紅葉』과 谷井
濟一(야쓰이 세이이쓰)의 조사기록』, 2016.

쓰다 소기치「임나강역고(任那疆域考)」, 위가야 옮김,『인문학연구』
30호, 2016, 173~218면. (원문은 1913년『朝鮮歷史地理』제1권에
수록).

谷井済一『韓紅葉』, 度支部建築所 1909.

4. 중국이 홍산문화에 열광하는 이유

梁思永『梁思永考古論文集』, 科學出版社 1959.

강인욱「區系類型論과 중국 동북지방의 고고학」,『한국고고학보』
56호, 2005, 5~26면.

5. 극동의 변방에서 터키의 기원을 찾다

永田雄三「トルコにおける「公定歴史学」の成立:「トルコ史テゼ」分析
の一視角」,『植民地主義と歴史学: そのまなざしが残したもの－』刀
水書房 2004.

강인욱「21세기 민족주의의 발흥과 고고학 고고학과 현대사회」, 제
29회 고고학전국대회 자료집, 2015.

찾아보기